本书出版由以下项目资助：中部地区中等规模城市群治理与城乡一体化发展研究院（项目号：XM042303）；安徽省哲学社会科学规划项目：乡村振兴战略下安徽农村多维贫困预警治理体系的构建与应用研究（项目号：AHSKQ2022D139）

地方应用型高水平本科院校建设系列丛书

共同富裕目标下中国多维相对贫困的测度与治理研究

李壮壮　著

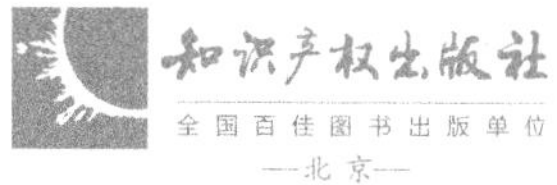

知识产权出版社
全国百佳图书出版单位
—北京—

图书在版编目（CIP）数据

共同富裕目标下中国多维相对贫困的测度与治理研究 / 李壮壮著. — 北京：知识产权出版社，2024.7. —（地方应用型高水平本科院校建设系列丛书）—ISBN 978-7-5130-9403-0

Ⅰ. F126

中国国家版本馆 CIP 数据核字第 20246PQ081 号

内容提要

党的二十大报告把“人的全面发展、全体人民共同富裕取得更为明显的实质性进展”作为到2035年我国发展总体目标的重要内容。基于共同富裕这一发展目标，本书以中国多维相对贫困的测度和治理为主要研究内容，在构建多维相对贫困测度体系的基础上，通过对全国各地区居民多维相对贫困程度的测度和致贫原因分析，因地制宜地提出多维相对贫困治理策略，为推动全体人民共同富裕提供理论支撑和实践基础。

本书可供民生领域研究生和青年学者使用，亦可作为相关政策制定者的参考书。

责任编辑：苑　菲　　　　**责任印制：**孙婷婷

地方应用型高水平本科院校建设系列丛书

共同富裕目标下中国多维相对贫困的测度与治理研究

GONGTONG FUYU MUBIAO XIA ZHONGGUO DUOWEI XIANGDUI PINKUN DE CEDU YU ZHILI YANJIU

李壮壮　著

出版发行：知识产权出版社有限责任公司　**网　址：**http：// www. ipph. cn

http：// www. laichushu. com

电　话：010-82004826

社　址：北京市海淀区气象路50号院　**邮　编：**100081

责编电话：010-82000860转8769　**责编邮箱：**laichushu@cnipr.com

发行电话：010-82000860转8101　**发行传真：**010-82000893

印　刷：北京中献拓方科技发展有限公司　**经　销：**新华书店、各大网上书店及相关专业书店

开　本：720mm×1000mm　1/16　**印　张：**16.25

版　次：2024年7月第1版　**印　次：**2024年7月第1次印刷

字　数：240千字　**定　价：**78.00元

ISBN 978-7-5130-9403-0

前　言

经济社会发展进入新阶段，中国贫困表现出新特征。2020年年底，全国贫困县全部摘帽，2012年剩余的近一亿贫困人口全部清零，绝对贫困问题在中国历史上得到彻底消除。但这并不意味着贫困的终结，中国的扶贫工作重心将由解决绝对贫困向缓解相对贫困转变。据测算，以可支配收入中位数的40%为相对贫困线测算农村相对贫困规模，贫困发生率为21.5%，有近1亿人生活在相对贫困线以下；2020年10月，党的十九届五中全会提出了2035年"全体人民共同富裕取得更为明显的实质性进展"的远景目标，毫无疑问，相对贫困的缓解会对这一目标产生积极影响。同时，国务院扶贫办在2020年年底出台了《关于建立防止返贫监测和帮扶机制的指导意见》，该意见指出脱贫攻坚虽然已取得决定性成就，但是一些能力不足的家庭仍然具有返贫的风险；2022年2月，中央一号文件提出了要牢牢守住不发生规模性返贫这条底线。据统计，在绝对贫困全部脱贫之前，中国有710万因残致贫和1000万因病致贫的贫困人口，其余将近7000万的建档贫困人口都是由于教育程度、劳动能力、主观意识等能力不足引起的贫困，这些人群虽然在中国共产党的精准扶贫和脱贫的帮扶下摆脱了贫困，但是其中一部分极有可能因为经济的周期波动等原因而面临着返贫的风险。学术界也逐渐关注解决相对贫困的重要性，但大多数文献集中于对相对贫困标准设置的探讨，虽然在收入相对贫困标准线的确定上基本达成了统一，但是在一些非收入指标相对贫困标准线的设置上还存在分歧；也有一些文献使用"双界线法"（AF法）侧重于从教育、健康和生活水平等维度识别和测度中国居民家庭的多维相对贫困程度和成因，鲜有涉及新发展阶段人们高层次的需求维度，也忽视了对具有绝对贫困返贫风险人群的识别和测度。因此，在相对贫困严重和规模性返贫风险尚未消除的双重背景下，构建一套完整且合理的多维贫困评价体系，用于识别和测度中国居民多维相对贫困状况，实现对绝对贫困边缘人群的返贫监测具有一定的理论意义和现实价值。

针对如何在构建多维贫困指标体系和设定不同贫困标准线的前提下，精准识别中国居民家庭的相对贫困程度和绝对贫困返贫规模，量化测度不同地区在相对贫困程度和绝对贫困返贫规模上的差异性，多维分解相对贫困综合指数，探寻致贫原因，完整构建一套相对贫困预警体系，监测中国居民家庭的贫困状况，最终实现对新发展阶段下中国相对贫困的有效治理。本书以中国居民家庭为研究对象，从绝对贫困和相对贫困的双重视角构建具有新发展阶段特征的中国居民家庭多维相对贫困指标体系，在此基础上设置两个层次的相对贫困标准线，构建多种相对贫困识别方法和多维相对贫困测度指数，使用历年的CFPS数据库，对中国居民家庭的多维相对贫困进行识别、测度和分解，得到如下主要结论：中国居民家庭在受教育水平、养老保险参保率和家庭人均旅游支出等几个指标上的相对贫困发生率较高，在收入、健康、生活水平等维度上存在较高的返贫风险；从多维贫困指数的变化来看，随着K值（为了识别相对贫困设定的多维贫困指数阈值）的上升，多维贫困指数虽然在逐渐减小，但在$K_1=0.2$和$K_2=0.4$时的贫困指数仍然较大，表明农村居民家庭在4~7个指标上发生多维贫困的概率较高。进一步的指数分解发现，吉林、辽宁、广西、河北等地区，严重的相对贫困问题和高绝对贫困返贫风险共存；家庭人均工作小时数和家庭人均旅游支出等休闲维度指标逐渐对农村居民家庭相对贫困产生重要影响。为了对以上相对贫困问题进行有效治理，本书继而构建了多维相对贫困预警体系，利用中国居民家庭的多维相对贫困测度结果，对不同地区、不同家庭的多维相对贫困程度进行了预警，最后实证检验了高校扩招政策的相对贫困治理效果，得到的主要结论如下：吉林省的多维贫困整体预警级别最高，贫困发生规模和相对贫困程度都较高，部分居民家庭在收入、能力、生活水平、社会保障、休闲自由五个维度中的三个维度上可能发生绝对贫困返贫；河北、山西、辽宁、福建、广西、四川预警级别次之，这些地区的部分居民家庭在两个维度上可能发生绝对贫困返贫，其中广西、河北和辽宁的农村贫困发生率和相对贫困程度较高，山西、福建和四川的城市贫困发生率和相对贫困程度较高；甘肃的整体贫困预警级别虽然位于第Ⅲ级，但是甘肃的城市贫困发生率较高，而且部分农村居民家庭面临三个维度上的绝对贫困返贫风险；从收入维度的绝对返贫规模上看，广西、重庆、四川、福建、河北五个省份的风险人群所占地区人口比例较高。在高校扩招政策的相对贫困治理效果检验上，通过检验，高校扩招政策在受教育程度缓解居民家庭的相对贫困中起到了正向调节作用，提高全体居民的受教育水平有助于降低贫困发生率，但是若不能缩小非贫困居民家庭的受教育程度与相对贫困居民家庭受教育程度的差距，那么随着高校扩招政策的实施，社会的贫富差距将会被进一步拉大。

全书共分成四部分。第一部分由第一章和第二章构成，第一章绪论主要论述本书的研究背景、拟解决的关键问题和国内外对此问题的研究进展；在综述国内外文献的基础上，提出本书的研究内容、方法和思路框架，明确本书可能存在的创新点。第二章重点提出本书相对贫困线的确定和相对贫困测度模型的构建所依据的理论基础，对福祉理论、包容性理论和中国特色扶贫理论进行阐述，为第三章、第四章、第五章的研究内容提供理论支撑和思想来源。第二部分由第三章、第四章和第五章构成，是本书的核心部分，主要论述了本书相对贫困线标准的确定、识别方法的提出和相对贫困测量模型的构建过程，以及利用相关数据库对全国各地区的贫困状况进行实证分析，找出各地区贫困的致贫原因和影响因素。第三部分是第六章，即中国相对贫困的治理，主要依据第四章和第五章对中国相对贫困的识别、测度的实证分析结果，了解中国相对贫困目前状况，提出合理的相对贫困预警体系并进行实

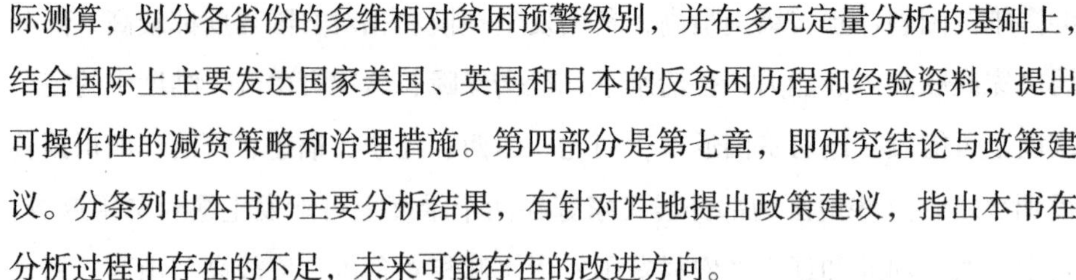

际测算，划分各省份的多维相对贫困预警级别，并在多元定量分析的基础上，结合国际上主要发达国家美国、英国和日本的反贫困历程和经验资料，提出可操作性的减贫策略和治理措施。第四部分是第七章，即研究结论与政策建议。分条列出本书的主要分析结果，有针对性地提出政策建议，指出本书在分析过程中存在的不足，未来可能存在的改进方向。

目　录

第一章 绪 论

2020年年底，全国832个贫困县全部摘帽，2012年剩余的近一亿贫困人口全部清零，绝对贫困问题在中国历史上得到彻底消除，基于社会包容性的相对贫困取代绝对贫困成为新发展阶段中国政府面临的长期性难题。党的十九届四中全会明确提出“坚决打赢脱贫攻坚战，建立解决相对贫困的长效机制”，为新发展阶段相对贫困的识别维度和测度方法提出了新的要求。从国内现有的研究资料看，中国绝对贫困的研究资料较为丰富，从定性到定量，从理论到实践，积累了宝贵的绝对贫困识别、测度和治理经验，但对相对贫困的系统研究还非常稀缺；在国际上，虽然对相对贫困的识别、测度和治理研究较早，成果也十分丰富，但是中国相对贫困的识别和治理目标不同于西方国家，在借鉴西方国家已有成果的基础上，构建以实现人的全面发展、促进共同富裕为目标的新发展阶段相对贫困研究体系具有十分重要的理论与实践意义。绝对贫困一般是指个人所得不能满足自身生存和发展的基本需要，而相对贫困一般是指个人所得与社会平均水平存在一定差距而产生的相对剥夺感，新发展阶段中国居民家庭既面临绝对贫困返贫风险也存在相对贫困问题。当前关于中国绝对贫困的研究成果已十分丰富，但是鲜有从绝对贫困和相对贫困双重视角系统研究中国的多维相对贫困问题，新发展阶段如何通过对中国多维相对贫困的识别，测度和治理研究降低居民家庭的绝对贫困返贫风险和缓解居民家庭之间的相对贫困程度，促进共同富裕变得十分有价值。

一、选题背景与研究意义

2020年中央一号文件进一步指出，把扶贫的工作重心转移到相对贫困的治理上来，相对贫困逐渐成为中国贫困治理和学术界广泛关注的热词。相对贫困是绝对贫困的延续，相对贫困研究不仅可以继续改善原绝对贫困群体的生存发展条件，丰富中国共产党的扶贫思想，还能够通过相对贫困的识别和测度从多个维度评价各地区相对弱势群体发展的不足和原因。构建相对贫困预警体系，能够对全国各区域的相对贫困广度和深度精准判别，便于人们对全国相对贫困的状况做出直观的认识。而且，只有系统地对全国相对贫困进行识别、测度和指标分解研究，才能为相对贫困治理工作提出有针对性的政策建议，从精准扶贫视角，推动全社会的共同富裕。

（一）选题背景

1.理论背景

贫困是世界性难题，反贫困由来已久，世界银行和联合国长期致力于全球极端贫困的消除工作，鼓励和支持各国创建一个没有贫困群体的包容性社会。回顾世界发展史，也是一部反贫困史，有关反贫困的理论可以在中西方一些经典文献中找到，亚当·斯密的《国富论》："当社会中存在许多贫穷的苦难者时，这个社会不可能繁荣兴旺和美好，只有让那些为整个社会提供物质财富的劳动者也能从中获得他们生活所需的必需品的社会，才能称得上公平。"[1]福利经济学之父庇古所著《福利经济学》的两大主题，一个是福利增加，一个是福利分配，当整个社会的福利水平一定时，平均分配国民所得是书中的主要观点之一，所以从福利角度考虑贫困，反贫困也是提高整个国民福利水平的必然要求。在《贫困与饥荒》中阿马蒂亚·森详细论述了贫困的概念、识别、测度，饥荒产生的原因，以及权力关系与贫困、饥荒的关系，通过对饥荒与粮食支配权的辩证分析，阐明了使用“权力方法”解释贫困或饥荒的重要性。中国第一部具有划时代意义，研究中国饥荒问题的著作《中国救荒史》是由邓云特于1937年完成的。该书系统全面地描绘了中国数千年的救荒史和发展脉络，详尽地总结了历朝历代救荒政策的实施和利弊，为中国未来的救荒事业提供了详细的史料，指明了治理方向。所以，世界各国在发展生产力的同时积极应对绝对贫困问题，把解决全体民众的生计问题作为治国理政的首要任务。世界经济发展至今，按照每人每天1.9美元的标准，世界上多数发达国家都已完成了绝对贫困的消除，但是大多数的发展中国家如今仍然承受着绝对贫困问题的困扰，一些位于非洲、拉丁美洲的国家尤为严重[2]，详见表1-1。马克思在深入剖析资本主义劣根性的基础上逐步形成了自身的反贫困理论，详细分析了贫困的根源、后果和贫困治理的目标、路径安排[3]，这一反贫困理论对当前世界的贫困治理有着积极的指导价值。拥有社会主义制度的中国，中国共产党在充分吸收了马克思主义反贫困理论的基础上，结合中国的实际情况，领导全国各族人民进行了长达半个多世纪的反贫困实践，最终在2020年年底实现了绝对贫困在中国历史上的彻底消除。而且，在全世界都笼罩在新型冠状病毒疫情阴霾的情况下，2020年中国GDP总量迈入百万亿元大关，实现了历史性突破，进入中高等收入国家行列。可见，无论是按照国内的现行贫困标准还是国际上的现行贫困标准，中国的绝对贫困人群都已摆脱了贫困，新贫困标准急需建立。按照国际方法，依据收入确定相对贫困标准，以平均收入或中位数收入的某一比例作为相对贫困线[4]，虽然易于识别生活在收入贫困标准以下的贫困者，区域的贫困广度和深度也容易测算，但是不符合新阶段中国对相对贫困状况深入考察的要求，也不符合实现人的全面发展的目标。在实现温饱之前，贫困的治理目标单一，主要解决贫困群体的温饱和居住问题，实现“两不愁三保障”的目标；实现温饱和全面小康之后，人们的需求向更高层次发展，可以考虑把社会公认的基本需求指标纳入到相对贫困的指标体系中来，新阶段中国的扶贫工作将由“两不愁三保障”的贫困治理目标向缓解区域发展不平衡、城乡发展不平衡和人的权利、机会不平等的多维相对贫困治理目标转变[5]。

表1–1　世界部分国家的绝对贫困率

经济体	调查年份	绝对数/百万	贫困率/%
安哥拉	2018	15.9	51.8
孟加拉国	2016	22.9	14.5
贝宁	2015	5.2	49.6
中国	2016	7.2	0.5
哥伦比亚	2018	2.1	4.2
吉布提	2017	0.2	17.0
埃塞俄比亚	2015	33.8	32.6
洪都拉斯	2018	1.6	16.9
印度	2011	284.6	22.5
尼日利亚	2018	78.5	39.1

数据来源：世界银行，《贫困与共享繁荣2020：命运的逆转》，每天每人1.9美元为绝对贫困线。

改革开放初期，为了集中有限资源发展经济，国家政策允许一些地区、一些人先富起来，不平衡的发展战略使得中国经济保持了长达几十年的高速增长，但是也使得中国的贫富差距逐渐扩大，收入不平等不断攀升。表面上看来，是经济发展的不平衡导致了人们收入结果的不平等，实质上，收入不平等的根本原因是机会的不平等，如教育机会、就业机会、资源的支配机会等。个体收入上的差距实际上是机会不平等在短期内的直接表现；从长期来看，机会不平等还会引起社会阶层的固化，影响整个社会的流动性，较低的社会流动性会对经济增长和社会和谐产生不利影响[6]；除此之外，不平等还会对人力资本质量、人力资本积累速度、消费市场的发展、安全稳定等一系列的社会经济发展各个层面带来负面影响[7]。传统的“涓滴效应”认为经济增长带动了人们收入水平的提高，相对贫困人口会在这一发展过程中受益，然而，爱德华（Edward）根据1993—2001年的全球消费数据分析不同国家和人群的受益情况，得出的结论是这一时期发达国家才是全球消费增长的受益者，穷人所获得的消费增长利益还不到全球平均水平的一半，经济增长确实提高了穷人的绝对收入水平，但是对富人的相对收入水平的提高作用更大[8]；但是也有不同的经验证据，亚当斯（Adams）利用60个发展国家的经济增长和贫困发生率数据对经济增长的反贫困效果进行分析，得出的结论是这些发展国家的贫困状况确实随着经济的增长得到了改善，但减贫的速度各国之间有所差异，甚至差异较大[9]。所以，经济增长能否缓解相对贫困，取决于经济发展速度和政府的扶贫实践能力。关于收入不平等与相对贫困的关系，相对贫困是不平等的一种社会结构表现，没有不平等就没有相对贫困；不平等的改善能否缓解相对贫困仍值得探讨，因为相对贫困的缓解不仅与分配有关，同时也与可分配的收入水平有关，但是相对贫困的缓解一定能够降低不平等程度[10-12]。一味地追求经济的高增长，产生的后果就是中国区域经济发展的不平衡，区域差异、城乡差距日趋增大，分配不均、贫富差距进一步扩大，多维相对贫困问题作为不平等的主要表现之一，逐步成为贫困问题研究的主题。

设置多维相对贫困标准和构建多维相对贫困测度指数是多维相对贫困问题研究的首要任务。关于多维相对贫困标准制定的理论依据公认的是“能力贫困”[13]。亚当·斯密关于生活质量和生活必需品的阐述是“能力贫困”思想的主要来源[5]。1985年，森（Sen）在*Commodities and Capabilities*中对这一理论进一步完善，提出了功能（Functioning）和能力（Capability）的概念，并主张利用功能集（Functioning Set）和能力集（Capability Set）替代效用论分析个人福祉和社会贫困状态。森的功能、能力分析方法论（可行能力理论）除了在发展经济学领域得到了很好的应用，在发展伦理学、政治哲学等领域也得到了很好的发展，但是其突出贡献还是对主流福利经济学的影响最大。依据这一理论，可以把对贫困的研究从一维（收入或消费）扩展到多维（能力集）。从1990年开始，联合国在其年度人类发展报告中就采用了可行能力方法的基本思想，通过分析国民的预期寿命、教育（通过成人识字率和基础教育入学率）和调整后的真实人均国内生产总值，用于反映一个国家国民的物质福利，测度国家的发展状况，利用该方法对世界各国福利水平的排序结果与通过人均国民生产总值进行的排序结果存在显著差异。如果把这一理论应用于国际相对贫困水平的比较研究，其结果也将会与收入相对贫困的测度结果存在显著差异。所以，金钱不是美好生活的唯一条件，拥有更好的教育，更大的自由，更广泛地参与经济社会活动的能力才是远离贫困的有力保障[14]。提高贫困者的收入是“手段”，发展贫困者的能力是“目的”，贫困既包含收入无法满足基本生活需要、基本权利实现的“贫”，也包含没有能力获得医疗、教育、社会保障、就业等基本服务的“困”，“困”是“贫”的原因，“贫”又反过来导致了“困”，需要构建“贫”与“困”的多维相对贫困识别体系和测度指数对这一问题进行系统研究[15]。

2.现实背景

截至2020年年底，中国实现了绝对贫困群体的整体脱贫。全国近一亿贫困人口全部清零，绝对贫困问题在中国历史上得到彻底消除，提前完成了联合国的贫困治理目标（消除贫困是2030可持续发展议程涵盖的17个可持续发展目标之一）。但这并不意味着贫困的终结，中国的扶贫工作重心将由解决绝对贫困向缓解相对贫困转变。据测算，以中位数收入的40%为相对贫困线，2021年全国约有1.3亿贫困人口，相对贫困发生率约为9.6%；分城乡测算的话，以居民可支配收入中位数的50%测算城镇居民的相对贫困规模，相对贫困发生率为5.8%，相对贫困人口为4921万人；以居民可支配收入中位数的40%测算农村居民的相对贫困规模，相对贫困发生率为21.5%，相对贫困人口为1.19亿人[16]。党的十九届四中全会提出的相对贫困治理机制，为新发展阶段中国相对贫困治理工作指明了方向。

相对贫困治理将会是2020年后贫困治理的主题，中国的贫困治理工作进入新阶段。与其他消除绝对贫困的发达国家一样，中国的贫困问题也将长期存在。但是与发达国家不同的是，2020年以后中国的贫困治理工作重心将转移到缓解相对贫困问题上来，集中治理引起相对贫困问题的因素，创造缓解相对贫困的条件，在贫困识别的标准、贫困测度的方法、贫困治理体系的构建上都将随着中国现代化进程的加快适时做出调整[17]。相对贫困长效治理体系的构建不同于绝对贫困，中国的绝对贫困群体主要集中在农村，所以绝对贫困长效治理体系的治理对象主要是农民，解决的问题也主要是农民的生存和温饱问题，这就决定了绝对贫困长效治理体系构建的主要内容、方向和目标；而相对贫困长效治理体系的治理对象有留守农村的农民、进城务工的农民工，还有生活在城市的农村居民，点多、面广。而且由于相对贫困还具有其他诸多特征[18]，决定了相对贫困治理内容、方法的复杂性，应按照“监测识别—制度管理—贯彻落实—反馈完善”的治理逻辑构建相对贫困长效治理机制[19]。中国贫困治理战略将由精准式的集中治理转变为全面式的常规性治理，由消除无法满足温饱的绝对贫困问题向解决机会不公平、结果不公平的相对贫困问题转变，由单一解决农村贫困向城乡、区域减贫一体化转变。建立包含收入、教育、就业、社会保障、生活水平等要素在内的一整套相对贫困扶贫治理体系，用于缓解中国相对贫困问题，使全体人民更多更加公平地享有社会经济发展成果，提升全体居民的福祉。

相对贫困问题已经成为阻碍中国现代化进程的重要因素。经济发展不平衡是相对贫困问题产生的主要原因，相对贫困问题如果得不到缓解，会使得相对贫困群体在各种资源的占用上处于不利地位，参与发展的各种权利被剥夺，弱势地位与日俱增，不仅会严重阻碍中国现代化进程，而且违背中国以人为本，经济社会全面可持续发展的宗旨[20]。根据层次需求理论，当人们的基本生存需求得到满足以后会追求安全、社交、尊重和自我实现等更高层次的需求，如果人们追求更高需求的权利被剥夺，极易引起人们价值观念的扭曲，社会阶层的分离和资源分配不公平等一系列问题，进一步演化为多种力量冲突不断，安全稳定的发展环境被打破，有损国家和人民的利益。

中国改革开放历经40余年，中华民族的第一个百年奋斗目标已如期实现，发展成果的蛋糕也越做越大，为了实现第二个百年奋斗目标，依靠中国共产党强大的现代化执政能力，是时候扫除一切不利因素，尤其是不利于提高全体人民福祉的各种因素，让全体人民共享发展成果，构建一个和谐、美好的社会主义社会。

截至目前，中国共产党的扶贫实践工作已取得了阶段性胜利，但是部分绝对贫困脱贫群体仍然面临着返贫的风险。首先，在既定的社会经济环境下，可行能力不足是贫困的主要原因。能力贫困最早由森提出，认为在既定的经济发展水平、社会制度和资源环境下，可行能力是决定自身摆脱贫困和其他功能得以实现的基础，其中，财政支出、社会保障和转移支付等国家政策是影响能力自由的宏观因素；教育程度、健康水平和劳动能力等个人特征是影响能力自由的微观因素。宏观政策是解决绝对贫困的有效工具，是确保全体居民共享发展成果的有力保障，但对贫困问题的缓解缺乏内生性和长效性；而教育程度、健康水平和劳动能力是个人发展的内在动力，是抵御外界冲击的自我屏障，是提高个人收入和实现财富积累的根本条件。在绝对贫困全部脱贫之前，中国有710万因残致贫的贫困人口[21]，有近1000万因病致贫、返贫的贫困人口[22]，其余将近7000万的建档立卡贫困人口都是由于教育程度、劳动能力、主观意识等不足引起的贫困，这些人群虽然在中国共产党的精准扶贫和脱贫的帮扶下摆脱了贫困，但是其中一部分人群极有可能因为经济的周期波动等原因而面临着返贫的风险[23]。人民网报道，“从返贫人口的特征信息来看，有近200万的脱贫人口面临返贫风险，有近300万的贫困线边缘人口存在致贫的可能”；据国家统计局统计，2020年第一季度，全国人均居民可支配收入相比2019年第四季度有所下滑，如图1–1所示，其中农村居民的人均可支配收入的下降速度最快，回落4.7个百分点。因此说，以能力提升为核心的防返贫长效贫困治理机制的构建迫在眉睫。

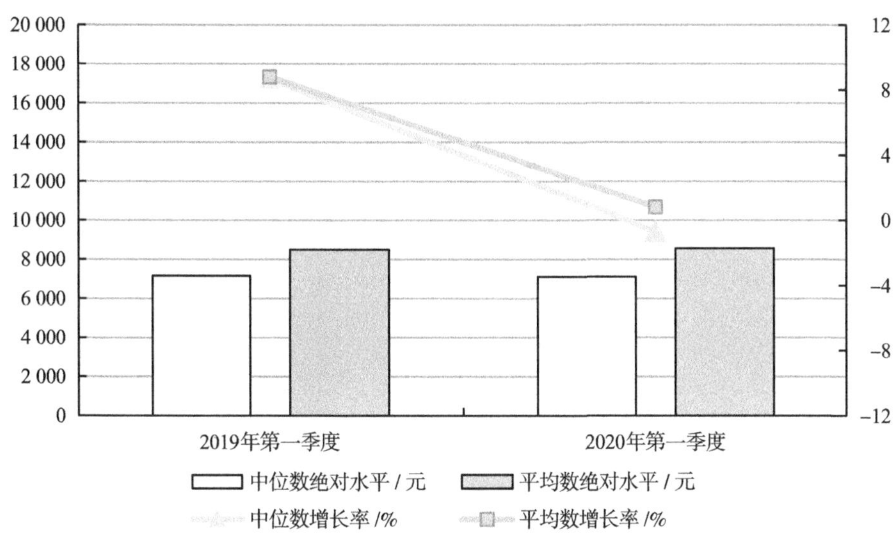

图 1–1 第一季度全国人均居民可支配收入

其次，自然灾害和长期或重大疾病是经济基础薄弱家庭返贫的突发原因。除了因能力缺失导致返贫以外，因灾返贫也是其中原因之一[24, 25]，自然灾害和长期或重大疾病与贫困高度相关，尤其是对外在风险应对能力较为脆弱的贫困家庭。灾害不仅直接对人们的收入水平造成影响，而且会加剧贫困群体的贫困深度和广度，像地震、洪水和泥石流等自然灾害不仅会造成生命与财产的损失，还会摧毁或破坏大量的公共基础设施，给受灾群众的身心带来创伤，严重影响脱贫攻坚成果，威胁贫困家庭的生计发展[26]。据世界银行的最新估计，新型冠状病毒在世界范围的大流行导致了2020年一年全球贫困人口增加了8800万至1.15亿，如果不采取重大和实质性的政策行动，到2030年实现全球极端贫困发生率降至3%以下的目标将很难实现。图1–2是新型冠状病毒流行前后全球极端贫困人口数，若新型冠状病毒未流行，则全球绝对贫困人口呈现直线下降趋势，新型冠状病毒流行后，全球绝对贫困人口数又重新返回到了2016年之前。

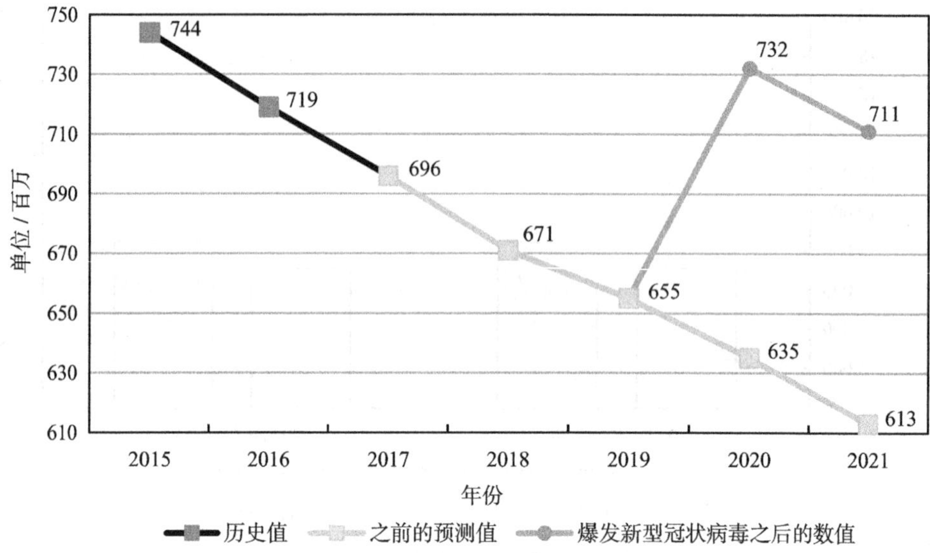

图 1-2　新型冠状病毒流行前后全球极端贫困人口数（单位：百万）

再次，自然资源禀赋、政策制度变迁也是家庭返贫不可忽视的原因。大量的贫困人口具有教育程度低、劳动能力差、思想积极意识不强等特征，且生活在偏远农村和经济欠发达的地区[27]。自然资源、气候条件决定了这些地区的工业发展相对落后，现代农业又难以实现，传统农业、渔业和畜牧业是他们收入的主要来源。国家通过精准扶贫，带来了新的产业和新的技术，扩大了这部分人群的收入渠道，提高了他们在传统产业上的收入水平，使其摆脱了贫困，但是一方面由于受基础设施和人力资本的限制，引入的产业应对市场风险的能力较弱，极有可能因为政策的中断和调整而夭折；另一方面，由于贫困群体自身接受和发展能力较弱，如果被培训的新技术被市场淘汰，那么他们将面临落入新一轮贫困状态的风险。

最后，国家层面出台了一系列防止绝对贫困返贫的文件，文件指出，虽然全体人民的生计问题已得到彻底解决，但是一些能力不足的家庭仍然具有返贫的风险，为了巩固提升脱贫攻坚成果，当前及未来很长一段时间需要制定防止返贫的绝对贫困监测体系。2021 年和 2022 年中央一号文件对新发展阶段农业发展，农村建设和农民增长“三农”问题作了全面部署。返贫预警机制的构建，可以从不同方面、不同角度对脱贫群体的生存、生活状态进行测度和等级划分[28]。以乡村振兴战略为契机，建立一套监测脱贫家庭生活水平的指标体系，动态评价脱贫家庭的生存状况，划分预警区间，以此为基础构建阻断返贫的长效机制，对巩固脱贫攻坚成果，进一步治理相对贫困都具有积极促进作用[29]。

所以，通过上述背景分析可以得出，在进行相对贫困识别、测度和分解的同时兼顾绝对贫困返贫是“新发展阶段”中国贫困治理工作的首要任务，并在此基础上进行相对贫困长效预警治理体系的构建，为缓解相对贫困提供理论指导和决策依据，显得尤为迫切。

（二）研究意义

从1978年改革开放以来，中国经济在中国共产党的领导下经历了多次飞跃发展，并伴随着经济制度、产业结构、发展模式等方面的经济社会变迁[30, 31]。总结这一发展历程，一般分成四个阶段：1978—1989年为中国共产党发展理论与实践的创建与起步时期[32]，在这一阶段经济发展是时代主题，“发展才是硬道理”，中国开放经济由点到线逐步推进，“引进来”“发展多种所有制经济”“解放和发展生产力”等多重举措并举是促进经济快速发展，摆脱贫困、解决温饱问题的有效途径；1989—2002年为中国共产党发展理论与实践的继续推进与快速发展时期，经过20多年的发展，温饱问题得到有效解决，逐步向小康迈进；2002—2012年为中国共产党发展理论与实践的转型升级、科学发展时期，“科学发展观”是这一时期经济社会发展的核心观念，摒弃一些单方面追求经济发展的片面发展论，“统筹兼顾、协调可持续”的全面发展理念被提出，生态环境逐步得到改善，精神文化水平也得到了有效提高，小康社会逐步建成；2012年至今为中国共产党发展理论与实践的全面深化时期，

"经济发展进入新常态"。展望未来，中国共产党领导全国各族人民审时度势，紧紧把握社会主义本质内涵和发展规律，以"高质量"为新的发展目标，努力实现中华民族伟大复兴，再创奇迹！

纵观这一发展历程，国家从站起来，到全面实现小康，中国共产党取得了前所未有的成绩。但是在这一过程中，阵痛时常发生，贫富差距、相对贫困成为阻碍中国现代化进程的重要障碍之一，基于这一点，新发展阶段有必要对全国相对贫困状况进行全新认识，依据中国新发展阶段下的具体国情，从相对贫困的维度设置、识别标准、测度方法和相对贫困成因的分解上系统研究中国相对贫困现状和未来相对贫困治理，研究成果具有如下理论和现实意义。

1.理论意义

国内外在绝对贫困的内涵、识别、测度和治理等方面，无论是理论研究，还是应用研究起步较早，成果丰硕，一些学者也因此获得了诺贝尔经济学奖。但是相对贫困问题一般出现在绝对贫困问题之后，在绝对贫困还未在全世界完全消除的今天，学者们对相对贫困的关注度有待提高，关于相对贫困的概念、识别、测度和治理等理论方面的研究还未达成一致，有待进一步丰富和完善，尤其在中国，新发展阶段下，一方面相对贫困从无到有，有关相对贫困的形成机制、相对贫困线的确定方法、影响因素和治理措施等方面的理论研究还处于初步探索阶段；另一方面，刚实现绝对贫困的完全脱贫，有一部分群体的贫困脆弱性还比较高，面临着较高的绝对贫困返贫风险，所以本书的研究，从绝对贫困和相对贫困的双重视角出发，首先，基于福祉理论、社会包容性理论和中国扶贫实践理论构建了适合新发展阶段居民家庭多维相对贫困识别和测度指标体系，丰富了多维相对贫困研究的指标维度内涵；其次，基于家庭等值规模理论和指标分布理论提出了新的贫困标准线设置方法，并在此基础上构建了多维贫困综合识别模型和多维贫困测度综合指数模型；最后，利用多维贫困综合测度结果构建了新发展阶段多维相对贫困预警体系。这些方法和模型的提出对新发展阶段贫困的理论研究具有重要的启示意义。

2.实践意义

一些发达国家通过经济发展逐步消除了绝对贫困，在一些发展中国家，绝对贫困群体数量也在逐年下降，尤其是在中国，截至2020年年底，绝对贫困已得到彻底解决，但是绝对贫困的消亡，不代表反贫困工作的结束，相反，相对贫困的治理工作才刚刚起步，相对贫困的缓解任务比消除绝对贫困更加困难，本书不仅对相对贫困的识别、测度和治理途径进行了理论分析和模型构建，而且利用CFPS等国内的几大数据库数据对全国各地区的相对贫困状况和有返贫风险的绝对贫困规模进行了实证分析，比较了不同地区的贫困程度、差异和影响因素，为国家和地区的相对贫困识别、测度提供了应用实践依据。在对相对贫困识别和测度的理论和应用分析之后，基于构建的预警体系和贫困治理模型对中国相对贫困的治理路径和方法、结果进行了分析，进一步指出了中国现有扶贫政策对相对贫困治理的有效性，并结合国际上部分发达国家的治理经验，提出了未来中国相对贫困治理的政策建议，供国家和地区相关部门参考，兼顾绝对贫困监测的相对贫困识别、测度、预警和治理体系的应用分析结果对新发展阶段贫困的治理具有重要的现实意义。

二、国内外文献综述

为了明确本书研究贫困的问题、思路和内容，需要对该领域的国内外研究现状进行梳理，对比国内外研究的不同点和相同点，找出其不足和需要改进的研究方向，通过系统研究实现本文有价值的研究过程和研究结论。

（一）国外研究综述

1.贫困的概念

如何界定贫困，是贫困研究的开端。从国外对贫困的研究历程来看，为了适应不同经济发展阶段下的贫困识别、测度和治理的需要，国外对贫困概念的定义经历了几个鲜明的阶段。

最早有关贫困的定义被称之为极端贫困，也称绝对贫困。当一个人或一个家庭的收入无法满足自身生存的最低需要时，那么该个人或家庭就处于绝对贫困状态，绝对贫困的概念最早由英国经济学家罗恩特里（Rowntree）提出[33]。最早的绝对贫困的内涵只强调一个人的所得，一般包括食物、衣服、住所等基本生活资料，需要满足自身的生存，如果低于这个收入，那么可能就会面临饥饿、寒冷等死亡的危险。这一概念的提出为很多经济体制定最低反贫困措施提供了依据。

随着生产力的发展，物质财富的增长，一些国家解决了普通人的生计问题，吃饱穿暖已不再是国民的生活追求，通过绝对贫困的内涵识别弱势群体已不能满足国家反贫困战略实施的需要，相对贫困的概念由此被提出。英国经济学家亚当·斯密在《国富论》（1776）中最早提出相对贫困的思想理念，他在书中写道："一个工人在日间上班时，如果没有一件体面的亚麻衣服，那么他将会不愿在公众面前出现。"一件"体面"的亚麻衣服可能成为剥夺一个人参与社会活动权利的直接原因，斯密认为应该把贫困与其他非食物因素联系起来。汤森（Townsend）基于这一理念首次提出了相对贫困的概念，贫困不仅要考察自身生活的绝对水平，还要同时关注其他社会群体的绝对生活水平，通过比较识别贫困群体[34]。相对贫困事实上是一种相对概念，是与周围其他群体相比较产生的结果，除了表明自身在物资、权利处于劣势状态之外，也是心理上的一种弱势感受。福克斯（Fuchs）认为，相对贫困是指当一个人的生活水平低于他所处的全社会平均生活水平，达到一定程度，则认为他可能会处于相对贫困状态[35]。与绝对贫困相比，相对贫困衡量的是虽然收入满足了自身生理上的最低需求，但是还未达到社会公认的生活水平，至于社会公认的生活水平是多少，在不同的国家和不同的发展阶段可能有所不同[36, 37]。汤森指出，为了客观地定义相对贫困的概念，以及更好地应用这一概念，需要从相对剥夺的视角出发，贫困不仅只是表现在生活物资的匮乏，也表现在精神、文化及参与社会活动上的缺乏[38]，之后的一些西方国家多数采用相对贫困方法对国家的贫困程度进行研究。福斯特（Foster）指出，应该基于一些需求资源的个体比较设定相对贫困线，在参照贫困线之下的个体就应该视为相对贫困群体[39]。

拉姆（Ram）和舒尔茨（Schultz）在分析贫困的致贫原因时指出，土地并非是导致贫困的关键因素，从人力资本视角定义贫困的概念时，人力资本质量问题才是贫困发生的原因，非物质贫困概念被首次提出，成为能力贫困分析的萌芽[40]。印度经济学家森把贫困与能力相联系，用能力分析方法说明贫困产生的根源，建立了“能力贫困”学说，提出了一系列有关能力贫困的概念，其中最为核心的几个概念为：①功能：功能就是一个人的成就，指的是一个人能做什么或成为什么，换句话说就是一个人当前的状态。一种状态的实现（例如：身体营养状况良好）对应着一组商品（例如：面包、大米和鸡蛋）和一系列的个人特征、社会因素（例如：个人代谢、身高、年龄、性别、活动量、健康、获得的医疗服务、营养知识和教育、气候条件等）。所以一种功能是指一个人根据自身的指令对一组商品的使用结果。②能力：能力反映一个人完成一个给定功能的能力。例如，一个人有避免饥饿的能力，但可能选择禁食或绝食。森本人通常在更广泛和更一般的意义上使用术语“能力”，是指在不同方式下实现功能的实际能力。③功能集：n维功能向量，是构成一个人生活状态的各种行为和存在组合。一个n维功能向量反映的是一组可用商品组合的利用，每一个n维功能向量代表的是一种可能的生活方式。④能力集：描述的是一个人能够实现的各种功能向量的集合，反映的是一个人能够在不同的商品组合和使用方式之间做出选择，能力集也可以理解为对可获得的商品组合进行所有可行的利用。森强调能力反映的是一个人在不同的生活方式之间所获得的真正机会或自由选择。由于能力贫困理论较为完善，能够从根本上认识到贫困的成因问题，为贫困治理提供了方向，之后一些学者依据这一理论不断对贫困的内涵进行拓展，提出了具有代表性的"福利贫困""人类发展指数"和"生活质量指数"，极大地丰富了贫困的研究内容和领域。世界银行基于能力贫困理论定义贫困为一个人的生活条件达不到最低生活标准时的状态，"最低生活标准"不仅仅指收入或消费标准，还包括教育水平、医疗卫生和生活保障等。

联合国开发计划署将贫困定义为人们因食物、健康、居住、教育、安全、社会参与等方面得不到满足，从而限制了自身的自由而导致贫困。森不仅认为一个人的贫困是能力缺乏所致，还提出了从社会制度、人文环境和资源分配等多维度关注贫困，"多维贫困"的概念逐渐成为学者和机构研究贫困的新视角[41]。1999年哥本哈根世界高层会议在讨论贫困的议题上认为贫困的表现形式不仅是生计上的匮乏，还表现在教育、安全、就业、医疗卫生等受到的社会排斥。2001年，世界银行以多维的视角定义了贫困群体在收入、人力发展、权利方面的被剥夺状态。

2.贫困的识别标准

（1）绝对贫困的识别标准。国外的贫困识别也称为贫困目标的识别。国外的大多数学者关于贫困目标的识别研究主要集中在20世纪70年代（发达国家）和20世纪90年代（东欧和发展中国家）。在贫困识别方法上，有五种代表性的识别方式。

第一种是"贫困线"识别法，将收入与贫困线相比，低于贫困线的视为贫困。1976年由欧美经合组织提出以后，在全世界广泛应用。该识别方法的缺点是过于绝对和单一，并且该指标与经济发展相比较为滞后，无法实时动态管理贫困户库。

第二种是“消费量”识别法[42]，将居民消费性名义总支出比生活费用等价指数，得出可比的真实消费量，低于消费量贫困线的视为贫困。从消费角度，可以更加接近“效用”的货币度量。该方法没有考虑“偏好”和“隐性消费”，所以很难真正反映贫困户的消费水平。

第三种是“营养摄入”识别法，以营养不良作为贫困的最直接体现。温饱问题已基本解决，如果以是否摄入足够的营养作为贫困的识别标准，很难区分识别对象的贫困程度。

第四种是“主观贫困”识别法，贫困线由人们在特定的社会环境中主观判断给出。该方法主要是通过评议小组实现对被评者贫困程度的主观认定，但评价者的主观认识很容易受到外界因素的干扰（人情世故），所以很难做到评价过程的公平、公正。

第五种是“多维”识别法。森提出“能力贫困”观点，认为贫困户的识别应该基于“可行能力”多方面评价家庭户的生存状态；阿尔基尔（Alkire）和福斯特提出的多维“双界线法”识别贫困户是对森的观点的进一步探索[43]。这种方法强调从教育、医疗、资产、成因多个方面识别贫困户，而不仅仅是收入，更加切合实际情况，是目前比较流行的贫困户精准识别方法。缺点是多维度指标评价体系不健全、权重设置不合理。阿尔基尔从多个维度构建贫困程度评价指标体系，利用现代数据挖掘方法识别贫困户，但是缺陷是很多指标值绝对量化很难，变化更新滞后。

世界银行为了实现对全世界绝对贫困人口的统计和监测，主要使用可比较的家庭人均最低消费来设置贫困线。贫困线从1990年开始人均不低于1美元，到2008年人均不低于1.25美元，到2015年提高到1.9美元（按照2011年的购买力平价），之后对中低收入国家和中高收入国家的贫困线又分别设置为3.2美元和5.5美元，其核心思想是除去价格因素考虑个体在不同经济体中满足最低生活需求的支出作为个体生活在该经济体的极端贫困线。

（2）相对贫困的识别标准。相对贫困是在基本需求得到满足的基础上，与其他社会群体相比，自身权利被剥夺，受到社会排斥，处于社会劣势的一种状态[44]，所以关于相对贫困识别标准的设置依据是“社会平均水平”，根据“社会平均水平”才能确定“相对贫困水平”。奥本海姆（Oppenhein）指出，相对贫困群体表现在他们在食物、衣服、住房等物质资料的支出方面低于社会平均水平[45]。针对“相对贫困水平”“绝对贫困水平”与“社会平均水平”的关系，阿特金森进行了详细描述，图1-3是阿特金森用来说明两者关系的分析图，家庭人均消费水平低于*OB*为绝对贫困家庭，*BR*为绝对贫困标准线，*RP*为相对贫困标准线[46];*X*表示国家经济发展水平，当国家经济发展水平小于*A*时，设定的相对贫困标准线小于绝对贫困标准线，*X*上的竖线与绝对贫困标准线与相对贫困标准线的交点用于比较两者的大小关系。从中可以看出，绝对贫困标准线和相对贫困标准线无时不在，高低关系取决于国家经济发展水平，只有国家经济发展水平达到使得家庭人均消费水平超过绝对贫困线标准时，相对贫困标准线才会在绝对贫困标准线之上，用于识别处于生活劣势的家庭。

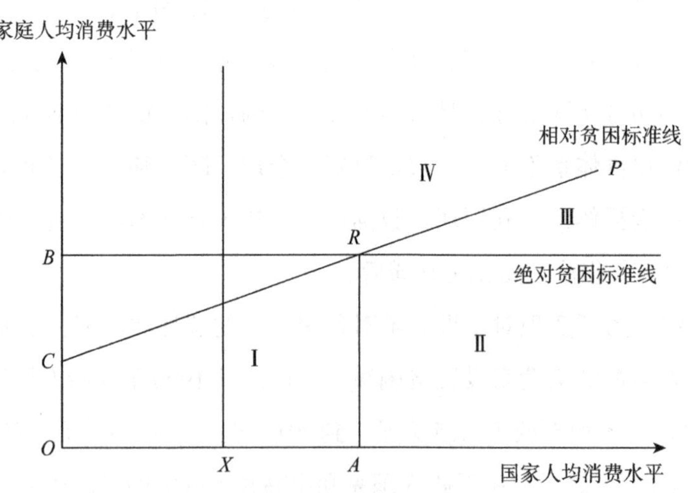

图1-3　绝对和相对贫困标准线的关系

所以，国际机构、一些发达国家和国外学术界对相对贫困标准的设置一般都是相对水平线或是较高的绝对水平线。

世界银行是关注全球贫困最主要的国际机构，设置的极端贫困线也极具代表性，在全世界都得到了最广泛的应用。随着全球经济的发展，各经济体之间的发展水平差异较大，各经济体内部之间的家庭贫富差距也越来越大，之前设置的极端贫困线已不满足对一些国家贫困状况的考察，2018年在绝对贫困线的基础上又提出了“社会贫困线”的概念，它是由极端贫困线和相对收入或消费构成的一条组合线，类似于图1–3中的阿特金森曲线*BRP*，如图1–4所示。

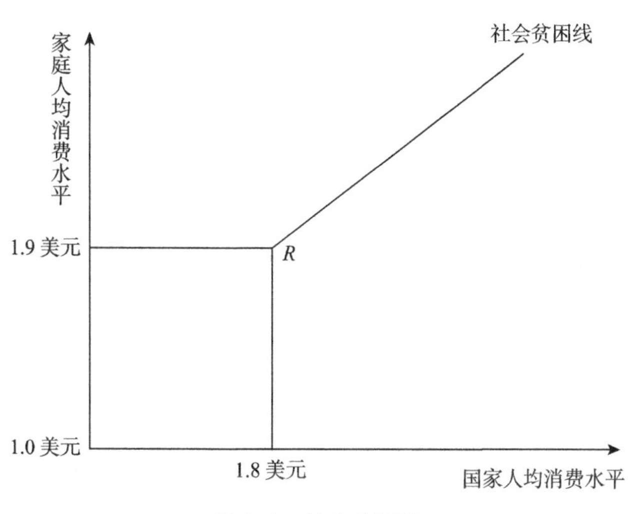

图1–4 社会贫困线

从社会贫困的构成来看，满足最低需求是社会贫困线的下限，然后根据不同经济体的发展水平，相应设置较高的相对贫困标准线，经济越发达的经济体，社会贫困线设置的就越高，表1–2是世界银行在不同年份，针对不同发达程度的国家设置的贫困线。收入比例法也是一些国际组织机构制定相对贫困标准线的最一般做法。经济合作与发展组织是国际上较早提出这一设置方法的国际组织，在基于对成员国大规模调查的基础上，把一个国家或地区的相对贫困标准线设置为这个国家或地区家庭居民平均收入或中位数收入的

50%，在以后的实践中，把这个比例调整为40%~60%。欧盟也是遵从这一设置原则，把家庭人均可支配收入中位数的60%作为成员国的相对贫困标准线，以此识别相对贫困家庭并实施生活救助。除此之外，联合国计划署和联合国儿童基金会也把这一相对贫困线标准作为救助贫困者的依据。

表1-2 不同发达类型国家的贫困线（单位：美元）

国家类别	1990年	1999年	2008年	2013年	2015年
低收入国家	2.1	2.1	2.1	2.2	2.2
中低收入国家	2.2	2.2	2.5	2.8	2.9
中高收入国家	3.0	3.0	4.4	5.4	5.8
高收入国家	16.4	18.2	20.4	20.5	21.2

数据来源：World Bank.Poverty and Shared Prosperity 2018: Piecing Together the Poverty Puzzle [R/OL].（2019-10-30）[2022-01-12]. https://www.worldbank.org/en/publication/poverty-and-shared-prosperity-2018.

少部分高收入的发达国家，制定了较高水平的贫困线用于识别贫困家庭，实际上是包含了极端贫困在内的相对贫困标准。英国从1979年以后开始使用相对贫困标准测度国家相对贫困状况，设置两条线，一条是把可支配收入中位数的50%作为绝对贫困线，主要识别生活在最底层的贫困群体，另一条是把可支配收入中位数的60%作为相对贫困线，识别相对弱势群体。2018年，英国执行了新的贫困标准，考虑了育儿成本、伤残成本及家庭储蓄额对可支配收入的影响[47]，同时针对不同家庭规模和人口结构实行了中位数收入不同百分位下的收入贫困标准线。美国2009年设置的贫困标准是14 570美元/年，并结合家庭规模和结构分组分情况进行调整；日本是按照家庭收入分组后，把贫困标准设置为中等收入组的60%，并从标准家庭消费水平、家庭规模和结构、地区物价水平等方面对标准线进行调整；墨西哥、哥伦比亚等一些拉美国家设置的贫困标准是包括收入在内的多维标准，综合考虑了收入、教育、医疗和生活状况等维度的表现值。

国外学术界提出的多维相对贫困识别标准主要是基于森的“能力方法理论”，森把贫困标准扩展到了更广阔的福祉领域，用“能力方法”解释贫困的原因、状态，基于收入或消费定义的贫困标准，只是绝对贫困或是相对贫困的一种结果，能力的缺失，权利的剥夺才是贫困的根源，“可行能力”是一个人避免自身功能性活动，包括免于饥饿、免疫病痛、享有受教育等权利实现的条件，而“可行能力”的提高又受到经济发展、自身资源占用的影响，所以贫困与能力之间相互影响、相互交织，只有将贫困标准扩展到包括收入在内的、饮食、住房、健康、教育、安全和公共服务等多维视角，才能全面识别一人的贫困状况[48, 49]。之后联合国开发计划署构建的多维贫困指数也是基于多维贫困标准这一理论，从包括生活标准在内的健康、教育三个维度10个指标设置多维贫困标准并构建贫困综合指数测度各国的多维贫困状况。

3.贫困的测度

在贫困识别的基础上，为了进一步反映一个区域的贫困程度需要进行贫困测度。根据贫困的识别维度，一般把贫困测度的方法分成一维贫困测度和多维贫困测度。对一维贫困测度方法的研究主要是利用收入指标构建贫困测度模型。森首先给出了贫困指数的两个理想性质：单调性公理，要求如果穷人的收入减少，整体贫困水平就会上升；转移性公理，当一个穷人的收入向一个收入更高的人进行转移时，贫困就会增加。他指出，贫困发生率H（贫困人口比例）不满足这两个理想性质；收入差距比I（贫困者收入比上非贫困者收入）也违反了转移性公理。基于这两个性质，提出了一个新的收入贫困测度指数：$S = HI + \left[q/(q+1)\right](1-I)G_q$。图恩（Thon）在充分讨论了Sen指数和Anand指数[50]性质的基础上，构建了P^*指数，表达式为$P^* = PH + 2P_e(1-H)$，其中：

$$P_e = \frac{2}{(q+1)nZ}\sum_{i=1}^{q} g_i(q+1-i) \tag{1-1}$$

$$P = \frac{\sum_{i=1}^{q} g_i}{nZ} \tag{1-2}$$

该指数综合了贫困发生率H、P指数和P_e指数的信息，满足森提出的两个理想性质。并且通过对马来西亚、中国、印度和其他国家的实证分析表明，P^*指数对国家贫困的排序结果优于贫困发生率H、P指数和P_e指数。

许多学者基于Sen指数构建了各种各样的贫困测度指数[51]，也有一些学者通过确定各种贫困指数在何种情况下会达成一致将森的贫困指数构造思想推向了新的方向。由于Sen指数的构造中含有基尼系数，使得Sen指数不具有子样本可分解性，大大限制了指数的应用。肖罗克斯（Shorrocks）指出了Sen指数的三点缺陷，一是，如果两个识别对象被合并，指数大小就会改变；二是，指数不是个人收入的连续型函数；三是，也是最重要的，指数不满足转移性定量[52]。他在对其修正的基础上结合Thon指数提出了目前被广泛应用的相对贫困指数：

$$\mathrm{SST} = \sum_{i=1}^{q}\left(\frac{2(N-i)+1}{N^2}\right)\left(\frac{y_* - y_i}{y_*}\right) \tag{1-3}$$

其中，y_*是相对贫困线，$q = N(y_i < y_*)$是收入y_i低于贫困线的相对贫困人口数，N是总人口数，当$y_* = \max\{y_i\}(i = 1,2,\cdots,N)$时，$q = N$，表明除了收入最高者，其他都是贫困群体。$2(N-i)+1$是个体$i$在收入排序中的位次。在特定的时间内，SST指数可以分解为贫困发生率H、贫困深度A（平均贫困差距）和不平等$1 + G_q$（贫困距比率的基尼系数）3个部分的乘积[53]。

$$\mathrm{SST} = H \times A \times (1 + G_q) \tag{1-4}$$

其中：

$$H = \frac{q}{N} \tag{1-5}$$

$$A = \mu\left(\frac{y_* - y_i}{y_*}\right) = \mu\left(1 - \frac{y_i}{y_*}\right) \tag{1-6}$$

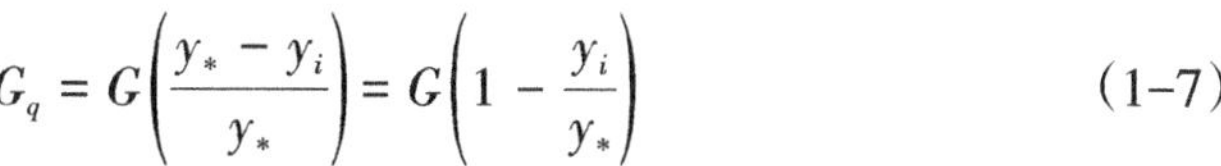

$$G_q = G\left(\frac{y_* - y_i}{y_*}\right) = G\left(1 - \frac{y_i}{y_*}\right) \tag{1-7}$$

从SST指数的定义和分解公式可以看出，SST是贫困发生率q/N和相对收入比y_i/y_*的函数，主要从贫困广度、深度和不平等三个维度测度一个国家或地区的贫困强度。所以基于微观层面，当$y_* = \max\{y_i\}(i = 1,2,\cdots,N)$时，若能提高居民的相对收入比，则能改善一个国家或地区的贫困强度；当$y_* < \max\{y_i\}(i = 1,2,\cdots,N)$时，若能减少贫困人口数、提高贫困人口的相对收入比和缩小贫富差距，就能改善一个国家或地区的贫困强度。

Sen指数和SST指数中都含有用于测度社会收入不平等程度的基尼系数，所以具有社会评价功能，当基础社会评价函数被选择为基尼社会评价函数时，Sen指数和SST指数是两个更一般的贫困指数的特殊情况。在可分解性方面，Sen指数和SST指数不仅能够分解为贫困发生率、贫困深度和不平等三个方面的乘积，还可以根据子样本进行分解，把总体的贫困发生率分解成子样本贫困发生率的和，把贫困深度分解成子样本贫困深度的和[54]：

$$\frac{q}{N} = \sum_{k=1}^{l} \omega_k \frac{q_k}{N_k} \tag{1-8}$$

$$\mu\left(\frac{y_* - y_i}{y_*}\right) = \sum_{k=1}^{l} \omega_k \mu\left(\frac{y_* - y_{i(k)}}{y_*}\right) \tag{1-9}$$

$$G\left(\frac{y_* - y_i}{y_*}\right) = G_B\left(\frac{y_* - y_i}{y_*}\right) + \sum_{k=1}^{l} c_k G_k\left(\frac{y_* - y_{i(k)}}{y_*}\right) + R\left(\frac{y_* - y_i}{y_*}, \frac{y_* - y_{(\cdot)}}{y_*}\right) \tag{1-10}$$

Sen指数和SST指数的主要区别可以简单表示成：Sen指数 = HA（1+穷人贫困差距比率的基尼系数）；SST指数 = HA（1+总人口贫困差距比率的基尼系数）。

Sen提出多维贫困概念以后，多维贫困问题引起了相关学者和政策实践者的关注。为了像一维贫困研究一样，多维贫困的研究也需要一套统一的框架来测度多维环境下的贫困。在AF法提出之前，基于公理化理论、信息理论、模糊集和潜在变量提出了多种多维贫困测度理论和方法。但是有两个方面限制了这些测度方法的实证应用，一是，这些方法一般都假设所测度的维度指标是数值型指标，事实上大部分贫困测度指标是定序或定类型数据；二是，在识别多维贫困对象时，各维度的识别标准不一致。为了消除这一缺陷，阿尔基尔和福斯特基于阿特金森的贫困计数理论，提出了一种修正FGT法的多维贫困测度体系，被称为“双界线法”。$g^0=[g_{ij}^0]_{n\times m}$为剥夺矩阵，其中元素$g_{ij}^0$是剥夺函数，$i$表示被识别对象，$j$表示贫困识别指标，当个体$i$在$j$指标上表现贫困时，$g_{ij}^0=1$，否则$g_{ij}^0=0$，所以$g^0$的一般形式如下：

$$g^0=\begin{bmatrix}1 & 0 & 1 & \cdots & 1\\ 0 & 1 & 1 & \cdots & 0\\ 1 & 1 & 0 & \cdots & 1\\ 1 & 0 & 1 & \cdots & 1\\ 0 & 1 & 1 & \cdots & 0\end{bmatrix} \tag{1-11}$$

若当个体i在j指标上表现贫困时重新定义剥夺函数$g_{ij}^1=g_{ij}^0(z_j-y_{ij})/z_j$，其中$z_j$是第$j$指标的贫困线，$y_{ij}$是个体$i$在$j$指标上的表现值，则剥夺矩阵$g^1=[g_{ij}^1]_{n\times m}$的元素为$[0,1]$之间的数，剥夺函数的一般定义形式为$g_{ij}^\alpha=(g_{ij}^1)^\alpha$，剥夺矩阵$g^\alpha=[g_{ij}^\alpha]_{n\times m}$。定义多维剥夺函数$\rho_k(y_i,z)$，在给定$k\in[1,m]$值的情况下，$\rho_k(y_i,z)=1$，如果$c_i<k$，否则$\rho_k(y_i,z)=0$，$c_i$表示个体$i$被剥夺的维数，这时$g_{ij}^\alpha(k)=g_{ij}^\alpha\rho_k(y_i,z)$，剥夺矩阵$g^\alpha(k)=[g_{ij}^\alpha(k)]_{n\times m}$。定义$c_i(k)=c_i\rho_k(y_i,z)$，$c(k)=\sum c_i(k)$，$q=\sum\rho_k(y_i,z)$，$c(k)$表示贫困群体被剥夺的总维数，$q$为贫困群体的总人数，则可以得到调整后的贫困发生率$M_0$、调整后的贫困缺口$M_1$和调整后的FGT($M_2$)。

$$\begin{aligned}M_0&=HA=\mu(g^0(k))\\ M_1&=HAG=\mu(g^1(k))\\ M_1&=HAS(g^2(k))\end{aligned} \tag{1-12}$$

阿尔基尔等在多维贫困测度的基础上通过加入时间t维度进一步拓展了多

维贫困的衡量，给出了长期多维贫困的测度方法[55, 56]。

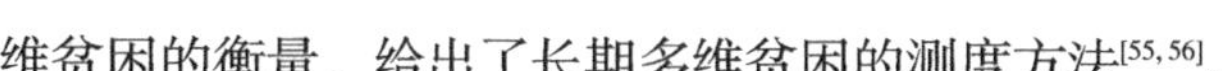

$$M_C^{\alpha}(X;z,W,k,\tau)=\frac{1}{N}\sum_{i=1}^{N}\rho_i(k;\tau)\frac{1}{T}\sum_{t=1}^{T}\sum_{j=1}^{d}w_j g_{ij}^{t}(\alpha) \tag{1-13}$$

其中$\rho_i(k;\tau)$表示个体i在指标维度和时间维度上的剥夺函数，当个体i在指标维度和时间维度上同时表现为贫困时$\rho_i(k;\tau)=1$，否则$\rho_i(k;\tau)=0$。类似AF法，可以类似定义M_C^0、M_C^1和M_C^2。阿尔基尔指出多维贫困测度主要从维度、指标、剥夺临界值、权重和贫困界限等五个方面进行考虑。

4.贫困的成因

泽希尔（Sawhill）指出，学者们只关心人们的收入，重点测度生活在低端群体的数量和构成，但对产生这一结果的过程知之甚少，很少了解贫困的基本原因[57]。关于贫困成因的理论研究主要集中在以下三个方面。

（1）行为理论。行为理论认为，自身行为是贫困的直接原因，而自身行为又受到文化和激励的影响，具体传递机制如图1-5所示。根据这一理论，穷人之所以贫困，是因为他们从事一些非生产性工作，或是处于失业状态。与行为理论一致的是，在许多情况下，低教育水平和失业等风险与贫困有着显著的关系。人口统计学研究表明具有这种行为特征的人群贫困发生率较高。为了减少贫困，行为学家建议需要减少这种行为的流行。

行为理论主要认为激励和文化是行为的主要来源，通过激励，学者们强调目标导向的个体的理性反应导致问题行为；在文化方面，重点是引导穷人行为的模式和习惯，多数文献考虑两者的相互作用对自身贫困的影响。长期以来，研究贫困的相关学者一直在研究激励如何影响穷人的行为，许多研究检验一个激励的社会政策是否会引起道德风险和福利依赖，以及对工作和婚姻等减少贫困行为的抑制作用。在发展中国家，人们对福利的社会政策是否会鼓励道德风险的关注要少得多。相反，学者通常关注的是市场效率低下和有问题的激励政策如何阻碍穷人投资于生产活动。例如，因为市场效率低下阻碍了穷人投资保险，像事故这样的不利生活事件与贫困有更紧密的联系[58]。对激励、行为和贫困之间的关系研究表明，扩大教育和降低生育率大大降低了贫困，事实上，教育，尤其是年轻女性的教育，是全球最有力的反贫困行为之一。一个特别明显的行为理论是贫困的新文化理论，该理论提供一种比旧文化贫困理论更细致的文化解释，从文化视角解释了导致贫困的反生产行为。其明确地解释了低收入人群的行为与文化因素有关，并展示文化和行为是如何导致贫困的再生产过程和机制。行为主义学者还探索了贫困如何反馈到行为中，从而在代际和代际之间产生贫困（如图1–5中的虚线所示）。贫困带来了认知负担、当前的偏见和压力，这就鼓励了长期贫困的行为，如低教育程度。贫困对儿童的认知能力和发展也有一定的影响，这破坏了教育，导致成人贫困。贫困理论认为，贫困会产生不良的激励，从而削弱人们对投资（如教育或保险）的回报动机，而投资本可以减少随后的贫困。例如，如果对教育的适度投资导致收入降低和贫困的机会成本，就会出现贫困陷阱，只有在教育投资过高的情况下才会下降。此外，有些学者认为文化是贫困的原因，阻碍了穷人的教育、就业和婚姻，或鼓励福利依赖。

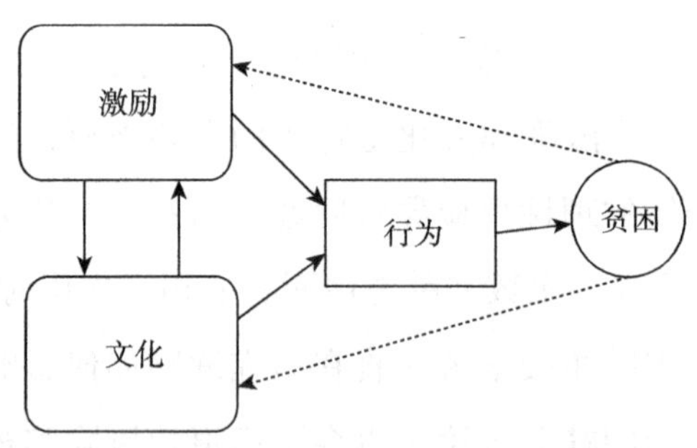

图1–5　行为理论下的致贫原因路径

（2）结构理论。在贫困原因的结构理论分析中，“结构”指的是宏观和中观层面的人口和经济背景，代表着可用的机会和约束。路径如图1–6所示，人口环境和经济环境通过三条路径引起贫困，首先，经济环境和人口环境通过行为间接影响贫困；其次，经济环境和人口环境不通过行为直接对贫困产生影响；最后，环境因素与行为相互作用调节行为与贫困的关系。不同于行为主义者，结构主义者更倾向于强调人口、经济结构的背景效应，根据结构理论，经济环境主要包括经济增长和发展、工业化和限制工业化、空间和技能不匹配等因素；人口环境通常包括区域劣势、年龄和性别构成、自然禀赋、城镇化和人口转移等因素。结构理论起源较早，可能是社会学中最受欢迎的一类理论之一。结构理论的早期研究之一主要用于解释美国根深蒂固的种族不平等的原因，与此同时，有学者强调经济增长并没有帮助穷人，反而使穷人变得更穷，这一理论使得学者们长期以来关注贫穷国家的经济增长、劳动力市场分隔和农村贫困[59]。

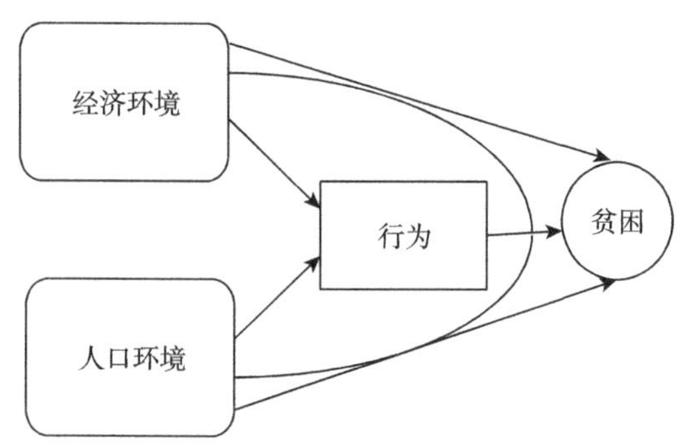

图1-6 结构理论下的致贫原因路径

美国社会学中最突出的结构性解释是关于集中的城市劣势和邻里效应的研究，继威尔逊之后，许多人展示了去工业化和技能、空间不匹配如何导致失业，家庭变化和贫困。一些人争论居住环境相对于去工业化和失业的显著性，而另一些人则强调它们的相互作用。例如，一些学者认为，经济变化与居住环境相互作用，导致城市贫困集中。社区效应学者表明，集中贫困随后成为行为和贫困的结构性原因。例如，研究发现，在隔离和集中贫困社区长大使儿童面临压力（如暴力），这损害了教育和成就（如削弱了认知能力和心理健康），并导致随后的贫困。另一个突出的结构解释强调经济发展如何减少发展中国家的贫困。发展创造就业机会、获得学校教育和重返学校，并鼓励城市化、改善健康和降低生育率。因此，经济发展极大地减少了贫困。例如，经济发展和城市化是近几十年来中国贫困人口大幅减少的主要原因。事实上，经济增长经常被认为是发展中国家减少贫困的必要条件，例如，撒哈拉以南非洲地区缺乏经济增长导致了持续的高贫困；中国由于经济的快速增长可能在世界历史上实现了在最短的时间内最大的减贫[60]。

（3）政治理论。政治理论认为，贫困是由权力关系和如何分配资源的集体选择驱动的政治结果[61]。政治理论下的致贫原因路径如图1–7所示，这些理论认为，权力和制度对经济社会发展政策产生影响，政策直接导致贫困，但使行为与贫困的联系变得缓和；权力和制度是相辅相成的，制度也直接影响贫困，同样也能够缓和行为与贫困的关系。

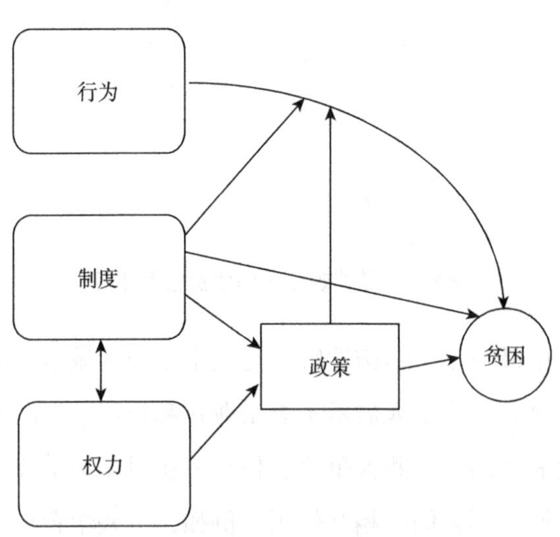

图1–7　政治理论下的致贫原因路径

第一种，也是最有影响力的政治解释是权力资源理论。权力资源理论认为，集体政治行动者围绕共同的利益和意识形态维护自身权力，相对而言弱势群体的一些权力被剥夺。弱势群体的阶层移动至关重要，因为在资本主义民主国家，政治权力的实际分配有利于精英和企业，这种权力优势导致社会阶层权力拥有的高度不平等。因此，工人阶级和穷人必须团结起来，享有一些中产阶级所获得的政治权力。权力资源理论经常被用来解释为什么一些福利国家比其他国家更慷慨。然而，权力资源理论实际上是一个更广泛的收入分配理论，随着时间的推移而发展，并变得更加关注制度化的权力。第二种有影响力的政治解释侧重于制度，如法律法规，如何控制经济资源的分配。相关文献普遍强调，贫困率是稳定的，变化缓慢，不会对选举和权力变化做出迅速反应。制度反映了过去集体行为者权力的残余，即使没有集体行为者的积极维护，制度仍然是重要的。例如，奴隶制和联邦制等历史制度助长贫困中的阶层不平等现象。有些制度主义者认为，历史上建立的制度支配着当代政治，从而把贫困锁在里面；而也有一些制度主义者声称，历史上建立的制度指导政治如何以及何时治理贫困。虽然制度文献没有权力资源文献那么明确，但研究的方向是多方面的。首先，学者们将贫困与选举机构联系起来，如稳定、长期的民主化与较低的贫困有关；其次，劳动力市场和教育机构与贫困有关，如果工资谈判是协调的、集中的、公平的，并且雇佣合同是受保护的，那么劳动贫困就会显著降低；最后，像奴隶制和殖民主义这样的历史制度使贫穷国家处于不利地位，使贫穷永久化。有学者解释说，地理、气候和疾病条件造成了不同的殖民制度，形成了长期的经济发展，并对当代贫困产生了影响。

在关于贫困的政治理论文献中，国家政策是一个中心角色。有学者对国家如何治理贫困的一般政策进行了分类：组织资源分配（如税收和转移，通常被称为再分配），风险保险，能力投资（如幼儿教育和保健服务），分配机会（如公共就业），规范期望的社会化，帮扶穷人。由于社会政策的不同获取途径和不同效果，国家政策也对贫困中的阶层不平等产生影响[62]。

通过对国外研究文献的梳理可以看出，国外学术界对贫困和相对贫困的内涵、极端贫困和相对贫困的识别、贫困的测度和成因都进行了系统研究。在极端贫困的界定上采用绝对方法，用绝对收入水平或绝对消费量识别贫困人群；在相对贫困的界定上采用相对方法，先确定社会平均水平，然后根据经济发展水平、不平等程度等因素选择一个比例值设置相对贫困水平，比例设置法一般只适用于收入水平指标，所以国外学者提出的贫困测度指数都是针对收入型指标，对于分类型和顺序型指标一般不太适合；关于多维贫困指标体系的构建主要依据可行能力理论，在识别和测度上多采用AF法；在贫困成因的分析上，从国家政治、制度、文化和个人行为等多方面进行了系统的理论阐述，对贫困治理具有重要的指导意义。

（二）国内研究综述

1.贫困的内涵

贫困的概念极其复杂，根据不同的研究目的和理论范式，可以得到不同内涵的贫困定义。国内学者首先基于经济学范畴和非经济学范畴对绝对贫困的定义进行论述，之后随着绝对贫困的消除，转向对相对贫困内涵的研究。

（1）从经济学视角解释绝对贫困。从经济学视角定义绝对贫困，相对较为简单，多见于早期的国内文献。以收入为衡量标准，当一个人的收入低到无法满足自身的基本物质和服务需求时，不仅表现为其发展机会受到限制，生存也面临着威胁[63,64]；或者以社会规定的基本生活标准为比较对象，一些学者通过与社会规定的生活标准相比较定义贫困，当一个人的收入水平或物质来源无法满足社会标准生活的支出时，可能处于贫困状态[65,66]；薛宝生把贫困的内涵与之后贫困的测度和扶贫措施的制定相结合，认为从经济学范畴定义贫困，单一的经济收入导致的贫困研究，有利于对贫困的测度及后续对治理

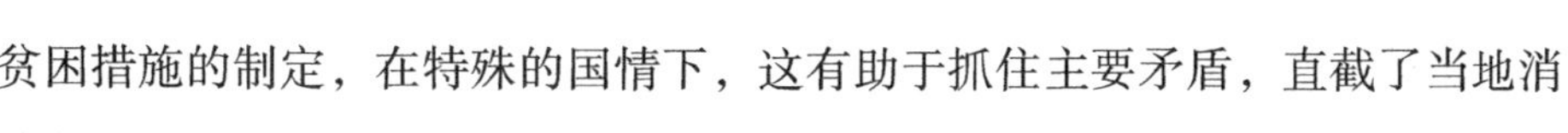

贫困措施的制定，在特殊的国情下，这有助于抓住主要矛盾，直截了当地消除贫困[67]。

（2）从非经济学视角解释绝对贫困。毕竟从经济学范畴认识贫困，具有一定的片面性，经济收入导致的贫困只是一种发展结果的表现，需要从更全面的视角审视贫困的根源。有部分学者认为贫困不是经济因素单方导致的，无论从贫困的现状还是贫困的治理来看，贫困的内涵需要从政治制度、文化环境、社会参与和公共服务等多方视角加以定义，导致一部分人群的生活水平长期低于社会公认的标准，除了是因为这部分人在经济收入上的不足，还表现在他们在社会资源的占用上处于不利地位，以至于参与社会活动时受到不平等的限制[68-70]；而且贫困的内涵也不是一成不变的，是动态的、历史的，同时具有地域特征，因经济发展水平，国家治理能力和社会制度的不同，对贫困的定义也会不尽相同[71]，这种贫困内涵的认识实际上是从贫困的纵向上看待贫困，与上述学者从贫困的横向上拓展贫困的内涵有很大不同，用发展的眼光看贫困，符合事物发展变化规律。

（3）绝对贫困的多维定义。党的十八大以后，国家借鉴国外经验，根据国内研究结论，结合中国国情，政府实施了以收入为标准，统筹考虑“两不愁三保障”的精准扶贫政策[72]。这实际上是从纵横两个方向识别贫困，纵向上以经济收入为依据，制定动态的收入识别标准，横向上以“两不愁三保障”多维视角考察贫困表现，具有时代特征。这一标准提出以后，国内学者把有关贫困的定义逐步从单一经济维度扩展到了制度、文化、教育、健康和公共服务多个维度。多数学者指出采用单一指标定义贫困已不符合实际，以居民家庭为分析对象，需要构建包含居民收入在内的多个维度多个指标的指标体系识别贫困，而且从多个维度定义贫困，更有助于家庭的精准帮扶，从根本上解决贫困家庭的发展问题[73, 74]；也有一些学者借鉴国际多维贫困定义标准，从中国实际出发，构建了一套以收入为主，其他教育、健康、生活质量等非收入维度为辅助的贫困识别体系，并提出了多维贫困的判别标准[75, 76]。

（4）相对贫困的内涵。2020年年底中国绝对贫困的消除之战圆满收官，国内学者把目光逐步转移到对中国相对贫困的研究上，有关相对贫困概念和内涵的学术文献才开始丰富起来。国内早期相对贫困的研究文献见于20世纪末，关于相对贫困概念的观点主要有以下几种：一是通过收入水平或消费水平与公认的社会生活水平相比较来定义相对贫困。当一个人或家庭的收入相对社会平均水平很低时，低到无法享受到国家或社会提供的一些生活资料和服务，如良好的教育、公共服务、休闲娱乐活动等，而且这种缺失状态会随着经济的增长而变化，一般会因为自身能力的不足而越来越大[77, 78]。二是把相对贫困定义为与他人比较或与自身最好时比较所形成的心理落差感。这种观点把相对贫困定义为自身收入与全社会平均收入差异所产生的主观贫困感，或者当自己的生活水平达不到期望值时也会产生相对贫困感[79, 80]。三是相对贫困往往不局限于自身的经济水平，而是更注重于个体的心理感受和相对剥夺感。一般认为人们心理所认定的生活水准会因不同的空间和时间而发生变化，不单单依据经济水平的高低判断其贫困状态，即使在富裕的国家，人们的期望水平较高，如果贫富差距过大，收入水平相对较低的群体就会产生心理落差，相对剥夺感也可能会很强[81–84]。四是相对贫困是收入在时间和空间维度上分配不均累积的一种结果表现。随着经济的发展，收入在不同人群上分配不均不断在时间维度上累积，差距到一定程度，处于收入分配劣势群体一方面无法享受到社会进步带来的同等效用，另一方面在能力发展水平上也无法达到社会平均水平，相对贫困状态将长时间持续下去；在空间维度上，由于资源禀赋和政策差异导致不同区域和城乡之间的相对差距不断扩大，即使全体居民的绝对水平都得到很大提高，但是相对落后地区的人群也会因对优质资源的期望得不到满足而产生相对贫困感[85–87]。中国经济进入新发展阶段以后，中国的相对贫困表现出新的内涵。首先，必须抛弃从“生存”和“需求”视角定义相对贫困，相对贫困并非绝对贫困的递进，如果从“社会比较”视角重新定义相对贫困，既可以实现对贫困内核的考察，又可以对不平等程度进行测度[88, 89]；其次，需要从多元和发展视角研究相对贫困的内涵，多元性是指相对贫困不仅仅表现在收入维度上，还表现在能力、教育、社会保障维度上，发展性是指相对贫困的内涵必须与时俱进，动态变化才能够满足对相对贫困的研究，所以构建与时代特征相匹配的相对贫困动态识别指标体系迫在眉睫[90, 91]；最后，相对贫困是自然存在的需求得不到满足，更加强调人们在社会关系中所形成的需求得不到满足，具体表现为在新时代人们追求美好生活的需求得不到满足，并表现出有限性、主体间性、相对性和多维性的新时代特征[92]。

2.贫困的识别标准

（1）绝对贫困的识别标准。改革开放40年，也是中国持续扶贫的40年，40年的扶贫之路是不断推进的。2011年至今是以实现全面小康为目标的扶贫阶段，该阶段贵在精准识别，重在扶贫效果，力争实现每个贫困户都精准脱贫。而现在距“精准扶贫”提出已经十年之余，国内学者对贫困户的精准识别问题进行了长期的探索研究。从现有的代表性成果来看，研究内容主要集中在三个方面。一是基于指标体系和模型，提出了多种贫困户识别方法，像“指标打分贫困村分类法”[93]、“政策门槛法”[94]、“人工神经网络分类判别”[95]等。二是对贫困户的识别标准进行分析，提出多种改进识别标准的方法。在识别农村贫困户时，主张用农村贫困CPI调整农村贫困线比用农村CPI识别农村贫困更精准[96]；在识别各地区的贫困户时，主张将国家标准与地方标准结合起来识别贫困更符合地区实际贫困情况[97]。三是对贫困户的贫困程度进行量化分析时，提出了多种评价指标体系。主要观点认为应该以收入、消费等量化识别指标为核心，多个维度相结合识别多维贫困，指出了量化评价指标在贫困户识别中的重要性[98]。

（2）相对贫困的识别标准。相对贫困识别标准的确定是相对贫困识别、测度和成因分析的前提。国内学者对中国相对贫困识别标准的设置思路主要参考国际经验，并结合中国的实际问题和研究目的提出不同的识别标准，主要表现在以下四个方面。

一是在基数的选择上持有不同观点。多数学者认为应以家庭居民收入的中位数为基础[99, 100]，主要原因是中位数不受极端值影响，对处于中等生活水平家庭的代表性较高，并且与国际上同样采用中位数为基数相一致，同国际相对贫困标准具有可比性；张青和程永宏等主张使用居民收入的均值为基数对居民的相对贫困程度进行测度[101, 102]，但是收入均值受极端值影响较大，容易掩盖居民之间的贫富差距，当富人比例较高时，收入均值会被拉得虚高，对相对贫困群体的识别不利；除了把收入当成相对贫困的基数，也有学者建议把总资产和消费作为相对贫困标准的基数，并实证分析了其合理性[103–105]。此外，受美国度量贫困时采用不同家庭规模和儿童比例设置等值贫困线的启发，国内也有少部分学者利用等值规模概念对中国农村贫困规模进行测算[106, 107]，指出按照家庭规模和结构进行调整后的贫困线对农村贫困家庭的识别具有一定的合理性和精准性。张楠从理论、测度方法和应用多个方面对等值贫困线进行了详细论述，为这一贫困标准在中国的应用提供了丰富的思想[108]。

二是在比例的选择上。经合组织选择的比例是50%或60%，欧盟定的比例是60%，并建议把40%和50%作为相对贫困识别的参考比例使用。国内学者参考这一比例范围，陈宗胜等设置的农村相对贫困标准线比例是收入均值的40%~50%[109]。曲延春在对农村相对贫困治理路径选择研究时提出以农村可支配收入均值的35%作为相对贫困线识别农村相对贫困群体[110]。汪三贵和孙俊娜建议在城乡设置各自的相对贫困标准线，依据居民可支配收入的中位数，把比例都定为40%[111]。孙久文和张倩在梳理了国内外相对贫困线标准设置原则的基础上，指出应按照可支配收入中位数的40%设置收入相对贫困线，但需要辅助设置教育、健康、保障和沟通等四个维度的贫困标准[112]。所以从选择的比例上看，比例范围在30%~60%，尚无统一的比例标准。

三是城乡是否“一条线”存在分歧。有些学者认为，中国城乡收入差距明显，应按照城乡收入的中位数分别设置相对贫困标准线，同时识别在城乡不同空间区域的相对弱势群体，因为相对贫困不仅表现在经济状况上的绝对水平较低，而且还表现为生活在同一环境内的相对主观认识上的差异，所以应该在城市和乡村设置两条不同的相对贫困线；但也有一些学者持有不同观点，中国绝对贫困已取得历史性全面消除，随着经济从高速向高质量发展转变，统筹城乡发展，逐步缩小城乡差异必将是未来一段时期国家急需解决的问题，所以设置全国“一条线”更加有利于识别在农村和城市处于弱势地区的群体，有利于在全国范围内的贫困精准识别，实现人的全面发展[113, 114]。但也有学者认为应该设置贫困标准全国统一，比例分城乡的相对贫困标准线。

四是基于收入或消费的弱相对贫困线的提出。拉瓦利翁和陈最早提出弱相对贫困理论，胡联等基于该理论提出了弱相对贫困标准[115]，弱相对贫困标准的一般通式为：$z = \max(z_\alpha, b + k\bar{y})$，其中$z_\alpha$是绝对贫困线，$b + k\bar{y}$是相对贫困线，用于衡量个人融入社会的成本。弱相对贫困线相比一般相对贫困线既考虑了居民消费的绝对水平，又考虑了居民融入社会的相对水平，同时通过综合指数的计算其大小关系还与衡量不平等的基尼系数相关。

其他相对贫困标准设置上的研究，主张在借鉴国际上的通用方法时，结合中国实际，应设置以收入为基础，其他维度为辅助的多维相对贫困标准，瞄准城乡、不同区域、不同贫困表现的贫困人群，实施多层次、多角度的综合相对贫困识别和贫困测度[116, 117]。

3.贫困的测度

早期绝对贫困的研究认为，农村居民贫困主要表现在食物、基本营养上的不足和生活物资上的匮乏[118, 119]，随着对贫困认识的加深，学者们逐步意识到农村贫困群体在教育、健康和就业等非物质层面上的贫困，农村贫困的识别标准也逐步由一维扩展到了多维[120]。从多维视角研究中国农村的贫困问题时，多维贫困指标体系的构建和多维贫困的测度方法是国内学者研究的两大热点。在多维贫困指标体系的构建上，中国目前尚无统一的官方标准，多数学者基于可行能力理论和社会包容性理论，在借鉴国外多维贫困指标体系的基础上，结合中国实际问题进行改进，提出了不同维度的多维相对贫困指标体系[121-124]。在对多维贫困测度方法的研究上，多数学者应用AF法构建贫困指数，并在此基础上进行分解[125-127]，但“双界线法”使用等权重对指标赋权，为了实现不同贫困分析的需要，近几年部分学者对等权重赋权方法进行改进，孙玉环等使用难度权重赋权法对指标赋权，并通过与等权重赋权法的比较分析，论证了难度权重赋权法在贫困识别和测度上的优势[128]；平卫英等为了比较各维度指标间的相对重要性，选用了熵值法和多元对应分析法两种非等权重赋权法，并利用随机模拟法对两种赋权法的测度结果进行了稳定性检验，结论是两种非等权重赋权法对指标分解的贫困指数影响较大，对综合贫困指数的影响较小[129]；祝志川等使用AF法对贫困进行测度和分解时，选择修正AHP法代替等权重赋权法对指标赋权，差异化各指标维度对综合贫困指数的贡献[130]。也有部分学者构建SST指数和FGT指数测度中国相对贫困状况，并从经济增长、人口变化和不平等三个方面分解指数，量化经济增长、总人口变化和不平等加重对贫困的贡献[131]。

4.贫困的成因

国内贫困的成因分析主要经历农村贫困的成因分析、城市贫困的成因分析和相对贫困成因分析三个阶段性历程。按照这一脉络，分别对不同时段的贫困成因研究成果进行综述。

（1）农村贫困的成因分析。国内学者对中国农村贫困问题研究时，除去经济发展、资源禀赋等外在客观因素之外，曾经导致部分农村地区和部分农村人口发生绝对贫困的原因主要集中在制度不完善、文化落后、教育不足和社会保障四个方面。制度是一个国家在一段时期为了约束个人或企业行为而制定的确保权利和义务得以实现的规范体系，包括政治制度、分配制度、就业制度、社会保障制度等，制度从根本上决定了社会各种资源在不同人群、不同区域和个人之间的分配规则[132-135]。文化落后是农村的突出问题，农村文化的匮乏直接导致人们精神固化、意志消沉，安于现状，对自身的要求不高，缺乏改变生活质量的动力[136, 137]。扶贫先扶志，对于农村的一些部分贫困群体，从文化扶贫入手，向他们输入一些先进的文化理念和科技知识，实施培训育人活动，教给他们一技之长，帮助他们树立正确的人生观和价值观，只有如此才能从根本上消除他们的贫困思想，改变他们的双手和双脚，重新踏上致富的道路[138, 139]。教育作为人力资本最重要的影响因素，能从思想上丰富人们的大脑，从发展上提高自身的能力水平，所以无论是从思想上还是从能力上，教育不足是致使自身处于长期贫困的主要原因之一[140, 141]。基于森的可行能力贫困理论，教育是影响自身可行能力的重要因素之一，教育程度越低，落入贫困处境的概率就会越大，所以教育是中国农村多维贫困的重要成因之一[142]。社会保障，主要包括医疗保险保障和养老保险保障，其他像工伤保险、失业保险和生育保险保障主要是企事业单位员工享有的社会保障。社会保障制度为居民抵御生病风险，防止因病致贫、返贫起到了很好的屏障作用，但是由于农村医疗资源相对匮乏，医疗保险制度相对不健全，农村居民生病的医疗成本太高，往往使得一般农村家庭因病很容易致贫[143]。很多其他学者也从农村医疗卫生保障不足方面研究农村贫困的原因，得出的结论是一般家庭条件好的农村家庭生病往往到城市就医治疗，但是成本很高，经济条件差一点的农村家庭，小病全靠拖，大病全靠扛，导致健康问题在农村较为明显[144, 145]。

农村贫困由来已久，原因是多方面的，除了以上几个因素以外，人口、交通、自然资源也是影响农村贫困的重要因素，但是不管农村致贫的因素有多少，多么复杂，良好的制度安排能够有效解决农村贫困问题，近几十年来，国家不断进行制度创新，实施西部大开发政策、农村医疗改革、精准扶贫脱贫政策和当前正在推进的乡村振兴政策，为农村的贫困治理奠定了制度保障。

（2）城市贫困的成因分析。城市贫困的原因复杂，利用单一的理论很难阐述清楚，根据目前国内学者对中国城市贫困的原因分析，可以归纳为两个层面：一是宏观层面，在全球化背景下，资本和劳动力在全国省市之间加速流动，各省区市因区位不同、政策差异使得省区市之间发展不平衡，发展滞后的城市很容易产生贫困群体。制度变革、企业改革、产业升级、全球竞争加剧，加之城镇化加速推进，城市出现大量的新型市民，多种因素叠加，致使城市就业难，城市企业更新换代快，不能快速适应城市变化的人群很容易被淘汰，面临失业的风险，城市贫富分化加速形成[146]；除了工矿企业员工和新市民很容易在经济转型中成为贫困群体之外，一些国有企业员工也在国有企业改革浪潮中被迫下岗，没有一技之长和应变能力的市民最终成为城市贫困人群，成为国家帮扶政策对象。在社会制度变革中，影响市民生活保障的最重要的一种变革就是福利体系变革，由过去的以企业为基础的福利体系变成了以社会为基础的福利体系，城市社会福利体系的不健全成为城市致贫的制度因素，城市低收入人群得不到有效的社会救助和国家帮扶，逐渐成为城市中的弱势群体，生活贫困[147]；而且随着城市教育、医疗和住房改革的深入，城市居民在收入下降的同时支出成本在增加[148]；也有不少学者从城市群视角阐述房地产发展、城市规模、城市发展模式等因素对城市贫困空间分布的影响[149, 150]。二是微观层面，从微观层面分析城市贫困的原因，主要是基于家庭和个人特征数据研究家庭成员的一些属性指标对贫困的影响，把城市贫困的成因研究从国家层面扩展到了家庭和个人层面[151]。家庭中无劳动能力的人越多、平均受教育程度越低的家庭越容易致贫；技能水平低的务工人员、无生活保障的下岗工人和家庭资产薄弱的人群容易陷入贫困[152]；除此之外，教育、住房和医疗支出占城市贫困家庭总支出的比例也越来越高，逐渐成为城市贫困的主要原因。

（3）相对贫困的成因分析。2020年年底，随着绝对贫困的全面消除，中国进入相对贫困治理阶段，相对贫困群体不同于绝对贫困群体，相对贫困的致贫原因相比绝对贫困也不相同，表现出多样化的特点[153]。从国内现有对相对贫困成因进行剖析的文献来看，具有代表性的是姜安印和陈卫强基于文化因素对中国相对贫困成因的分析。主要表现为五个方面，第一个致贫原因是效用差异对相对贫困的影响，相对贫困是指部分人群的生活质量、资源占有或是获得资源和权利的机会低于社会公认的水平，而处于相对弱势状态[154]。所以，相对贫困是比较的结果，相对贫困群体与非相对贫困群体相比，既表现为机会不平等和权利不平等，还表现为结果不平等，这种不平等是效用差异所致。效用差异跟财富的多少关系不大，与财富分配不均相关，换句话说，财富给自身带来的效用不是财富多少决定的，而是与其他群体相比的结果决定的，当与其他群体相比感到一种相对剥夺感时，就会处于相对剥夺状态，财富所带来的效用就会产生缺失感。马克思对资源的效用差异有过经典的论述，并通过一个生动的例子加以说明：当周围都是小房子时，一间同样的小房子也会满足自己的要求，但是当周围都是高楼大厦时，看着自己所住的小房子，相对剥夺感就会产生[155]。如果从收入视角分析这种相对剥夺感，个体是否处于相对贫困状态取决于自身收入与周围群体收入的相对水平，当自身的收入水平与参照水平的差距超过一定范围时，就会感到自身处于相对贫困状态[156, 157]。这种心理感受是效用差异造成的。第二个致贫原因是文化差异，如同绝对贫困一样，贫困文化对相对贫困也会产生深远的影响，刘易斯认为，贫困群体会因环境和生活方式的独特性产生一种贫困文化，这种文化与主流文化相背离，会对人们的价值观和人生发展产生消极影响，弱化人们的内在动力和发展潜能，使其陷入贫困而不知。中国人多地广，少数民族多，文化在不同区域上表现出的巨大差异是中国文化底蕴和特质的集中体现。改革开放以来，优先发展东部，东部地区具有先进的生产力，高素质高技能人才众多，吸引了大量的工矿企业在此布局，第三产业发展也极其发达，而西部地区相对落后，资源、人才和资金不足，是贫困群体和贫困地区集中聚集地，在贫困群体之中会形成一种落后的风俗习惯和思想，以及消极的生活态度，最终形成一种贫困文化，这种文化在同代之间和代际之间得到加强和传承，促使他们对资源和技能获取失去兴趣，甘愿长期生活在贫困之中[158]。所以，地区之间的相对贫困与贫困文化密不可分，相对落后的思维定势和消极的宿命论消解了人们发展的动力，贫困文化促使了地区之间的不平衡，成为相对贫困固化的根源。第三个致贫原因是政策差异。收入分配不均衡主要表现在不同区域和城乡收入不平等，主要由国家发展战略和政策设计倾向不同引起。按照国家发展的政策安排，先东部后中西部，东部发展势头强劲，各种红利不断涌入，东部城市迅速崛起，拉开了与中西部城市之间的距离[159]。此外，中国早期发展政策重城市轻农村，各种福利资源向城市倾斜，优先发展工业，后反哺农业。农产品价格低廉，但经过深加工，变成工业制成品之后，价格会翻几番，巨大的剪刀差，拉开了城市和农村的相对收入，其根源是在农村缺少农副产品深加工的资源和条件，农副产品的潜在价值无法在农村实现，农副产品的高额利润被转移到城市。随着中国政策的调整，农村居民的收入得到了大大提高，但是城乡二元结构没有得到明显改变。国家统计局统计显示，2020年的城乡收入比为2.56∶1，相较于1978年的2.57∶1略低，说明中国城乡收入不均衡问题仍然存在，城乡相对贫困问题依然严峻[160]。第四个致贫原因是发展差异。经济快速发展，经济总量和社会财富不断增加，有利于绝对贫困的消除，但是如果分配不合理就很容易导致相对贫困，尤其是对一些各方面都较为脆弱的群体，相对贫困发生率会更高[161]。产业更新升级较快，与之相适应的是需要更高级的人力资本结构相匹配，接受能力弱、受教育水平低的社会群体因为跟不上变化脚步很容易被淘汰，成为社会经济发展的“牺牲品”。从现实情况来看，一些学历水平较低的中老年人因无法适应新技术失去了很多工作机会，甚至有很多人被迫从工作已久的工作岗位退下来成为政府帮扶的对象，从物质层面和精神层面都沦落为相对贫困。第五个致贫

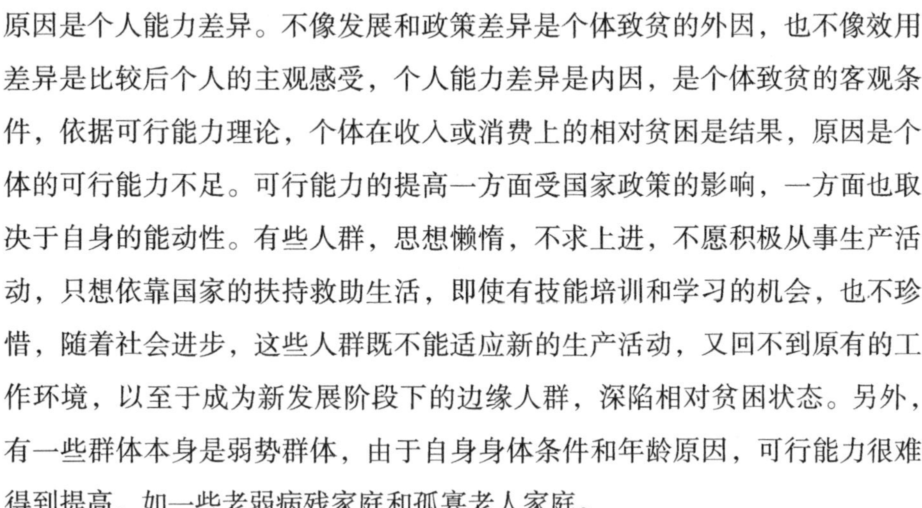
原因是个人能力差异。不像发展和政策差异是个体致贫的外因，也不像效用差异是比较后个人的主观感受，个人能力差异是内因，是个体致贫的客观条件，依据可行能力理论，个体在收入或消费上的相对贫困是结果，原因是个体的可行能力不足。可行能力的提高一方面受国家政策的影响，一方面也取决于自身的能动性。有些人群，思想懒惰，不求上进，不愿积极从事生产活动，只想依靠国家的扶持救助生活，即使有技能培训和学习的机会，也不珍惜，随着社会进步，这些人群既不能适应新的生产活动，又回不到原有的工作环境，以至于成为新发展阶段下的边缘人群，深陷相对贫困状态。另外，有一些群体本身是弱势群体，由于自身身体条件和年龄原因，可行能力很难得到提高，如一些老弱病残家庭和孤寡老人家庭。

5.贫困的治理

中国扶贫工作取得的成就得到了世界公认，积极推动了世界的反贫困事业。截至当前，搜索与扶贫实践和治理相关的文献有很多，就最近几年的研究成果来看，国内关于扶贫实践和治理的研究内容主要集中在以下两个方面。

（1）中国贫困治理历程。周芸帆以党的十八大为节点，分别论述了党的十八大以前中国贫困的治理历程和党的十八大以后中国贫困的治理历程，党的十八大以后中国贫困治理的目标、理念、要求和手段都发生了巨大变化，人的全面发展是这一时期贫困治理的宗旨[162]。杨俊论述了中国共产党的百年治贫历程，从1921年中国共产党建党开始，截至2020年中国共产党消除绝对贫困，把这一百年分成四个阶段分析中国共产党在治理贫困上所取得的伟大壮举，第一阶段是1921—1949年，中国共产党带领全国人民进行艰苦卓绝的革命斗争，实现了人民当家作主，土地归人民所有，在这一时期虽然共产党也非常关注人民的贫困问题，但形势所迫，工作重心主要是推翻旧社会建立中华人民共和国，贫困治理思想处于萌芽阶段；第二阶段是1949—1978年，为了使中华人民共和国人民从落后守旧的面貌走出来，激励人民斗志，摆脱极端贫困，以毛泽东为首的党中央带领全国各族人民解放思想，发扬艰苦奋斗的作风，自力更生[163]，工农业得到了全面发展，贫困治理工作有了新进展；第三阶段是1978—2012年，改革开放拉开了中国经济高速增长的序幕，这一时期无论是国家、社会，还是个人都已意识到发展才是硬道理，只有发展才能解决温饱问题，才能使中国走上富强的道路[164]，物质丰富、文化繁荣才能真正意义上实现脱贫。生产力经过强有力的发展和人们脱贫致富观念得到全面调动，全国人民的收入水平得到了大幅提升，国家经济总量也得到了快速提高，贫困治理的方针和政策逐步完善，贫困治理效果显著，中国共产党带领各族人民向全面小康迈进；第四阶段是2012—2020年，党的十八大以后，以习近平同志为核心的党中央，把脱贫工作提高到国家战略，向全世界庄严宣布到2020年将彻底消除绝对贫困，实现全面小康[165]。在这一阶段，实现了多种贫困治理体制机制创新，把贫困的识别标准也由一维扩展到了多维，把输血、造血与扶志、提能相结合，多种并举，因地制宜、精准扶贫，以“人民为中心”，实现“人的全面发展”为宗旨的治贫理念为将来中国相对贫困治理工作指明了方向[166]。也有学者把中国共产党的百年贫困治理历程分成三个阶段，只是把1978—2020年归为一个阶段，前两个阶段是以土地为依托实施贫困治理，后一个阶段是以经济建设为依托进行贫困治理，然后再把这一阶段分成五个时期详细阐述中国贫困治理的政策变革和所取得的成就[167]。

（2）中国贫困治理的实践经验。关于中国贫困治理的实践经验研究，一般分成三个层次，第一个层次是从国家政策层面，基于不同阶段的划分分析政策的优越性[168, 169]；也有从具体的政策验证贫困的治理效果[170, 171]，王亚华和舒全峰对中国扶贫政策进行提炼，总结出中国具有典型贫困治理的政策35项，中国扶贫卓有成效，主要是因为中国的制度优势、体制优势、方法优势和工具优势，中国探索出来的扶贫道路和积累的宝贵经验为全球反贫困战略提供了新思路[172]。第二个层次是从中国某一地区局部进行分析和总结贫困治理的实践经验[173-175]。第三个层次，也有少部分学者在不同视域下分析中国贫困治理实践的特点和不足，对新发展阶段下的贫困治理理念、手段和工具提出了丰富的政策建议[176-180]。

通过对国内研究文献的梳理，可以看出，国内学术界对贫困和相对贫困的内涵，尤其是绝对贫困的内涵研究较为丰富；在绝对贫困的识别上提出了适合精准识别贫困户的多维绝对贫困识别体系，并在中国绝对贫困治理实践中得到了很好的应用；相对贫困的识别、测度和治理研究尚有不足，多维相对贫困识别标准尚未达成一致，多维相对贫困的测度方法有待进一步改进，相对贫困的预警和治理体系的构建也处于探索阶段。

（三）文献评述

上述从贫困的概念、识别、测度，贫困的成因和治理等方面梳理和总结了国内外的研究成果，贫困研究一直以来是国内外学者研究的热点，从研究内容和成果来看，主要集中在以下几个方面。

1.关于贫困的概念和内涵研究

从绝对贫困到相对贫困，从一维贫困到多维贫困，学者们主要从人的“生物属性”和“社会属性”界定贫困的不同内涵。从人的“生物属性”讨论贫困的概念，只要收入或拥有的资源无法满足人的衣、食、住、行时，人的生存就受到了威胁，如不能及时解决，那么将会陷入极端贫困（也就是绝对贫困）；所以从人的“生物属性”认识贫困，无论是用人的某一方面（一维），还是多个方面（多维）评价处于绝对贫困状态的群体时，都要以基本生存需要为切入点，距离基本生存需要标准越远，绝对贫困程度越深。而从人的“社会属性”讨论贫困，是指当经济水平、社会文化水平发展达到某一程度时，社会物质财富已能够满足绝大部分人的生存需要，这时人们将追求更高品质的物质需求和精神文化需求，以满足人们参与社会活动时带给自身的幸福感，所以相对贫困一方面取决于自己拥有的财富，还取决于其他人所拥有的财富，当与某一社会标准水平差距达到一定程度时所产生的客观剥夺和主观剥夺感，所以从人的“社会属性”认识贫困，需要从多维视角评价处于相对贫困状态的人群，与个人的绝对水平有关，也与个人所处的社会制度、文化和国家发展的不平等程度有关。总之，贫困是社会的，历史的，处于不同的社会环境、经济背景和历史阶段下，对贫困的考察都不同，中国当前正处于绝对贫困刚刚消除，相对贫困缓解正在开始的历史交汇期，贫困的内涵、识别、测度和治理都将发生本质变化，需要新思想、新观念纳入到新发展阶段的贫困研究中去。国内外学者关于绝对贫困和相对贫困内涵的认识较为一致，但是不足之处，没有把绝对贫困和相对贫困结合起来定义，实质上绝对贫困和相对贫困是特定社会低收入人群发展到一定阶段的不同表现，社会和国家的关注点的变化。

2.关于贫困的识别和测度研究

贫困的识别和测度取决于对贫困概念和内涵的认识，识别和测度绝对贫困，只要看其生活标准是否达到了生存标准，从消费、收入和营养等方面识别都可以，测度贫困深度就看与生存标准相差多大；识别和测度相对贫困较为复杂，因为影响相对贫困标准的因素较多，在不同国家，不同文化和历史阶段识别和测度方法也会各不相同，需要针对不同国情进行处理，但一般使用单一维度，很难达到研究目的，如收入，一个绝对收入水平很高的个体，因其价值观不同、生活的环境和文化不同，可能在生活支出表现上，权利享有上，主观感受上也会处于相对贫困状态，所以应当需要从多个维度对个体的相对贫困状况进行识别和测度，为其在全面发展方面上的不足提供政策支持。在贫困的识别和测度方法的研究上，国内学者主要在借鉴国外研究成果的基础上，结合中国实际情况进行创新，使之更加适

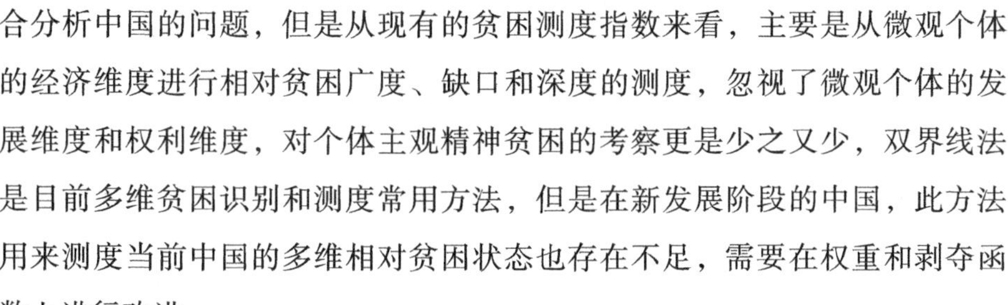

合分析中国的问题，但是从现有的贫困测度指数来看，主要是从微观个体的经济维度进行相对贫困广度、缺口和深度的测度，忽视了微观个体的发展维度和权利维度，对个体主观精神贫困的考察更是少之又少，双界线法是目前多维贫困识别和测度常用方法，但是在新发展阶段的中国，此方法用来测度当前中国的多维相对贫困状态也存在不足，需要在权重和剥夺函数上进行改进。

3.关于贫困的成因和治理研究

影响贫困的因素有很多，有外因也有内因，有经济因素也有文化因素，一般来说，影响绝对贫困的因素，也是影响相对贫困的因素，但是反之不然。影响相对贫困的内因主要有能力和思想，能力因素主要包括学历、健康、智力、情商等；思想因素主要包括价值观、动机、意志等。影响相对贫困的外因主要包括制度和文化，制度因素主要包括经济体制、宏观政策、产业政策、收入分配等；文化因素主要包括宗教信仰、家庭结构、风俗习惯等。这些因素的综合作用使得在不同经济发展阶段和不同区域贫困治理的侧重点不同，就目前的治理贫困的具体措施来看，有教育扶贫、产业扶贫、金融扶贫、易地搬迁扶贫、社会保障扶贫、文化素养扶贫等多种扶贫方式，这些措施能否从根本上解决相对贫困的持久性有待检验，但是对绝对贫困的消除立竿见影，中国几十年的扶贫实践历程证实了这一点。中国虽然已完成绝对贫困的消除任务，但在相对贫困治理方面却缺乏可参考的经验，如果照搬一些发达国家已经在相对贫困治理方面取得的一些成就，不仅违背了相对贫困治理的一般规律，也不符合当前中国的实情。新发展阶段中国的经济社会特征主要表现为，中国的经济总量虽然已达到世界第二，并且仍处于稳定上升阶段，但是人均经济总量偏低；物质财富已满足全体人民的生存需求，但是一些弱势群体仍然生活在社会的边缘，贫困的脆弱性较大，容易受到经济波动、自然灾害的影响而返贫；产品的数量日益丰富能够满足生活的基本需要，但是产品的质量和服务有待进一步提高，一部分群体的幸福感有待提升。所以在未来很长一段时间除了国家层面需要实行有助于人的全面发展的体制机制改革，还需要社会和当地政府因地制宜地实施相对贫困减贫政策。在贫困的成因和治理研究上，国内外学者对贫困的成因研究较为丰富，但鲜有对相对贫困的治理研究，中国政府的绝对贫困治理经验得到了国际上的共识，表明国内对绝对贫困研究成效要好于国外，但是新发展阶段，中国面临相对贫困日益加重和绝对贫困大规模返贫风险，贫困表现形式和治理目标都发生了变化，急需要构建一套与之相适应的相对贫困预警和治理体系。

基于上述文献的评述，针对当前国家经济社会环境的新变化，需要从指标体系、测度方法和贫困预警体系多个方面设计一套完整的多维相对贫困研究框架，以适应新发展阶段贫困治理的需要。

（四）问题提出

进入新发展阶段，一方面，中国的经济、科技、综合国力都迈上了一个新的台阶，社会经济进一步发展需要扫清发展产生的各种问题；另一方面，国民的生活水平也得到了极大提高，人民对更高层次的需求愿望也变得更为急切。相对贫困是经济发展产生的主要问题之一，为了解决这一问题可能对未来经济高质量发展造成的负面影响，以及促进未来人的全面发展，满足人们的美好生活需求，本书在对此问题进行国内外综述和研究不足的评述基础上提出以下问题。

一是多维相对贫困指标体系如何构建。该指标体系不仅要包含能够反映生计状况的指标，还需要包含能够反映权利平等、机会平等的一些指标，以符合能够反映人的全面发展的需要。

二是多维相对贫困指标体系的标准如何划定。指标体系的标准的划定既

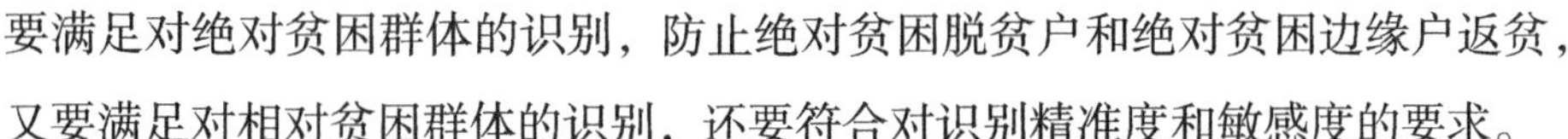

要满足对绝对贫困群体的识别，防止绝对贫困脱贫户和绝对贫困边缘户返贫，又要满足对相对贫困群体的识别，还要符合对识别精准度和敏感度的要求。

三是多维相对贫困家庭如何识别。为了在识别方法上的延续性，在多维绝对贫困识别方法的基础上，构建多维相对贫困主观识别法和多维相对贫困综合识别法，主观与客观相结合，实现从宏观和微观层面对多维相对贫困地区和家庭的精准识别。

四是多维相对贫困测度和分解方法如何设计。在对有关贫困测度和分解方法进行综述的基础上，需要设计本书用于测度多维相对贫困的方法，以满足对中国不同省份多维相对贫困状况和城乡多维相对贫困状况的分析。

五是多维相对贫困预警和治理体系如何规划。需要从紧迫性和严重性两个方面规划多维相对贫困预警和治理体系，为新阶段贫困治理和新农村建设提供层次性、方向性的政策建议。

三、研究内容、方法和框架思路

（一）研究内容

本书在综述国内外研究成果的基础上，通过理论阐述、模型构建、实证分析和政策建议等相关内容的分析，以期达到以下目的。

1. 对相对贫困的内涵、概念重新界定

以往文献从不同角度，基于不同理论，对相对贫困的内涵给予的解释不同，对相对贫困概念的定义也未达成一致，本书基于社会主义制度，以解决相对贫困实现的目标为准绳，在新发展阶段下对相对贫困的内涵再解释，给出本书的相对贫困定义。

2. 提出相对贫困新的识别标准和方法

在对现有相对贫困识别标准和方法总结的基础上，找出其不足，建立新的相对贫困水平识别标准、方法和步骤，以适应中国新发展阶段相对贫困水平的识别和测度的需要。

3. 构建相对贫困新的测度指数和分解模型

在对现有相对贫困测度模型和指数总结的基础上，从多维角度考虑，兼顾绝对贫困，建立新的多维贫困测度指数和分解模型，对中国各地区的绝对贫困和相对贫困状况进行测度，对指数分地区和贫困成因进行分解。

4. 建立中国相对贫困预警体系和治理系统

对相对贫困产生的原因、引起相对贫困动态变化的因素、相对贫困能否得到有效缓解等一系列问题的分析和论证，是制定相对贫困治理措施的依据和方向。通过预警体系的建立，判断地区和家庭相对贫困的程度和原因，构建政府、社会和自身三位一体的协调治理系统，促进早日实现共同富裕。

基于以上目的，本书的主要研究内容包括相对贫困测度的理论基础、识别标准、测度维度、指标体系、测度和分解方法等。

本书以中国居民家庭为研究对象，重点解决新发展阶段下，中国相对贫困线的确定标准和调整机制，在此基础上构建多维相对贫困测量模型和方法，利用CFPS调查数据库实证分析各地区的相对贫困程度和贫困原因，从国家、社会和个人多层面找出减贫策略，缓解中国相对贫困，实现全体居民福祉的不断提高。

基于以上目的，本书的主要研究内容安排如下。

第一部分由第一章和第二章构成。第一章主要论述本书的研究背景、拟解决的关键问题和国内外对此问题的研究进展；在综述国内外文献的基础上，提出本文的研究目的、研究内容、研究思路和研究方法，明确本书可能存在的创新点。第二章重点提出本书相对贫困线的确定和相对贫困测度模型的构建所依据的理论基础，对福祉理论、包容性理论和中国特色扶贫理论进行阐述，为后续章节的研究内容提供理论支撑和思想来源。

第二部分由第三章、第四章和第五章构成，是本书的核心部分，主要论述了本书相对贫困标准的确定、识别方法的提出和相对贫困测量指数的构建过程，以及利用相关数据库对全国各地区的贫困状况进行实证分析，找出致贫原因和影响因素，为相对贫困群体的有效识别和治理提供参考依据，为具有绝对贫困大规模返贫风险的地区提供预警。其中第三章在总结相对贫困线已有的修订方法的基础上，提出一种基于累积分布概率和主观幸福感之上的标准参考相对贫困线确定方法；在对已有识别方法进行总结的基础上，构建一种新的多维贫困识别方法：多维贫困主观识别法、综合识别法和人工神经网络识别法，可以实现基于多个维度对贫困对象进行综合排序；提出新的相对贫困测度方法和指数。本章基于绝对贫困和相对贫困双重视角提出的相对贫困测度综合指数，主要有两方面的特点，一是多维性，二是复合性。多维性表现在相对贫困评价指标体系中既含有结果性指标又含有发展性指标，并增加了自由、福祉和主观认识类指标，以体现新发展阶段下对人的全面发展的要求。复合性表现在指标维度的复合和绝对贫困与相对贫困的复合，在指标维度的复合上，既考虑了指标类型在度量上的差异性，又考虑了指标之间的信息重叠，使得到的综合性相对贫困测度指数更具有客观真实性；在绝对贫困和相对贫困的复合上，考虑新发展阶段，既要测度相对贫困程度，又要防止绝对贫困返贫的特点，构建了兼顾绝对贫困规模的相对贫困程度指示函数。第四章和第五章主要是基于模型和方法结合具体数据进行的实证分析。

第三部分是第六章。中国相对贫困的治理，主要通过第四章和第五章对中国相对贫困的识别、测度的实证分析，了解中国相对贫困的现状，提出合理的相对贫困治理预警体系，并利用实际数据进行了测算。在治理效果分析上，以教育程度为媒介检验了高校扩招政策对相对贫困的治理效果。最后结合国际上主要发达国家美国、英国和日本的反贫困历程和经验资料，提出可操作性的减贫策略和治理措施。

第四部分是第七章。分条列出本书的主要分析结果，和在分析过程中所存在的不足，未来可能存在的改进方向，并在此基础上为相对贫困的理论和实践研究提供启示。

（二）研究方法

为了实现本书的研究目的，达到模型验证和分析效果，综合使用了文献查阅法、综合评价法、因果分析法、机器学习法和指标体系预警法。

1.文献查阅法

文献综述是开展学术研究的首要工作，当确定所研究的问题后，需要对国内外学者对该问题的研究成果进行梳理、归纳和总结，找出可能存在的不足。本书在当前的研究背景下，针对贫困在中国研究的最新进展，确定了以中国的相对贫困状况为研究对象的研究方向，然后搜集了国内外学者和政府对这一问题的研究文献，包括贫困和相对贫困标准确定的方法、一维和多维贫困测量的指数、贫困对象的识别方法，以及在贫困治理上所取得的最新进展。通过文献综述达到明确研究内容、采用何种研究模型、拟解决什么问题的目的。

2.综合评价法

在进行多维相对贫困测量时，需要对一维相对贫困的测量结果进行综合，剔除单一指标之间测量信息的重叠，通过加权构建综合型相对贫困测量指数。综合评价法是这一综合过程中经常要使用的方法，现有的综合评价法主要有

层次分析法、模糊评价法、灰色系统法、信息系统综合评价方法、最优值距离综合评价法等。本书主要通过改进的最优值距离综合评价法对多维相对贫困测量指标进行综合得到新的多维贫困测量综合指数。

3.因果分析法

因果分析法主要是用来验证事物之间是否存在因果关系，以及关系是同向促进作用还是逆向抑制作用的计量方法。在进行相对贫困产生的原因和影响因素分析时，为了验证相对贫困相关测度指标与经济发展、家庭个人特征指标之间的因果关系，本书拟使用二值选择模型、门限回归模型和工具变量法等计量模型对两者的关系进行量化分析，以找出能够缓解相对贫困群体贫困程度的对策。

4.机器学习法

当相对贫困的测量指标确定后，就可以根据评定对象在测量指标上的表现值识别其是否为相对贫困户，判别分析法和机器学习法可以有效实现这一判定过程。利用当前的家庭调查数据，估计出识别模型的模型参数，使用估计出的识别模型完成对家庭是否贫困的识别结果，并利用上述的多维贫困测量模型再次计算其在各维度指标下的贫困状况，作出有针对性的提升策略。

5.指标体系预警法

先根据贫困标准线，设置各指标的贫困预警区间，然后对各指标的预警区间进行组合，设置不同级别的贫困预警线，在宏观上根据不同地区的贫困指数，判别各地区的贫困等级，在微观上根据各微观个体在该地区的贫困程度判别该微观个体的贫困级别，从而实现对全国各地区和各地区贫困人口的预警监测。

（三）框架思路

本书总体按照“提出问题—分析问题—解决问题—提出建议”的逻辑思路对中国相对贫困状况的实际问题展开研究。中国经济发展进入转型期，影响经济高质量发展的有利因素和不利因素共存，其中长期不均衡发展导致的相对贫困问题是主要制约因素之一，所以在此背景下提出了本书拟解决的问题：新发展阶段下如何缓解多维相对贫困和防止绝对贫困返贫问题。围绕该问题，本书首先论述了国内外学者对这一问题的研究进展，提出了可能存在的不足和改进的方向；其次按照“相对贫困标准的确定—相对贫困家庭的识别—相对贫困测量指数的构建—相对贫困测量指数在中国各地区相对贫困测量中的应用—中国相对贫困预警体系的构建和治理”这一逻辑思路对本书提出的问题进行解决；最后在评价中国现行扶贫政策的有效性和借鉴国际上部分发达国家减贫经验的基础上，对中国当前和以后的减贫策略提出政策建议。本书研究的技术路线如图1-8所示。

四、本书的重难点和创新点

基于以上模型的构建和实证分析，相比以往学者的研究，本书在相对贫困的指标体系、识别标准、测度方法、预警体系的设置和构建上有所创新，其中相对贫困标准的设置、多维相对贫困指数的测算、预警体系构建和应用是本书的重点也是难点。

（一）重难点

在具体的模型构建和实证分析中，存在以下重点和难点。

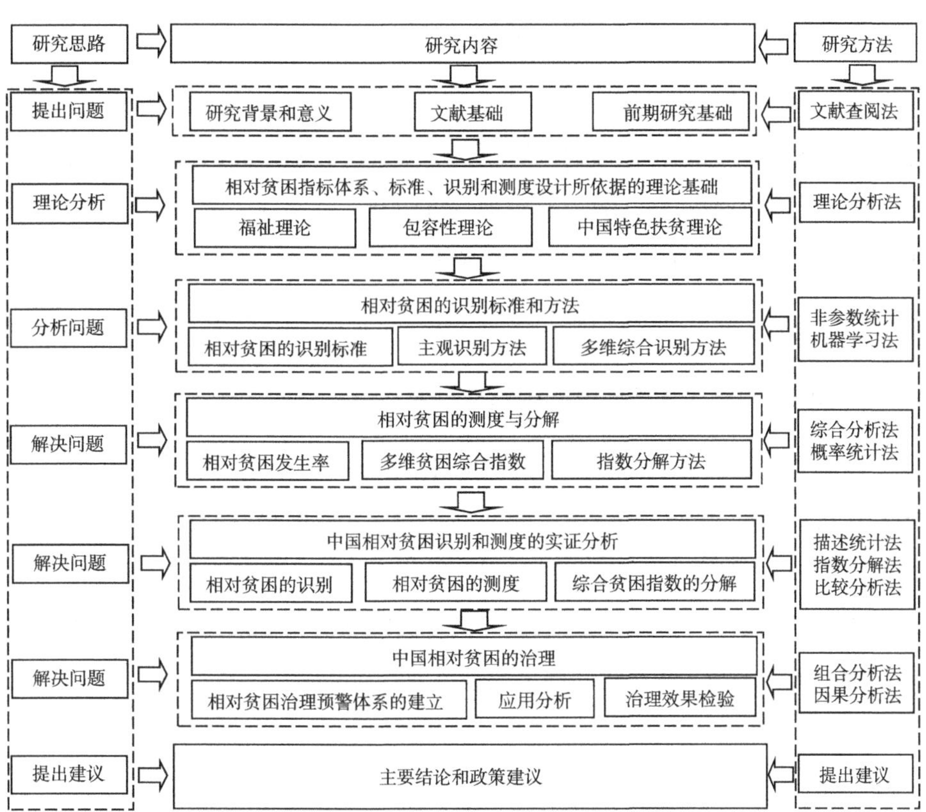

图1–8 本书的技术路线

1.各指标相对贫困标准线的设置

在本书的多维相对贫困指标体系的构建中，考虑新发展阶段人们需求的变化，加入了能力、休闲、福祉等人的全面发展水平衡量指标，指标类型既有货币数值型，又有非货币顺序型和非货币分类型，货币数值型参考已有文献，相对贫困标准线的设置较为容易，但对非货币顺序型和非货币分类型指标的相对贫困标准线的设置较为困难，不能像货币型指标一样按照某一比例进行设置，需要考虑其分布形态和治理能力，设置起来较为困难，而且标准线的设置是其他相对贫困识别、测度和治理的基础，所以指标体系中各指标相对贫困标准线的设置既是难点又是重点。

2.多维相对贫困综合指数的测算

在构建了多维相对贫困指标体系和设置了两条不同的贫困标准线之后，进行多维相对贫困综合指数的测算时，需要解决指标之间的信息重叠和已有剥夺函数的局限性问题，故需要对加权方法和已有剥夺函数进行改进。多维相对贫困综合指数的合理性直接影响相对贫困的区域分解和贫困归因的分析。

3.多维相对贫困预警体系的构建与应用

搜寻现有国内文献，鲜有对多维相对贫困预警体系进行构建的相关文献，国际上可参考的文献也很有限，如何根据中国新发展阶段的特点，从宏观和微观两个视角构建一套多维相对贫困预警体系，用于对各地区和微观家庭相对贫困程度的预警，既是理论难题，又是实践难题，所以，需要立足本书相对贫困的研究体系，从实际问题出发进行创新和论证。

（二）创新点

与以往学者的研究相比，本书的主要创新点和特色有以下几方面。

1.提出了基于标准参考家庭确定相对贫困线的新方法

提出了基于标准参考家庭确定相对贫困线的新方法，扩充了相对贫困标准设置的现有知识。以往相对贫困线的确定方法主要有两种，一种是根据人们的食品和非食品支出情况确定一个绝对标准线，另一种是根据平均收入或收入中位数，把平均收入或收入中位数的某个比例作为相对贫困标准线。新发展阶段，家庭在单一指标上的相对贫困已无法全面反映家庭生活和发展状况。本书构造一个标准参考家庭，用该标准参考家庭的特征向量 $a_F=(\bar{n},\bar{s},\bar{e}_0,\bar{e}_1,\bar{Y},\bar{M})$ 表示多维贫困相对标准，所有指标的贫困标准在依据该标准的

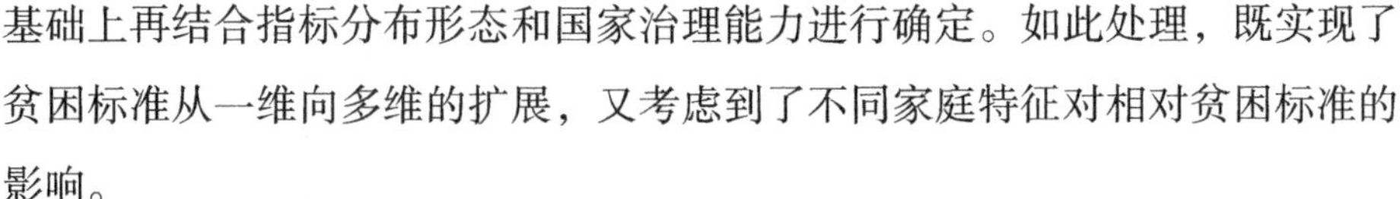

基础上再结合指标分布形态和国家治理能力进行确定。如此处理，既实现了贫困标准从一维向多维的扩展，又考虑到了不同家庭特征对相对贫困标准的影响。

2.构建了识别多种贫困状态的指标体系

构建了识别多种贫困状态的指标体系，丰富了居民家庭相对贫困识别的维度。当前国内已构建的多维相对贫困指标较多，但都没有根据实际情况设置不同的指标体系，在对能力发展指标或权利指标的观测值设置上以“是否”二值为主，无法测度家庭在能力指标剥夺程度上的差异性。新发展阶段，以相对贫困的治理为主，兼顾防止原绝对贫困家庭大规模返贫，所以本文在多维相对贫困识别和测度指标的设置上含有货币度量类和非货币度量类两种指标类型，采用连续性度量值测度家庭在各维度指标上的表现值，并设置过渡区间$\left[z_1,z_2\right]$，使贫困的测定值从0（非贫困）和1（贫困）两个值转换成$\left[0,1\right]$内的连续值，真实反映相对贫困群体在权利上的绝对剥夺情况和相对剥夺情况。

3.改进了测度多维相对贫困的AF法

改进了测度多维相对贫困的AF法，完善了相对贫困程度的测度理论。关于多维相对贫困的测度方法使用最多的是AF法，本书同样遵循这一测度思路，但是在新发展阶段，温饱因素对人们生活满意度的影响逐渐减弱，休闲自由、个人发展因素越来越重要，所以本书在单一指标相对贫困的测度和赋权方法上进行了改进，扩大了单一指标相对贫困绝对测量值的范围，加入相对分布考核因子，剔除了单一指标的离散程度和信息重叠对多维相对贫困综合测度指标的影响，并且在综合指数的分解上实现从多个维度计算单一指标对综合指数的贡献，找出相对贫困短板。

4.设置了宏微观相对贫困预警体系

设置了宏微观相对贫困预警体系，填补了该领域研究的不足。相对贫困识别和测度的最终目的是通过政府、社会和个人的共同努力缓解相对贫困，新发展阶段要建立治理相对贫困的长效机制，有必要构建一套相对贫困预警体系用于监测相对贫困的广度和深度。本书通过多维相对贫困识别和测度找出中国家庭之间的相对贫困差异和程度，构建相对贫困关键测度指标的预警体系，实现对相对贫困家庭的监测，在相对贫困影响因素分析的基础上，实证检验相关贫困治理政策和措施对相对贫困的缓解作用。与以往文献只做评价，不做原因分析，只分析实践经验，不进行经验验证相比，本书的分析更加深入和全面，其结论更具有参考价值。

第二章　相对贫困的理论基础

关于相对贫困的理论基础较多，从不同理论基础出发，可以建立不同的贫困测度、评价和扶贫策略，考虑中国社会主义制度下以消除贫困、实现共同富裕、增强居民福祉为发展目标，所以本书主要基于“福祉理论”“包容性理论”和“中国特色扶贫理论”构建相对贫困的评价、识别和测度体系，并参考实证分析结果和国际治理贫困经验，提出新发展阶段的相对贫困治理措施。

一、福祉理论

福祉又称福利，福利经济学的两大研究主题：一是福利增加，二是福利分配。在不同时间段研究的侧重点不同。福利增加主要研究一切的经济活动、社会活动，包括政治活动，如何配置生产资源，使整个社会的福利水平增加，而且要实现最大化；而如果只考察一切活动的社会总福利效用最大化，不考虑福利在人与人之间的分配结构，那么社会资源配置必将无法实现最大化，社会福利水平增长也会受阻（如计划经济中的平均分配和市场经济中的按资分配对实现社会资源配置的帕累托最优、社会福利水平增加的最大化都有着不同的影响），所以研究社会福利如何在社会成员之间实现合理分配，从而有效促进资源配置的帕累托最优，最大限度地促进社会福利水平增长，是伴随福利经济学发展至今的另一大主题。

福利经济学发展至今已有一百多年的历史，在这一发展过程中，经历了不同的发展阶段，各个阶段虽然研究的主题和目的相同，但是研究的侧重点和研究方法都有所不同。在此期间的研究成果颇丰，对经济、社会的发展都产生了深远影响，很多学者因在该方面的突出贡献获得了经济学诺贝尔奖。下面分几个方面简要阐述福利经济学发展至今的主要理论成果和评价体系。

（一）福祉理论的发展

福利增加和分配是福利经济学研究的两大主题，而这一观点在《福利经济学》一书中得到了最大化体现。该书中重点论述了福利（一般指的是经济福利）与国民所得的辩证关系、国民所得的数量与资源配置的关系，以及国民所得与个人劳动的关系。通过这三大关系的论述，表明了国民所得的增加是社会福利增加的唯一源泉，而通过公平的分配机制，才能实现个人福利的最大化。所以国民所得与分配的关系是该书中重点论述的又一核心内容。书中继承了伦理学、逻辑学、政治经济学、经济学，以及功利主义哲学等学科的经典内容，一切学科研究的终极目标就是提高全社会的福利水平，从这点意义上讲，一切学科研究的起点也就是福利经济学研究的起点。相对贫困的研究基础就是在经济发展达到一定程度后，通过研究分配制度和其他经济政策，解决发展中不平衡问题，缓解相对贫困问题，缩小贫富差距，提高全体人民福祉水平，所以，梳理福祉发展脉络对构建相对贫困研究体系具有导向性作用。

旧福利经济学所处时间段为1920—1930年，代表人物是英国经济学家霍布斯和庇古。旧福利经济学是建立在以下几个前提假设基础上的：个人福利可以用效用度量，人与人之间的效用可以进行比较，并且整个社会的福利是所有个人效用的简单加总。但是这一假设前提受到后续很多经济学家的批评，产生了一些新的福利经济学观点。

新福利经济学（1930—1950年）着重于以纯粹事实为前提来得到政策判断；新福利经济学否定了效用可以计量（基数论）和比较（个人效用之间的

 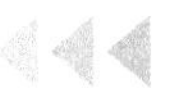

比较）的假设，而以效用序数论为前提，主张以生产效率为先兼顾公平和适度发展社会福利事业。这一时期的主要代表人物有柏格森（Bergson）、卡尔多（Kaldor）、希克斯（Hicks）、西托夫斯基（Scitovsky）、萨缪尔森（Samuelson）、利特尔（Little）。意大利经济学家帕累托舍弃了福利可以用基数度量大小的观点，提出了判断一种政策增加社会福利的标准：增进或改善了一些人的经济福利的同时，没有任何人蒙受损失。

新福利经济学与社会选择理论结合促成了现代福利经济学的新变化（1951年至今）。社会选择理论起源于中世纪传统的投票理论，直到18世纪中期该投票理论才得到系统化的研究，主要代表人物是博尔达（Borda）、孔多塞（Condorcet）、拉普拉斯（Laplace）、道奇森（Dodgson）。博尔达被学术界公认为对投票选举方法进行系统化研究的第一人，他最早提出了采用计分法对候选人进行排序，就是今天仍然被投票界广泛使用的博尔达法。继博尔达之后，孔多塞通过对投票理论深入研究，首次提出了判断选举方法优劣的孔多塞准则。

表2-1是孔多塞提出的存在悖论的方案选择。按照多数票获胜的规则，A与B相比，多数人偏好A胜过B，记为APB，同理CPA，所以根据偏好传递性，CPB，但实际上社会选择的是BPC，产生悖论，该悖论被称为“孔多塞效应”，也称“投票悖论”。所以两两比较，通过“简单多数票法则”确定获选方案时，只要假定选择满足传递性，“投票悖论”就不可避免。

表2-1 存在孔多塞悖论的三方案排序表

投票者	对不同选择方案的偏好次序		
v_1	A	B	C
v_2	B	C	A
v_3	C	A	B

拉普拉斯是著名数学家，为了避开多方案选举中“投票悖论”的问题，把应用概率知识运用到赋值法投票选举中，主张对偏好次序中的方案应按等

差数列方法赋值，然后根据各方案所赋总值大小对方案排序，事实上，拉普拉斯赋值排序法等同于博尔达法。阿罗（Arrow）在传统投票理论研究的基础上，系统化论证了“投票悖论”问题，提出了基于个人偏好集的社会福利函数，具体函数构造如下。

用R_i表示个体i在社会状态集X上的偏好序，社会中n个个体的偏好序构成向量$\boldsymbol{u}$

$$\boldsymbol{u} = (R_1, R_2, \cdots, R_n) \tag{2-1}$$

$\boldsymbol{u}$被称为一个偏好断面，用$R_i(X)$表示个体i在状态集X上所有偏好序的集合，则社会中n个个体的所有偏好断面组成的集合为

$$U = \{u = \left(R_1, R_2, \cdots, R_n\right): \forall i \in n, R_i \in R_i\left(X\right)\} \tag{2-2}$$

阿罗社会福利函数其实是一个各种社会状态的福利序，不是各种社会状态的具体福利值，属于社会选择理论范畴。阿罗进一步论证了当设定以下几个公理化条件以后，这样的社会福利函数不存在。

Ⅰ 无约束域条件U

Ⅱ Pareto准则P

Ⅲ 无关方案独立性条件I

Ⅳ 非独裁性条件D

阿罗不可能性定理是现代社会选择理论研究的开端。至此，社会福利经济学沿着两条主线向前发展：一个是基于伯格森-萨缪尔森社会福利函数（swF），构造各种实值（基数）社会福利函数，用于分析不同社会状态的社会福利水平；一个是基于阿罗不可能性定理构造的各种社会选择规则，通过加强或放松选择条件得到不同的社会福利函数或决策函数（基于传递性构造的社会选择福利函数和基于非循环性构造的社会选择决策函数等）。本书正是基于阿罗的社会选择规则构建了相对贫困主观识别模型测度社会对微观家庭相对贫困程度的比较结果。

（二）居民福祉与相对贫困

森提出可行能力理论以后，国内外学者基于能力分析方法构建了福利评价指标体系，进一步拓展了福祉理论，对居民福祉的评价从一维转向多维。实证应用研究表明，能力分析方法明显异于传统的个体福利评估方法，像功利主义基于“效用”构建的评估方法，罗尔斯的基于“基本善”构建的评价体系，以及德沃金的基于“资源”构建的评估体系，使个体福利的评估更加全面、客观、科学。在实际应用中，利用能力分析方法评估个人福利首先要解决的问题是如何构建功能集和能力集，在一些文献中把功能集称为“生活内容向量”，把能力集看作“生活内容向量”的集合。

根据能力分析方法理论的核心思想和实践，个人福利评价的基础是商品和服务，因为商品和服务的丰富性和多样性决定了人们的生活内容域（所能够达到的生活状态）；个人福利评价的关键是能力，因为能力决定了个人所有可能的生活内容向量（功能集）；个体福利评价的影响因素是人际相异性、社会环境及自然环境，因为个人根据自身能力把商品和服务转化成个人效用（幸福）的过程中会受到个体特征（性别、年龄等），社会环境（平等、社会保障等），自然环境（空气污染、水污染等）等因素的影响。可行能力理论不仅是研究福利的新思想，也为多维相对贫困的研究指明了方向。

在新发展阶段，已全面建成小康社会，向着第二个一百年迈进的过程中，经济社会发展都要以提高全体人民的福祉为目标，增强人们的获得感和幸福感。所以在构建多维相对贫困指标体系时应以福祉理论为理论依据之一，把居民福祉评价核心指标纳入相对贫困指标体系之中，借鉴居民福祉相对评价方法作为相对贫困识别的主观评价法，有助于进一步精准识别相对贫困群体，以实现相对贫困识别方法的主客观结合。

二、包容性理论

“包容性”最初作为联合国的千年发展目标在2000年的联合国的首脑会议上被提出，旨在降低全球的极端贫困水平[181]。在此基础上，亚洲开发银行在2007年从经济增长角度提出“包容性增长”概念。“包容性增长”强调经济增长要与社会发展相协调，实现经济的可持续增长。以往的增长只是一味地追求经济单方面增长，忽视了增长的公平性和平等性，所以未来要实现“机会平等的增长”。胡锦涛在2011年4月15日召开的博鳌亚洲年会论坛上首次把“增长”改成“发展”，“包容性发展”的内涵更加丰富，不仅包括经济视角下的包容性增长，还包括社会视角下的教育、医疗、就业等方面的共同增长。对于中国来说，“包容性发展”是一种经济增长与社会进步相融合，与自然生态相协调的发展，终极目标是提高人民的物质生活水平和居民主观幸福感。所以，为了实现这种发展理念，需要从经济层面和社会发展层面分别探讨包容性发展理论。

（一）经济包容性理论

2007年，“包容性增长”这一概念被亚洲开发银行首次提出，倡导创造出更多的生产性工作岗位和平等获得工作岗位的机会，为社会弱势群体提供安全保障，减少他们面临陷入极端贫困的风险。包容性增长的最初愿景是使每个人都能获得平等参与经济活动的机会，并且让经济增长带来的福利均等惠及每个个体。

从发展经济学视角理解包容性增长，具有三个方面的显著特征：一是包容性增长强调平等性，通过高速平稳可持续增长创造更多的就业机会，使每个社会个体都能够平等地参与经济活动和享有发展成果；二是包容性增长有利于弱势群体的增长，强调经济增长的成果要惠及所有人，尤其是贫困群体，有利于他们摆脱贫困，因此，从世界范围来看，包容性增长更有利于发展中国家的大部分人群；三是包容性增长能够有效促进穷人充分就业，使大部分弱势群体的工资增长速度快于资本回报率速度，这将有助于贫富差距的缩小。综上所述，包容性增长的内涵就是让更多的弱势群体能够获得平等工作机会，创造更多的工作岗位实现穷人的充分就业，提高按劳分配的比例，加快劳动工资的增长速度，逐步缩小穷人与富人的差距。

包容性增长提出的首要目的就是缩小国家之间、国家内部不同人群的经济差距，以削弱这种差距给社会和经济进一步的可持续发展带来的负面影响强度。当前仍然有上亿人群生活在极端贫困之中，国家之间、国家内部的经济差距不断扩大，不仅将对未来的经济发展产生阻碍，而且会威胁到国家和地区的稳定与和平，所以经济发展成果需要优先分配给穷人，为他们提供工作，在教育、健康和社会保障方面为他们提供有力保障。亚洲开发银行为了实现包容性增长这一理念，通过合作、共享促使各国致力于贫困的治理，社会排斥的降低，使经济增长更具有包容性。包容性增长也成为欧盟委员会推行经济可持续增长战略的重要理论依据，一方面加强对工人就业的技能培训，另一方面实行反贫困措施，通过促进就业和提高工人工资增强国家凝聚力，使全体国民共享经济增长成果。

改革开放四十多年，中国用四十多年的发展走过了西方发达国家几百年的历程，经济高速增长使得国家经济总量快速提高，中国一跃成为世界第二大经济体。经济快速发展为中国的脱贫攻坚战提供了雄厚的物质基础，截至2020年年底，中国已全面实现小康，极端贫困在全国范围内得到全面消除。但是，同时看到，无论是生态环境，还是资源消耗，我们都付出了巨大代价，而且发展的不均衡，机会的不平等使得贫富差距在不同区域、不同人群之间逐渐拉大，威胁着中国经济的可持续发展。因此，通过包容性增长理念，修正中国发展之不足，有利于中国经济发展方式的转变，实现经济高质量发展，使经济发展成果更大惠及弱势群体。

（二）社会包容性理论

基于社会视角的包容性发展理论具有深厚的思想源泉。法国社会学家埃米尔·迪尔凯姆和印度经济学家阿马蒂亚·森都是这一理论的早期倡导者，从“团结”和“人类发展”不同方面阐述了社会包容性发展的理论基础和社会实质，这一发展理论成为社会学界和经济学界广泛讨论的主题，从社会学角度，包容性理论来源于社会整合、社会融合和社会团结等多种内涵和思想[182]。

兰德克把社会整合的概念分成四个方面进行定义：文化整合、功能整合、交流整合和规范整合。关于社会整合的内涵在诸多的经典社会学理论中都能够找到其思想元素，如帕森斯的行动理论、迪尔凯姆的团结理论、斯宾塞的有机体理论、吉登斯的结构化理论。其中斯宾塞的有机体理论把社会的发展过程比喻成有机体的生长模式，对社会结构的形成、进化和分化过程进行了分析，认为当社会结构进入分化进程后，需要一种机制协调和控制社会结构中各部分的关系，以实现社会整合。之后，哈贝马斯、吉登斯等学者继承了帕森斯的社会整合这一观点，并把冲突论引入到社会变迁中，突出了沟通、能动性对社会整合的推动作用。社会凝聚概念最早见于20世纪90年代，用于反映人们在心理层面上的一种社会融合，被联合国、亚太等国际组织，以及众多国家广泛所采用的概念。一个具有众多移民者的社会，融合程度越高，人们的行动就越一致，每个行动者都平等享有权利，拥有共同价值，积极为国家的集体项目和社会福利事业作出贡献，各社会群体之间不存在利益冲突。但是社会分工是经济发展到一定程度的必然结果，社会分工对集体意识的影响是一种正常现象，分工导致社会结构的隔离，如果各结构之间没有加强联系，社会凝聚力就会变弱。

文化多元和结构多元是社会整合多元化的两种存在形式，前者主要是指在国家文化体系的构成上有不同的亚文化体系，后者是指国家文化体系中不

仅包含亚文化，还体现在种群之间在居住空间上保持分离。具有前者多文化体系特征的国家有美国、德国、英国等；具有后者多文化体系特征的国家有比利时、瑞士、马来西亚等。但是从目前多文化体系国家的发展来看，多元文化发展模式的弊端在欧洲已经逐渐显现出来，民族冲突问题已成为欧洲经济和社会发展的主要障碍之一，德国和英国相继表示多元文化主义在各自国家的发展道路上是行不通的，发展多元文化体系的前提是要认同国家主流文化和价值观。这似乎正好印证了巴萨姆提出的理论观点，一个国家或政党，允许多种文化在国民不同种族之间发展，但前提是国内各族人民必须具有统一的核心文化带领亚文化向前发展，这不仅有利于文化的百花齐放，也有利于消除排斥，实现融合的目的。

（三）包容性增长向包容性发展的转变

包容性“增长”转变为包容性“发展”，使人们对包容性的内涵从“收入”领域扩展到了“福祉”领域。“增长”一般与正向指标有关，寓意越大越好，在经济领域，收入的增长是居民生活水平提高的基础；“发展”比“增长”的内涵更加丰富，不仅可以用于反映事物的规模和数量，还可以反映事物的结构、速度、配置等信息，所涉及的指标可以是正向指标，也可以是逆向指标和适度指标，像教育、死亡率、CPI等测度福祉的指标。所以，包容性发展关注经济增长的速度和分配，提高人们收入的同时在更加广泛的领域增加全社会的福祉。

基于包容性理论的经济和社会视角研究多维相对贫困问题，一是在构建经济维度指标体系时应考虑增长性指标和平等性指标，反映经济发展的包容性程度；二是在构建社会维度指标体系时应考虑福祉类和公平类指标，反映社会发展的包容性程度。从包容性理论出发构建测评指标体系和治理贫困，不仅是全世界范围内治理贫困的理论依据，也符合新发展阶段中国贫困治理的理念和思路。

三、中国特色扶贫理论

中国的扶贫事业不同于世界上任何一个国家，社会主义制度决定了国家发展成果最终归全体人民所有。在实现“共同富裕”的道路上首先要解决的问题就是贫困问题，中国特色的扶贫实践历程充满曲折和智慧。截至2020年年底，中国已取得脱贫攻坚任务的全面胜利，在全国范围内实现了小康，向全世界展示了治理贫困的中国方案。美国智库中心数据统计显示，中国的绝对贫困率从1990的66.3%锐减到2018年的0.3%[183]。这一成果得到了全世界反贫困机构的高度认可，联合国秘书长安东尼奥称赞中国在过去10年里为全世界的反贫困事业作出了最大贡献，中国提前10年完成了联合国的反贫困目标，这一成就都归功于中国共产党的正确领导。改革开放40多年，以中国政府为主导的各种设计、改革和做法付诸于贫困治理实践中，历经救济式扶贫、县级中心瞄准扶贫、村级中心标准扶贫和精准扶贫四个阶段，最终凭借中国智慧完成了具有历史意义的阶段性成果[184]。站在第二个一百年的起点，中国的扶贫事业进入到了乡村振兴新阶段，改善农村人居环境，提高农民可支配收入成为新发展阶段缓解相对贫困，促进共同富裕的重要着力点。

（一）中国特色扶贫理论的萌芽

毛泽东扶贫理论是毛泽东思想体系的重要组成部分，是以毛泽东为主要代表的第一代共产党进行贫困治理的有力武器，是中国特色扶贫理论的直接思想来源。

1.始终强调发展是解决贫困的有利武器

以毛泽东为代表的老一辈中国共产党对马克思主义中国化进行了深入研

究，接受并发展了马克思主义思想，并将其付诸于实践，在革命实践中，以毛泽东为代表的中国共产党不忘切合中国实际，实施马克思主义理论的中国化，在农村进行艰苦卓绝的土地革命，实行工农联合，团结一切可以团结的力量，最终实现了人民当家作主。在中华人民共和国成立初期，百废待兴，毛泽东始终强调进行独立自主的发展才能使中国摆脱贫穷的帽子，“把国民经济搞上去”[185]是社会主义初级阶段的首要任务。优先发展农业，在生产力还不够发达，农民占绝大比例的中华人民共和国成立初期，发展农业迫在眉睫，只有把农业生产搞上去，才能解决人民的吃穿问题，没有粮食和衣服，扶贫无从谈起。毛泽东还坚持把农民联合起来，通过建立互助合作社，共同参与到农业的生产中去，共同抵御灾害风险，提高农业生产率。另外，毛泽东还主张大力发展工业，把工业发展视为国民经济发展的重要内容，在战争年代，中国共产党领导敌后人民群众在艰苦的环境里，自力更生，突破敌人的经济封锁，发展轻工业，为人民群众的生活保障作出了巨大贡献，中华人民共和国成立后，经过社会主义改造，中国工业化步伐加快，为中国由落后的农业国变成现代化强国打下了坚实基础。

2. 积极提高人民的脱贫意识

坚持发展经济的同时进行人民群众的知识文化水平建设是毛泽东思想的又一大特色。旧中国人民群众的文化水平普遍较低，只有提高人民群众的科技文化水平，经济和社会发展才能得到人力资源保障。同时，偏远落后的农村既是贫困的易发地，也是思想意识普遍落后、教育资源的匮乏地。早在战争时期，中国共产党就非常重视教育事业，中华人民共和国成立后，更是把教育事业作为头等大事，在毛泽东为核心的党中央领导下，兴办学校，进行教育改革，大力宣传，通过榜样示范等多种渠道鼓励人民群众学习文化知识，号召全体有识之士投身到中华人民共和国的建设中去。

3. 坚持“共同富裕”的扶贫目标

毛泽东于1953年12月在中共中央扩大会议上提出“让农民过上逐步摆脱贫困取得共同富裕和繁荣的生活”[186]。这是中国共产党历史上首次明确提出“共同富裕”的扶贫思想，为中国的扶贫道路指出了明确的奋斗目标。“共同富裕”发展目标是毛泽东同志首先倡导的，而且毛泽东为如何实现“共同富裕”提出了自己的理论设想。虽然“共同富裕”是当时为了解决农村的两极分化提出的，但是这种发展思想不限于农民，而是对于整个国家来说，也要实现全体人民的共同富裕。

（二）中国特色扶贫理论的形成与发展

1. 中国特色扶贫理论的初步形成

面对千疮百孔的中国，以邓小平为核心的中国共产党接过发展大旗，从中国实际国情出发，重新思考了社会主义本质，以“共同富裕”为目标，初步形成了中国特色扶贫理论。邓小平对当时中国贫穷落后的现状有着清晰的认识，中国人多，底子薄，在生产力上与西方资本主义国家相差甚远，如果不能解决这种现状，就无法扭转“贫穷就是社会主义”的错误认识，人民群众的物质贫困和精神贫困就很难解决，“共同富裕”的目标就无法实现。所以，邓小平对中国当时的发展现状进行了深入分析，对社会主义制度的本质进行了重新认识，深化了共同富裕的经济内涵，提出了“两手抓”的扶贫理论。

2. 中国特色扶贫理论的进一步发展

“三个代表”重要思想是以江泽民同志为核心的党中央的集体智慧结晶，是在探讨了什么是社会主义，怎样建设社会主义，和如何建设党等一些重大问题的基础上形成的重要思想，其中蕴含了丰富的扶贫理论，是中国特色扶

贫理论的进一步拓展。市场经济很好地解决了中国经济的发展问题，但是随着市场经济的深入，问题和弊端也逐渐显现。

3.中国特色扶贫理论的完善

中国特色扶贫理论经过科学发展观思想的指导逐步得以完善。扶贫离不开发展，但是发展策略需要与时俱进。社会主义市场经济初期，需要集中主要力量进行有侧重点的发展，所以改革开放初期，把发展的力量集中在城市和东部沿海省份，城市和东部沿海省份发展迅速，乡村和中西部省份相对发展缓慢，形成了城乡二元结构，东部沿海城市发达，中西部城市发展滞后的局面。科学发展观应时代需求，由以胡锦涛同志为核心的第四代领导集体提出，发展是第一要求，但是发展不能是片面的，只属于少部分人的发展；而且贫困不解决，和谐社会的建立也就无从谈起，一个贫富差距严重的社会也不可能成为和谐社会。所以，在科学发展观的指引下，一些新的扶贫措施得以实施，2006年农业税正式废除，在中国扶贫历史上是一个重要的转折点，标志着“工业反哺农业”的开始；农村最低社会保障制度的建立，把农村的社会保障水平提高到了同城市同等水平；尤其是“两不愁三保障”扶贫政策的提出，为实现2020年的全面小康提供了最直接的扶贫依据，中国特色扶贫理论在中国的扶贫实践中不断得到完善。

（三）中国特色扶贫理论的时代创新

中国特色的扶贫工作进入新阶段，在全面实现小康社会以后，人们的需求向更高层次发展。人的全面发展理论成为中国特色扶贫理论时代创新的主要思想来源之一，也为新发展阶段相对贫困研究提供了内容规范。

1.人的全面发展理论

人的全面发展理论虽然是历史唯物史观的产物，但是其思想来源于先前哲学家们对人及人的本质思考，以及对社会阶级和社会形态发展的思考。在西方社会，从早期的古希腊哲学，到文艺复兴时期，再到德国的空想社会主义，涌现出大量哲学家和思想家对个人全面发展的构想。古希腊哲学家们主张从身体和心理两个方面培养人，使人们在心理与身体上达到和谐状态，大思想家亚里士多德认为人的全面发展是人的多个方面达到和谐发展的结果，像体魄和智力的和谐发展、心灵与肉体的和谐发展等；在文艺复兴时期，提倡发挥个性、释放人性，努力成为一个多才多艺的人，鼓励建立一个符合个人身心和谐发展的社会制度。马克思和恩格斯从古典哲学和空想社会主义理论中汲取了丰富的个人和社会发展思想，对个人全面发展理论进行不断完善，摒弃了先前理论关于人和人的本质的错误认识，打破历史条件和阶级思想的约束，从动态的、历史的、社会的和人的本性诠释个人全面发展的必然性。“全面自由”是人类历史不断追求的发展目标，也是马克思和恩格斯关于共产主义社会人类发展的理想目标。马克思和恩格斯在《共产党宣言》中对共产主义社会描述道：“共产主义社会终将取代有剥削、有压迫的阶级社会，每个人的自由全面发展将是一切人发展的前提条件。”由此可以看出，“全面自由”不仅是未来共产主义的理想目标，也是科学社会主义发展的本质。马克思和恩格斯在对“全面自由”发展的表述中使用了“个人”和“一切人”，用辩证法的思想强调了个人发展的重要性。马克思和恩格斯定义的人是现实中的人，社会发展的本质是个体发展。马克思在给安年柯夫的书信中写道：“人类社会的发展史始终是个人的发展史，不管人们有没有意识到这一点。”个人全面发展才是人类历史发展的目的。马克思和恩格斯用历史唯物史观和辩证法深刻阐述了个体全面发展和人的全面发展的关系，为现实社会促进个体的全面发展提供了理论来源。

马克思和恩格斯在批判吸收了前人思想家和哲学家的理论成果后提出了人的全面发展理论。关于人的全面发展的具体内容有哪些？需要对人的全面发展内涵进一步梳理。

（1）需求的发展是人的全面发展的基础。作为现实的人，需求是人实践的直接目的，人的发展离不开现实世界需求对象的发展。马克思在论述社会联系的产生时指出，社会联系不是人们主观反思的结果，而是人们彼此之间因为需求进行的沟通的结果，是个人为了满足自身生存需要积极与外界交流的产物。

（2）个性和能力的发展是人的全面发展得以实现的保障。马克思把人的个性发展与人的天赋相联系，指出，如果人的个性能够得到全面解放，那么人的天赋将会得到最全面的激发，个性的充分发展是天赋得以充分发展的前提。马克思把人的历史发展分成三个阶段：人格依附、人格独立和自由个性。自由个性是人发展的最高级阶段，在这一阶段人的个性得到充分发展，每个人都按照自己的兴趣爱好发展自己的能力，能够“自由的从事劳动”。

（3）人的感觉的发展是人全面发展的本质。人的感性活动即实践是人的最基本生存方式，包括人对自身生命的现实存在，都是在人们感性活动中形成的。马克思在《1844年经济学哲学手稿》中的共产主义社会部分，对人的感觉发展进行了批判性描述，其主要内涵是人的个性解放，不仅在于在物质需求上达到自由满足，也不限于人们在精神意志上追求自由，还在于“一切感觉”上的自由发展，实现对“自由个性”的全面占有，这“一切感觉”包括个人与社会、自然相联系的各种关系。

人的全面发展不是一蹴而就的，而是伴随着整个人类社会发展全过程。从人类发展史的角度，探讨人的全面发展历程，一般可以分成三个阶段：社会发展的初级阶段、中级阶段和高级阶段。社会主义社会和共产主义社会是社会发展的高级阶段。该阶段以公有制为主体，生产资料被社会所共享，消除了阶级存在的基础，当发展到一定阶段，物质财富和精神文化财富充分多的时候，旧的分工也不复存在，劳动力被机器所替代，从生产中解放出来的人们，自由支配大量的空闲时间，根据自己的个性天赋进行实践创造性活动，人与人之间的关系，人与社会的关系和谐相处，人的全面发展才能得以实现[187]。所以人的全面发展处于人类社会发展史的动态变化之中，一切有利于推动人的自由个性的解放都将有助于人的全面发展[188]。

2. 人的全面发展理论的中国化

在新发展阶段，中国共产党赋予了人的全面发展理论新的内涵，指导中国社会经济向着更高层次发展。

截至2020年年底，中国共产党带领全国各族人民取得了脱贫攻坚战的全面胜利。以习近平同志为核心的党中央审时度势，分析当前国内外的发展态势，在新发展阶段，提出了“以人民为中心”，坚持“五位一体”总体布局和“四个全面”战略布局的发展思想，致力于提高人们的获得感和幸福感。进入新发展阶段以后，人民的矛盾由上一阶段的物质生活资料不能满足人民需要转变成不平衡不充分的发展不能满足人民对美好生活的需要，个人对自身个性解放的希望更加迫切，以习近平同志为核心的党中央不断加快马克思主义全面发展观的中国化，而且通过加入自然环境因素和全球一体化因素，极大丰富和拓展了马克思的人的全面发展理论。

“以人民为中心”的全面发展观进一步强调了全面发展的主体。在马克思的人的全面发展理论中，个体的发展是人的全面发展的主体，个体在马克思的经典专著中是指现实中的人，具体的人，而不是西方古典哲学中的观念中的人，抽象的人。“美好生活”的追求是人的全面发展理论在中国现阶段的新内涵。什么是美好生活？首先，人们的基本生存需求得到满足，包括衣食住行等，在此基础上随着经济的发展这种需求在更高质量上得到满足；其次，生存和发展有保障，包括教育、医疗、就业、社会安全等，并在各方面享有的权利越来越公平；再次，人们的精神世界得到满足，包括能够从事自己心仪的工作，拥有自由可控的休闲时间用于发展自己的个性，精神文化需求得到满足等；最后，在更高级别上达到人与自然的和谐相处。“美好生活”是人们孜孜不倦的追求，中国共产党把追求人民群众的

“美好生活”作为新发展阶段的执政目标，深刻体现了“为人民服务”的执政思想。

“五位一体”和“四个全面”是现阶段进行人的全面发展建设的重要抓手。“五位一体”和“四个全面”正是中国共产党领导全国各族人民在追求“美好生活”的道路上实施的战略布局。“五位一体”就是把经济、政治、文化、社会和生态五个方面等同起来，统筹发展，这是实现“美好生活”的本质要求，没有经济的发展，社会物质财富的最大化，人民的基本需求就得不到满足；没有政治的民主，人民享有发展成果的权利就得不到保障，和谐社会的建设就少了依托；没有文化的建设，人民的思想文明发展就缺乏了动力，精神世界的满足就失去了基础；没有社会的和谐，人民的个性发展就失去了空间，思想的碰撞就无法实现，个性的全面发展就会受阻；没有生态文明，我们就失去了赖以生存的空间，不仅当代人的生命安全受到影响，人类的延续就会受到威胁，人类和自然和谐相处可持续发展就没有了保障。为了“五位一体”能够得到有效推行，“四个全面”为建设明确了发展目标和提供长期的保障，第一个全面：全面建成小康社会，截至目前已经实现；深化改革、依法治国和全面从严治党需要长期坚持，与“五位一体”建设相互融合，协调推进，为实现“美好生活”不懈努力！

总之，人的全面发展最终是要实现全人类的解放，决定了中国扶贫事业的治理目标和实现路径。

3.中国特色扶贫理论进入新阶段

党的十八大以来，以习近平同志为核心的党中央在脱贫攻坚战中创新性地提出了“精准扶贫、精准脱贫”的扶贫策略，解决了以往在扶贫实践中含糊不清的问题：“扶贫谁”“怎么扶”“贫困的原因是什么”“如何退出”等。习近平总书记强调，当前阶段扶贫工作贵在精准，切忌好高骛远，需要实事求是，找准贫困的病因，分类指导，分层脱贫、分区脱贫。“六个精准”是精准扶贫

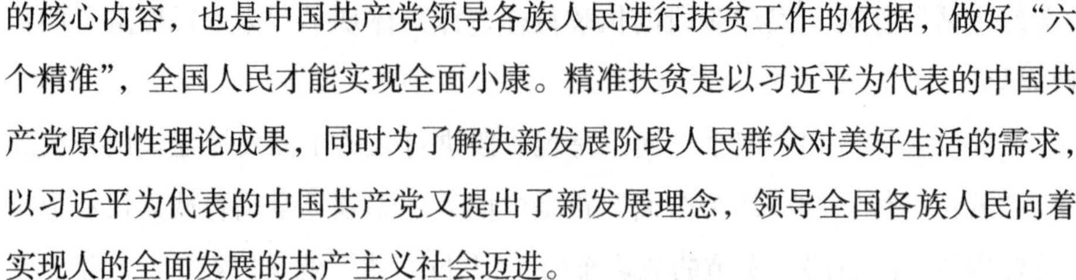

的核心内容，也是中国共产党领导各族人民进行扶贫工作的依据，做好“六个精准”，全国人民才能实现全面小康。精准扶贫是以习近平为代表的中国共产党原创性理论成果，同时为了解决新发展阶段人民群众对美好生活的需求，以习近平为代表的中国共产党又提出了新发展理念，领导全国各族人民向着实现人的全面发展的共产主义社会迈进。

第三章　相对贫困的测度体系与方法

相对贫困的识别和测度是贫困治理的重要一环，在不同的社会制度下制定的识别方法和测度模型也不相同。本章基于已有成果，在对相对贫困识别和测度方法影响因素进行分析的基础上，对相对贫困的识别方法和测度模型进行了改进，使之更加符合新发展阶段下相对贫困的识别和测度。

一、相对贫困的识别标准

相对贫困的识别标准不同于绝对贫困的识别标准，具有相对性、动态性和复杂性。所以为了能够对相对贫困的识别标准进行合理设置，首先，需要对绝对贫困和相对贫困的内涵进行认识；其次，需要对世界上一些国家的相对贫困标准设置方法进行梳理；最后，在分析相对贫困标准的影响因素后，结合相关理论和中国自身发展特点提出新的相对贫困识别标准。

（一）相对贫困确定的理论依据

1. 绝对贫困

绝对贫困一般是指一个人的收入不能满足自身最低生活需要、处于饥饿状态，是从人的生存角度去定义贫困，所以绝对贫困也被称为生存贫困、极端贫困。最初贫困研究的相关学者主要从经济学视角的基本需求、收入和消费、个人或家庭资产识别贫困；发展到后来的基于社会学视角的社会排斥、发展学视角的可行能力和政治学视角的权力剥夺识别贫困，极大地丰富了绝对贫困识别的全面性和精准性[189]。

2.相对贫困

相对贫困，按照亚当·斯密在《国富论》里的思想，在一个给定的社会制度里，当一个人的生活条件与其他人相比无法达到一种比较体面的生活水平，那他就处在相对比较贫困的境地，所以相对贫困是比较产生的概念，与比较的对象有关。在相对贫困研究初期，收入或消费一般是相对贫困常用的比较对象；当贫困的研究视角逐步扩展到多维视角后，相对贫困的比较更多地集中到各种机会、权力的剥夺上，包括自身可行能力发展机会的剥夺和参与政治社会经济活动权利的剥夺。

3.两者的统一

绝对贫困与相对贫困没有绝对的界限，实现两者的统一一直以来是学术界长期研究的主题。两种贫困类型都可能在一种社会形态中长期存在或反复存在，以哪种贫困类型为主一般与其所处的历史时期和经济社会环境有关。

进入新发展阶段，虽然绝对贫困问题在中国已得到全面解决，但是中国地广人多，部分地区和人群的脆弱性较高，很容易因为政策的变动、自然灾害和长期或重大疾病等原因返贫，所以现阶段的贫困治理需要对绝对贫困和相对贫困进行统一，按照绝对贫困和相对贫困的内涵和治理目标，对生活在绝对贫困边缘的人群进行有效监测，对生活在相对贫困状态的群体进行原因分析，以实现对中国绝对贫困和相对贫困进行综合治理的目的。

（二）部分国家相对贫困的识别标准

国际上已有一些国家在相对贫困标准设置上积累了丰富的经验，并通过

实践，在实际应用中得到了很好的验证，下面通过对一些国家相对贫困标准设置经验的梳理，反思中国在相对贫困标准的设置时需要考虑的主要问题。

1.英国收入相对贫困识别标准

英国是最早从避免饥饿确定收入贫困线的国家，罗恩特里利用购物篮子法对英国约克市的绝对贫困线进行了估算，确定收入贫困线为26先令/周。1948年，颁布的《国民救助法》转向用福利体系识别国民的贫困状况，制定相对贫困标准识别贫困群体，相对贫困研究逐步取代绝对贫困研究，并从1979年开始，把家庭可支配收入中位数的60%确定为相对贫困线。截至2020年，英国尚有1千万人口处于相对贫困之中。

2.美国收入相对贫困识别标准

美国的绝对贫困线标准在1964年才被美国经济顾问委员会（CEA）确定，最初设定为3000美元/年，对于单身个人是1500美元/年。之后，美国政府没有使用单一收入贫困线这一方法识别贫困户，而是对这一贫困线进行了多次修订，采用了等值贫困线法识别美国的相对贫困规模。把地区、家庭人口规模、家庭未成年人数、家庭65岁以上人口数等因素都考虑到了贫困线确定影响因素中，设定了不同层次和等级的收入贫困线标准。依据2016年设置的贫困线，以4口之家为例，加权平均贫困线为24 563美元/年，没有孩子的贫困线为24 755美元/年，当家庭孩子数增加到3个时，贫困线下降到24 424美元/年。

3.日本收入相对贫困识别标准

日本国家的相对贫困标准由“生活水平相对均衡方法”确定，其大小是中等收入家庭人均消费支出的60%，当低收入家庭的人均消费支出低于中等收入家庭人均消费的60%时被判定为相对贫困家庭。中等收入家庭的确定方法是利用《全国消费实况调查》的调查结果，对被调查家庭进行十等分分组，取中间等分组的家庭作为中等收入家庭。日本在确定相对贫困标准时，还对“标准家庭”进行了界定，主要是基于调查结果中，依据家庭规模、家庭成员年龄、家庭结构（老人和儿童数）等指标，选择出现频率最高的家庭为“标准家庭”[190]。

4. 墨西哥多维相对贫困识别标准

墨西哥是中等收入国家，但是墨西哥的贫富差距十分严重，1999—2000年，其基尼系数高达0.54。贫富差距不仅对墨西哥国家的经济增长产生了阻碍，而且也引发了很多社会矛盾，为此，2010年墨西哥政府采用多维方式测度国民的相对贫困状况，墨西哥由此也成为世界上第一个正式使用多维指标识别和测度贫困问题的国家。墨西哥设置的多维贫困指标体系共包含2个维度8个指标，涵盖了食物、收入、教育、健康、安全、服务和融合度在内的具有测度福利水平和权利剥夺情况的各个方面，在权重设置上，维度和指标均采用等权重赋值法。在贫困的识别上，采用相对贫困和绝对贫困相结合的方法，把在收入指标上存在贫困，在社会权利剥夺指标上存在1~2个指标贫困的群体识别为相对贫困，把在收入指标上存在贫困，在社会权利剥夺指标上存在3个指标以上贫困的群体识别为绝对贫困。实现了对国家绝对贫困和相对贫困的综合治理，致力于缩小国内贫富差距程度。

（三）相对贫困识别标准的改进

上述一些发达国家和中等发达国家，基于不同的角度和因素考虑，分别设置了以收入为核心的相对贫困标准，并在实践中进行贫困标准的动态调整。从2010年开始，中国东南部的一些沿海省份也陆续开始设定收入的相对贫困标准，为全国相对贫困标准的设置提供了借鉴作用。但是无论从国际还是从国内看，关于收入指标和非收入指标的相对贫困标准尚未达成统一，本书将依据以上有关贫困标准设置的理论和经验，在对中国相对贫困识别标准的影响因素进行分析的基础上，基于混合贫困线和弱相对贫困线，提出新的多维相对贫困识别标准。

1.中国相对贫困识别标准的影响因素

（1）社会制度和经济体制。中国是社会主义国家，发展目标就是消除贫困，实现共同富裕，所以中国相对贫困的测度思想和目的不同于西方国家，要立足于中国的根本制度和最终发展目标，解决好贫困和贫富差距问题，才能实现全体中国人民共享发展成果的根本要求。在相对贫困测量标准制定和测度指数的构建中，要以社会主义发展目标为指导，以市场经济发展中存在的问题为内容。

（2）贫富差距。贫富差距是影响相对贫困标准制定和测度指数构建的重要影响因素，社会排斥理论和包容性理论认为贫富差距越大，弱势群体被排除在社会、经济、文化和政治体系之外的程度越深。所以，当贫富差距过大时，两极分化越严重，处在相对贫困状态的人口数就越多，贫困的原因可能就越复杂，无论是收入相对贫困标准还是非收入多维相对贫困标准都应该设置较低水平，这有助于对处于最低端大部分群体的贫困救助。

（3）经济发展程度。在分配制度不变的条件下，经济发展是消除绝对贫困的主导力量。经济发展水平越高，社会物质财富就越丰富，贫困群体分配到的发展成果的绝对量就越多，从整个世界绝对贫困的减贫历程看，经济增长速度对绝对贫困的消除具有积极的作用。中国不同于西方资本主义国家，中国社会所创造的财富归人民所共享，加之以习近平同志为核心的党中央把实现人的全面发展作为中国社会经济发展的最终目标，所以，随着经济发展水平的提高，无论是经济水平还是社会权利，处于绝对弱势的人口数量会逐渐减少，相对贫困标准应随着经济社会发展水平的提高而变高。

（4）保障能力。相对贫困识别与测度的目的是进行相对贫困治理，相对贫困标准制定得较高，相对贫困人口规模就越大，对政府反贫困的治理能力要求就越高，所以，国家社会保障能力的高低对相对贫困标准的设置也会产生影响。当国家社会保障体系较为健全时，有助于防止绝对贫困的返贫，同时为相对贫困的治理提供制度保障，加上基于包容性理论和社会排斥理论实施的各种社会经济制度改革，健全的社会保障能力能够对相对贫困标准水平的提高产生正影响。

（5）接受程度。贫困标准制定得越高，贫困人口的规模越大，在扶贫资源一定的情况下，每个贫困对象所享受到的资源就越少，福祉提升的速度可能就越慢。而且，当前国家着重在提高人民的幸福感和获得感，当受政策扶持的人口数量越多时，处于相对贫困末端的贫困群体获益的可能性就越小，将削弱贫困治理的效果，全体人民的整体幸福感和获得感的提升将大打折扣。所以，在新发展阶段，生活在绝对贫困边缘的群体规模仍然较大，应设置较低的相对贫困标准线，随着贫困人口各方面指标被剥夺程度的降低，相对贫困标准的提高速度应该逐步加快。

（6）调节机制。应该建立贫困标准与经济社会发展程度之间的关联关系，构建相对贫困标准线与经济社会发展指标的定量关系模型，形成相对贫困线随经济社会发展指标的变化而自动调整的机制。但是从中国目前的发展历程看，测度相对贫困程度的各指标与社会经济发展速度或水平的定量关系还很难量化，仍需在未来的发展进程中探索。

除以上因素对相对贫困标准的设置产生影响之外，物价、文化、区域和城乡等因素也是相对贫困标准线设置的重要因素。

2.混合贫困线和弱相对贫困线

相关学者正是基于以上因素对贫困标准线设置的影响，提出了从绝对和相对两个层次设置贫困标准线的方法，其中混合贫困线和弱相对贫困线是两

种最为常用的贫困线设置方法。

（1）混合贫困线。以收入为贫困的测度指标为例，绝对贫困线是基于“生计维持”和“基本需要”确定的一条收入绝对值，世界银行在1985年按照世界最低标准，确定贫困线为1美元/天；到2008年把这一标准提高到1.25美元/天；2015年将贫困线调整为1.9美元/天。2018年，世界银行按照发达程度增加了中低收入和中高收入国家的贫困线作为世界极端贫困线的补充，中低收入国家的贫困线是3.3美元/天；中高收入国家的贫困线是5.5美元/天。

相对贫困线根据平均收入或中位数收入确定的相对收入水平，一般取平均收入或收入中位数的60%、50%和40%作为一国或地区的相对贫困线。经合组织在各成员国收入水平大规模调查的基础上，把平均收入或中位数收入的50%作为成员国的相对贫困标准；英国在1979年开始采用相对方法测量贫困，把家庭收入低于可支配收入中位数50%的家庭识别为绝对贫困家庭，把低于可支配收入中位数60%的家庭识别为相对贫困家庭。

从绝对贫困线和相对贫困线的确定依据和目的可以看出，绝对贫困线是最低生活保障、相对贫困线是为了解决收入差距问题。对一个国家或地区是采用绝对贫困线还是采用相对贫困线测度贫困一般没有定论，绝对贫困线和相对贫困线在不同经济体和不同发展程度的国家都存在。为了综合两种贫困线确定方法的优势，福斯特（Foster）提出了“混合贫困线”标准[191]，计算公式如下：

$$z = z_r^{\rho} z_a^{1-\rho}, 0 < \rho < 1 \tag{3-1}$$

其中，$z_r = \alpha r$是相对贫困线，r是平均生活水平；z_a是绝对贫困线。ρ是相对贫困线的弹性。混合贫困线把“决定使用绝对贫困线还是相对贫困线”的问题，变成了“相对程度有多大”的问题，其决策变量是弹性系数ρ。

（2）弱相对贫困线。福利主义者认为应该在福利空间中研究绝对贫困和相对贫困，而不是在消费空间和收入空间，福利水平与个人的绝对收入和相对收入（与合适的参考群体相比较，一般选择平均收入M）正相关。由此可见，贫困线是衡量福利的货币标准，是均值收入的增函数。

若用Y表示自身的绝对收入，Y/M表示相对收入，M表示一个国家或地区的人均收入，$W(Y,\frac{Y}{M})$表示个人福利，那么容易得出$W(Y,\frac{Y}{M})$是绝对收入Y和相对收入的Y/M的平滑非递减函数。

假设：Z是收入空间的贫困线，那么在福利空间的贫困线可以表示成$\bar{W}\left(Z,\frac{Z}{M}\right)$，则$Z$的解是$M$的光滑非递减函数，弹性由如下公式给出：

$$\eta = \frac{W_{Y/M}}{W_{Y/M} + M \cdot W_Y} \tag{3-2}$$

其中，$W_{Y/M}$表示福利W关于相对收入Y/M的偏导数，W_Y表示福利W关于绝对收入Y的偏导数。当$W_{Y/M}=0$时，η取到最小值0，相对收入不重要，当$W_Y=0$时，η取到最大值1，绝对收入不重要。

只有相对收入的权重充分上升时，贫困线的弹性才会随人均收入的上升而变大。更确切地说，只有当边际替代率$MRS = W_Y/W_{Y/M}$对M的弹性小于-1时，η才会随M的上升而变大。

阿特金森（Atkinson）和布吉尼翁（Bourguignon）假设了两种关键能力：生存能力和社会融入能力。生存能力是指微观个体能够提供满足自身生存和正常活动需要的营养和衣服的能力；在此之上，一个微观个体还必须满足一定的社会包容需要，一般认为社会融入能力直接与一个国家的平均消费成一定的比例关系。每种能力都对应一条贫困线，分别称之为绝对贫穷线和相对贫困线。一个微观个体只有摆脱了这两种贫困才能称之为非贫困。所以阿特金森和布吉尼翁给出的贫困线定义公式为

$$Z_i^{AB} = \max\left(Z^*, kM_i\right)\ (0<k<1) \tag{3-3}$$

其中，Z^*是绝对贫困线，最小值一般由世界银行根据世界上一些最贫

 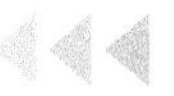

穷国家的最低生活支出给出；阿特金森和布吉尼翁建议k的值也应该根据这些最贫穷国家的最低生活支出与平均消费的关系给出，起初，阿特金森和布吉尼翁设定k的值为0.37，陈（Chen）和拉瓦利昂（Ravallion）利用世界贫困国家资料数据库拟合绝对贫困线与平均消费支出之间的函数时修订$k=1/3$。

Z_i^{AB}的不足有两点，一点是相对贫困线与平均消费的比例系数k随着平均消费的增长和贫富差距的变化需要重新估计，缺乏自动调节机制；另一点是当微观个体的平均消费达到相对贫困线时社会包容性成本迅速变成零，这一点不符合实际情况。

为了解决第二个问题，可以在Z_i^{AB}的确定公式中引入第三个参数α。

$$Z=\max\left(Z^*,\alpha+kM_i\right)(0<k<1) \tag{3-4}$$

$\alpha>0$，具体数值，需要根据相对贫困线周围的实际消费分布确定。从福利效用函数角度解释该等式，可以表示为

$$W\left(Y,\frac{Y}{M}\right)=\begin{cases} Y, & if\,M\leqslant M^*\equiv(Z^*-\alpha)/k \\ Y\left(1-\dfrac{k\left(M-M^*\right)}{Y}\right), & if\,M>M^* \end{cases} \tag{3-5}$$

从式（3-5）福利函数可以看出，相对剥夺的边际负效用随着平均水平的增加而增加。

3.多维相对贫困标准的提出

首先，根据上述相对贫困的理论分析可以得出在提出相对贫困标准线时需要兼顾考虑居民的绝对贫困问题，换句话说，虽然相对贫困反映的是居民之间在资源、权利等方面相对剥夺的差异情况，但是这种比较是建立在绝对贫困彻底被消除的基础之上的，所以相对贫困线应在绝对贫困线之上；其次，从绝对贫困线和相对贫困线的影响因素分析可知，在不考虑社会制度、治理能力的情况下，绝对贫困线是生活必需品种类和价格的函数，相对贫困线是

经济发展水平、社会贫富差距、居民主观可接受度的函数；最后，从贫困的治理角度考虑，对居民贫困的识别不能只从单一的货币维度评价，还需要从更多的非货币维度评价，从“贫”和“困”两个方面识别居民的贫困结果和贫困原因。此外，从贫困的识别对象来看，一般都是以家庭为单位进行评价，因此在确定贫困线时除了要考虑家庭所在区域对贫困线的影响，还要考虑家庭人口和结构特征对贫困线的影响。

基于以上分析，本书提出的多维相对贫困标准如下。

第一步：假设F是标准参考家庭，$\boldsymbol{a}_F=(\bar{n},\bar{s},\bar{e}_0,\bar{e}_1,\bar{Y},\bar{M})$是家庭特征向量，$\bar{n}$是家庭人口数，$\bar{s}$是家庭结构指标，$\bar{e}_0$是家庭的基本生活消费支出，$\bar{e}_1$是家庭的超额消费支出，$\bar{Y}$是家庭的货币特征指标评价体系，$\bar{M}$是家庭的非货币特征指标评价体系。

第二步：对家庭特征向量$\boldsymbol{a}_F=(\bar{n},\bar{s},\bar{e}_0,\bar{e}_1,\bar{Y},\bar{M})$中的各参数进行估计，确定$\boldsymbol{a}_F$的上界$\bar{\boldsymbol{a}}_F$和下界$\underline{\boldsymbol{a}}_F$。关于$\bar{n},\bar{s}$的理论值应该是全社会中家庭人口和结构的众数，但是实际上全社会中的家庭结构较为复杂，为了简化分析，一般假定$\bar{n}$=6，$\bar{s}$=2:2:2，即两位老人、爸爸妈妈和两个孩子；$\bar{e}_0$为家庭居民消费性支出分布中的最小值，$\bar{e}_0=\min\{C_i\}$；则标准参考家庭的超额消费支出$\bar{e}_1=\bar{C}-\bar{e}_0$，$\bar{C}$为标准参考家庭的消费支出；$\bar{Y}$取值为指标累计概率分布的某个分位点，根据累计概率分布的分布特征确定；$\bar{M}$为指标家庭取值的众数。

第三步：考虑价格、区域和城乡因素对标准参考家庭可能产生的影响，可以分别设置不同区域和城乡的标准参考家庭F_i^a、F_i^r。

第四步：对每个家庭的特征向量$\boldsymbol{a}_i=(n_i,e_{i0},e_{i1},Y_i,M_i)$进行调整，使调整后的特征向量$\boldsymbol{a}_i^d=(n_i^d,e_{i0}^d,e_{i1}^d,Y_i^d,M_i^d)$与标准参考家庭的特征向量$\boldsymbol{a}_F=(\bar{n},\bar{s},\bar{e}_0,\bar{e}_1,\bar{Y},\bar{M})$具有可比性。

二、相对贫困的识别方法

相对贫困标准确定以后，根据每个指标的相对贫困标准线，可以对每个家庭的相对贫困状况进行精准识别。按照识别指标的多少把相对贫困识别方法分成一维相对贫困识别方法和多维相对贫困识别方法。以往的贫困识别对每个指标或综合识别指数只设定一个贫困标准线或临界值，所以只能识别两种状态：贫困或非贫困。对贫困程度无法进一步识别。所以，本书对该识别方法进行了改进，提出了新的一维相对贫困识别方法和多维相对贫困识别方法，并根据中国具体的贫困识别程序，把多维相对贫困识别方法又分成多维相对贫困主观识别法和多维相对贫困综合识别法。

（一）一维相对贫困识别法

以往的一维贫困识别方法主要采用贫困标准线法，即首先设定一个贫困标准线z_j（绝对贫困线或相对贫困线），然后根据微观个体的表现值y_{ij}与标准线z_j的大小关系识别其是否贫困。以正向指标为例，当$y_{ij} \leq z_j$时，贫困指示函数$g_{ij}=1$，表明个体在该指标上的表现为贫困；当$y_{ij}>z_j$时，贫困指示函数$g_{ij}=0$，表明个体在该指标表现上为非贫困。

新发展阶段，既要识别出处于绝对贫困边缘的人群，又要对相对贫困户的相对贫困程度进行识别，所以在设定高低两个贫困标准线的条件下可以实现对居民家庭的多种贫困状态识别。假设用x''_j、x'_j表示第j个货币型指标的上贫困线和下贫困线；c''_j、c'_j表示第j个非货币型指标的上贫困线和下贫困线；d_j表示第j个0~1型指标的相对贫困临界值，用x_{ij}、c_{ij}、d_{ij}分别表示第i个微观个体在第j个货币型指标、第j个非货币型指标和第j个0–1型指标上的观测值，则微观个体i在这三种指标上的相对贫困状况可以表示为

$$Y_i = \begin{cases} \text{极端相对贫困} & x_{ij} \leqslant x'_j \\ \text{一般相对贫困} & x'_j < x_{ij} \leqslant x''_j \\ \text{不贫困} & x_{ij} > x''_j \end{cases} \tag{3-6}$$

$$Y_i = \begin{cases} \text{极端相对贫困} & c_{ij} \leqslant c'_j \\ \text{一般相对贫困} & c'_j < c_{ij} \leqslant c''_j \\ \text{不贫困} & c_{ij} > c''_j \end{cases} \tag{3-7}$$

$$Y_i = \begin{cases} \text{相对贫困} & d_{ij} \leqslant d_j \\ \text{不贫困} & d_{ij} > d_j \end{cases} \tag{3-8}$$

利用式（3-6）~（3-8）可以实现对不同类型的指标识别居民家庭的多种贫困状态。即 Y_i 可以实现对个体 i 的贫困或非贫困的两种状态识别转变成极端相对贫困、一般相对贫困或不贫困的多个状态识别。

（二）多维相对贫困的主观识别法

一维相对贫困识别一般都是按照家庭收入或家庭消费等货币度量类指标识别贫困家庭，但是现阶段家庭收入或消费数据具有隐蔽性缺陷，以及随着社会的发展，贫困识别逐渐向多维转变，所以在刚结束的绝对贫困精准识别政策实施过程中，国家借鉴国外经验，根据国内研究结论，结合中国国情，提出了贫困户精准识别标准和贫困户精准识别程序。详细流程如图3-1所示。

从理论分析和实践层面，相关学者都指出了这一识别机制的不足[192-195]。根据以往学者的研究结论，结合笔者的实践经验，国家贫困户识别流程主要表现在以下几个方面不足：①因参评者存在隐匿收入的主观故意，所以农民人均纯收入标准值对同一层次的贫困户识别精准度不够，申请贫困户的绝大部分都满足这一条件；②贫困户认定工作不规范影响了村民代表参与推选工作的积极性；③在对参评者的贫困状况进行评价时缺少科学规范、操作简便、适合评价者使用的量化标准。

第一阶段	
农民开始申请	负责人家庭调查
⇩	
第二阶段	
村民代表民主选举	形成初步名单
⇩	
第三阶段	
村、镇、县公告	再次公告
⇩	
第四阶段	
填写贫困登记表	建档立卡

图3-1　国家贫困户识别流程

为了弥补贫困精准识别的这一缺陷，结合国内外学者主要研究结论和不足，本书将从福祉理论中的阿罗社会选择规则基于博尔达法利用非参数统计中的“秩”工具构建多维相对贫困识别模型，同时依据识别结果，利用人工神经网络模型可以较及时和准确地预测新进贫困户的相对贫困程度；此外，在计算加权平均秩综合评价模型的权重时，充分考虑了各种赋权方法的使用条件和优势，使用组合赋权法计算各环节的权重，在训练人工神经网络模型的网络权重时，根据数据类型特征（定序性数据），使用了更有优势的弹性反向传播算法。

1.多维相对贫困主观识别模型的构建

设有p个备选家庭（$p=1,2,\cdots,P$），有i个评价者（$i=1,2,\cdots,I$），每个备选家庭都有j个评价维度（$j=1,2,\cdots,J$）；用$k_j=1,2,\cdots,K_j$表示在第j个评价维度下有k_j个评价指标，且$k_1+k_2+\cdots+k_J=k$，一共有k个评价指标。

用$R^p_{ijk_j}$表示评价者i对第p个备选家庭在第j个评价维度下的第k_j个指标的秩（借用了非参数统计中秩的概念，其含义与博尔达法的排序得分值相反，排在首位的备选家庭的秩记为“1”，按自然数规律依次向后编号，取秩和最小者为最佳备选家庭，备选家庭的偏好大小按照秩和的升序排列，为了方便，下文都用秩的概念）。博尔达计分法是计算每个备选家庭的总得分，即计算出每个备选家庭的$f_B(p)$值。

$$f_B(p)=\sum_{i=1}^{I}\sum_{j=1}^{J}\sum_{k_j=1}^{K_j}R_{ijk_j}^{p} \tag{3-9}$$

在实际社会中，由于评价者的角色不同，各维度的性质不同及指标的重要性不同，秩的直接加总无法反映个人属性差异、维度的性质差异和指标的重要性差异对社会偏好的影响，所以面对多指标、不同属性个体的多家庭社会选择问题需要用每个家庭的加权平均分替代总得分。

为了计算得到每个家庭的加权平均分，首先计算第i个评价者对第p个备选方案在第j个评价维度下的k_j个指标的平均秩：$\bar{R}_{ij\cdot}^{p}=\sum_{k_j=1}^{K_j}\alpha_{\cdot\cdot k_j}R_{ijk_j}^{p}$。其中，$\alpha_{\cdot\cdot k_j}$为第$j$个维度下第$k_j$个指标的权重，$\sum_{k_j=1}^{K_j}\alpha_{\cdot\cdot k_j}=1,0\leqslant\alpha_{\cdot\cdot k_j}\leqslant 1$。然后，计算每个贫困家庭户的加权平均秩过程可以从两个路径进行，一个路径过程见表3-1~表3-3，另一个路径过程见表3-1、表3-4和表3-5。每个路径的计算模型见式（3-10）和式（3-11），本书把此加权平均秩模型称为多维相对贫困主观识别模型。

$p=1,2,\cdots,P$表示有P个待测评的农村家庭；$i=1,2,\cdots,I$表示有i个评价者；$j=1,2,\cdots,J$表示有j个贫困测量维度；$k_j=1,2,\cdots,K_j$表示第j个贫困测量维度下有k_j个评价指标，且$K_1+K_2+\cdots+K_J=K$，一共有K个评价指标。

$\bar{\bar{R}}_{\cdot j\cdot}^{p}=\sum_{i=1}^{I}\beta_{i\cdot\cdot}\sum_{k_j=1}^{K_j}\alpha_{\cdot\cdot k_j}R_{ijk_j}^{p}$表示所有评价者对第$p$个家庭在第$j$个维度下的平均秩，其中，$\beta_{i\cdot\cdot}$为第$i$个评价者的权重，$\sum_{i=1}^{I}\beta_{i\cdot\cdot}=1,0\leqslant\beta_{i\cdot\cdot}\leqslant 1$。

表3-1　第1个评价者对p个待测家庭在第1个贫困维度下各指标的平均秩

编号	指标1	指标2	指标3	…	指标K_1	平均秩
1	R^1_{111}	R^1_{112}	R^1_{113}	…	$R^1_{11K_1}$	$\bar{R}^1_{11\cdot}$
2	R^2_{111}	R^2_{112}	R^2_{113}	…	$R^2_{11K_1}$	$\bar{R}^2_{11\cdot}$
3	R^3_{111}	R^3_{112}	R^3_{113}	…	$R^3_{11K_1}$	$\bar{R}^3_{11\cdot}$
⋮	⋮	⋮	⋮	⋱	⋮	⋮
P	R^P_{111}	R^P_{112}	R^P_{113}	…	$R^P_{11K_1}$	$\bar{R}^P_{11\cdot}$

表3-2　所有评价者对P个待测家庭在第1个贫困维度下的平均秩

编号	评价者1	评价者2	评价者3	…	评价者I	平均秩
1	$\bar{R}^1_{11\cdot}$	$\bar{R}^1_{21\cdot}$	$\bar{R}^1_{31\cdot}$	…	$\bar{R}^1_{I1\cdot}$	$\bar{\bar{R}}^1_{\cdot\cdot\cdot}$
2	$\bar{R}^2_{11\cdot}$	$\bar{R}^2_{21\cdot}$	$\bar{R}^2_{31\cdot}$	…	$\bar{R}^2_{I1\cdot}$	$\bar{\bar{R}}^2_{\cdot\cdot\cdot}$
3	$\bar{R}^3_{11\cdot}$	$\bar{R}^3_{21\cdot}$	$\bar{R}^3_{31\cdot}$	…	$\bar{R}^3_{I1\cdot}$	$\bar{\bar{R}}^3_{\cdot\cdot\cdot}$
⋮	⋮	⋮	⋮	⋱	⋮	⋮
P	$\bar{R}^P_{11\cdot}$	$\bar{R}^P_{21\cdot}$	$\bar{R}^P_{31\cdot}$	…	$\bar{R}^P_{I1\cdot}$	$\bar{\bar{R}}^P_{\cdot\cdot\cdot}$

表3-3　所有评价者对P个待测家庭在所有贫困维度下的平均秩

编号	维度1	维度2	维度3	…	维度J	综合平均秩
1	$\bar{\bar{R}}^1_{\cdot 1\cdot}$	$\bar{\bar{R}}^1_{\cdot 2\cdot}$	$\bar{\bar{R}}^1_{\cdot 3\cdot}$	…	$\bar{\bar{R}}^1_{\cdot J\cdot}$	$\bar{\bar{\bar{R}}}^1_{\cdot 1\cdot}$
2	$\bar{\bar{R}}^2_{\cdot 1\cdot}$	$\bar{\bar{R}}^2_{\cdot 2\cdot}$	$\bar{\bar{R}}^2_{\cdot 3\cdot}$	…	$\bar{\bar{R}}^2_{\cdot J\cdot}$	$\bar{\bar{\bar{R}}}^2_{\cdot 1\cdot}$
3	$\bar{\bar{R}}^3_{\cdot 1\cdot}$	$\bar{\bar{R}}^3_{\cdot 2\cdot}$	$\bar{\bar{R}}^3_{\cdot 3\cdot}$	…	$\bar{\bar{R}}^3_{\cdot J\cdot}$	$\bar{\bar{\bar{R}}}^3_{\cdot 1\cdot}$
⋮	⋮	⋮	⋮	⋱	⋮	⋮
P	$\bar{\bar{R}}^P_{\cdot 1\cdot}$	$\bar{\bar{R}}^P_{\cdot 2\cdot}$	$\bar{\bar{R}}^P_{\cdot 3\cdot}$	…	$\bar{\bar{R}}^P_{\cdot J\cdot}$	$\bar{\bar{\bar{R}}}^P_{\cdot 1\cdot}$

$$\bar{\bar{\bar{R}}}^p_{\cdot\cdot\cdot} = \sum_{j=1}^{J} \gamma_{\cdot j\cdot} \sum_{i=1}^{I} \beta_{i\cdot\cdot} \sum_{k_j=1}^{K_j} \alpha_{\cdot\cdot k_j} R^p_{ijk_j} \tag{3-10}$$

式（3-10）表示所有评价者对P个待测家庭在所有贫困维度下的平均秩，

$\gamma_{\cdot j \cdot}$为第j个评价维度的权重。特别的是，各评价指标、各维度指标、各评价者之间无差异时，即取$\alpha_{\cdot\cdot k_j}=\frac{1}{k_j}$、$\beta_{i\cdot\cdot}=\frac{1}{I}$、$\gamma_{\cdot j\cdot}=\frac{1}{J}$时，有$\bar{\bar{\bar{R}}}^p_{\cdots}=\frac{1}{IJ}\sum_{j=1}^{J}\sum_{i=1}^{I}\sum_{k_j=1}^{K_j}\frac{1}{k_j}R^p_{ijk_j}$。

表3-4　第1个评价者对P个待测家庭在所有贫困维度下的平均秩

编号	维度1	维度2	维度3	…	维度J	综合平均秩
1	$\bar{R}^1_{11\cdot}$	$\bar{R}^1_{12\cdot}$	$\bar{R}^1_{13\cdot}$	…	$\bar{R}^1_{1J\cdot}$	$\bar{\bar{R}}^1_{1\cdot\cdot}$
2	$\bar{R}^2_{11\cdot}$	$\bar{R}^2_{12\cdot}$	$\bar{R}^2_{13\cdot}$	…	$\bar{R}^2_{1J\cdot}$	$\bar{\bar{R}}^2_{1\cdot\cdot}$
3	$\bar{R}^3_{11\cdot}$	$\bar{R}^3_{12\cdot}$	$\bar{R}^3_{13\cdot}$	…	$\bar{R}^3_{1J\cdot}$	$\bar{\bar{R}}^3_{1\cdot\cdot}$
⋮	⋮	⋮	⋮	⋱	⋮	⋮
P	$\bar{R}^P_{11\cdot}$	$\bar{R}^P_{12\cdot}$	$\bar{R}^P_{13\cdot}$	…	$\bar{R}^P_{1J\cdot}$	$\bar{\bar{R}}^P_{1\cdot\cdot}$

$\bar{\bar{R}}^p_{i\cdot\cdot}=\sum_{j=1}^{J}\gamma_{\cdot j\cdot}\sum_{k_j=1}^{K_j}\alpha_{\cdot\cdot k_j}R^p_{ijk_j}$表示第$i$个评价者对第$p$个家庭在所有贫困维度下的平均秩，其中，$\gamma_{\cdot j\cdot}$为第$j$个评价维度的权重，$\sum_{j=1}^{J}\gamma_{\cdot j\cdot}=1, 0\leqslant\gamma_{\cdot j\cdot}\leqslant 1$。

表3-5　所有评价者对P个待测家庭在所有贫困维度下的平均秩

编号	评价者1	评价者2	评价者3	…	评价者I	平均秩
1	$\bar{\bar{R}}^1_{1\cdot\cdot}$	$\bar{\bar{R}}^1_{2\cdot\cdot}$	$\bar{\bar{R}}^1_{3\cdot\cdot}$	…	$\bar{\bar{R}}^1_{I\cdot\cdot}$	$^*\bar{\bar{R}}^1_{\cdots}$
2	$\bar{\bar{R}}^2_{1\cdot\cdot}$	$\bar{\bar{R}}^2_{2\cdot\cdot}$	$\bar{\bar{R}}^2_{3\cdot\cdot}$	…	$\bar{\bar{R}}^2_{I\cdot\cdot}$	$^*\bar{\bar{R}}^2_{\cdots}$
3	$\bar{\bar{R}}^3_{1\cdot\cdot}$	$\bar{\bar{R}}^3_{2\cdot\cdot}$	$\bar{\bar{R}}^3_{3\cdot\cdot}$	…	$\bar{\bar{R}}^3_{I\cdot\cdot}$	$^*\bar{\bar{R}}^3_{\cdots}$
⋮	⋮	⋮	⋮	⋱	⋮	⋮
P	$\bar{\bar{R}}^P_{1\cdot\cdot}$	$\bar{\bar{R}}^P_{2\cdot\cdot}$	$\bar{\bar{R}}^P_{3\cdot\cdot}$	…	$\bar{\bar{R}}^P_{I\cdot\cdot}$	$^*\bar{\bar{R}}^P_{\cdots}$

$$*\bar{\bar{\bar{R}}}^p_{\cdots}=\sum_{i=1}^{I}\beta_{i\cdot\cdot}\sum_{j=1}^{J}\gamma_{\cdot j\cdot}\sum_{k_j=1}^{K_j}\alpha_{\cdot\cdot k_j}R^p_{ijk_j} \tag{3-11}$$

式（3-11）表示所有评价者对P个待测家庭在所有贫困维度下的平均秩，可以证明。

$$\sum_{j=1}^{J}\gamma_{\cdot j\cdot}\sum_{i=1}^{I}\beta_{i\cdot\cdot}\sum_{k_j=1}^{K_j}\alpha_{\cdot\cdot k_j}R_{ijk_j}^{p}=\sum_{i=1}^{I}\beta_{i\cdot\cdot}\sum_{j=1}^{J}\gamma_{\cdot j\cdot}\sum_{k_j=1}^{K_j}\alpha_{\cdot\cdot k_j}R_{ijk_j}^{p} \tag{3-12}$$

当评价主体对参评家庭在每个指标下做出排序后，可以利用计算机程序快速地计算出贫困户的平均秩，根据每个贫困户的平均秩实现贫困户之间的贫困相对程度排序。若排序结果无误的话，该组评价对象即可作为神经网络模型的训练集。

2.人工神经网络预测模型的构建

当前建立的神经网络模型有很多，典型的模型有感知器模型（单层和多层）、BP神经网络模型、Rprop神经网络模型等，不同模型的主要区别是求解网络权重的方法不同，基础模型都一样：模拟人的神经网络工作原理，模型结构如图3–2所示。

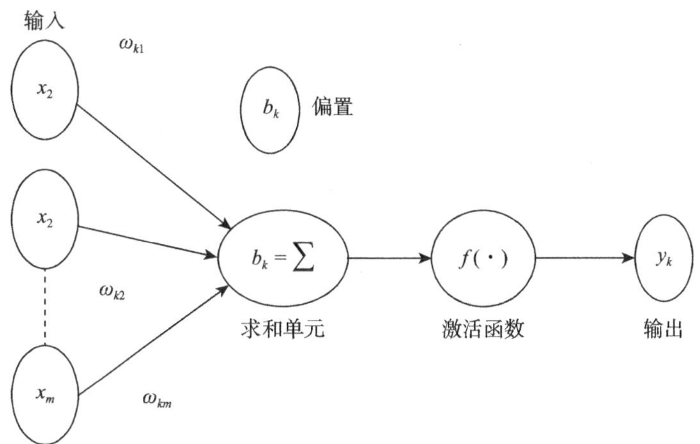

图3–2 神经元结构

根据贫困评价指标体系的层次，可以构建包含两个隐藏层的多层感知器模型，模型结构如图3–3所示。

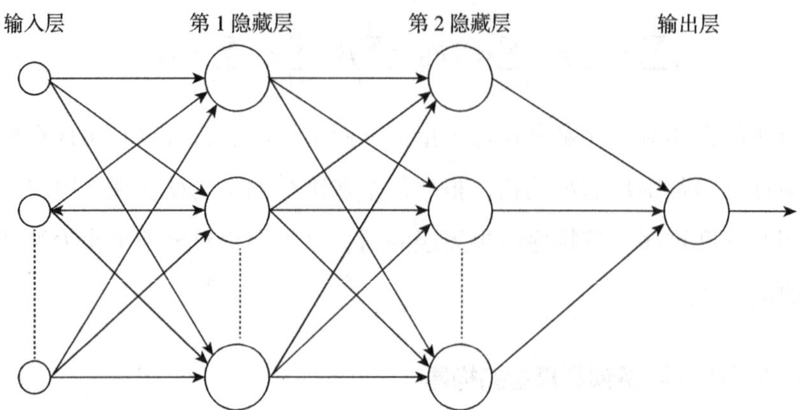

图3-3 包含两个隐藏层的贫困预测神经网络模型结构

利用该模型可以对居民家庭的平均秩做出预测。

3.多维相对贫困主观识别模型的权重计算

在计算每个贫困家庭的综合平均秩，需要确定各评价指标的权重$\alpha_{\cdot\cdot k_j}$、各维度指标的权重$\gamma_{\cdot j\cdot}$和评价者之间的权重$\beta_{i\cdot\cdot}$。当前权重的赋权方法主要可以分成三类：主观赋权法、客观赋权法、组合赋权法。这些权重赋权法一直是综合评价学术界研究的热点问题之一，每类赋权法各有利弊[196]。但使用频次较高的赋权法主要有层次分析法[197, 198]、主成分分析法[199]、熵值法和线性加权组合法[200, 201]。鉴于本书使用的评价数据全部是定序型数据，为了找到较好的权重赋权法，重点比较以下两种权重赋权法。

（1）非监督学习赋权。非监督学习赋权一般可以分成三步：①对$\alpha_{\cdot\cdot k_j}$采用改进的主成分分析法，利用指标的Kendall's tau-b相关阵求解主成分。基本思想是，各维度下的指标之间相关，与其他指标相关程度越大的指标，权重越大。②对$\gamma_{\cdot j\cdot}$采用熵值法求解权重，因为各维度之间互不相关，维度值在各评价对象之间的变异越大，权重应该越大。③对$\beta_{i\cdot\cdot}$采用改进的CRITIC法，因为一般评议小组成员是由村（社区）委会成员和村民（社员）代表组成，

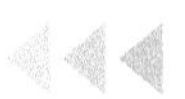

权重的大小既受到评价者稳定性的影响，又会受到评价者之间相关性的影响（一般假设村委会成员与村民代表之间不相关；村委会成员内部之间、村民代表内部之间相关）。通过以上三步，可以实现识别模型中的权重设定，根据评价者的评价秩，即可算出被评者的相对贫困程度。

（2）监督学习赋权。监督学习赋权，是相比较非监督学习赋权而言的。监督学习和非监督学习的主要区别是是否存在期望目标值，上述三种方法求解权重时都未使用期望目标值。而神经网络赋权法是一种监督学习赋权法，基本思想是，通过构造评价结果秩与实际被评者秩的差异度量函数，迭代求出使差异达到最小的权重。弹性反向传播算法（Rprop算法）是目前训练网络权重的经典算法，该算法是由里德米勒和布劳恩提出，相比较BP神经网络算法，Rprop算法克服了学习算法收敛速度慢、容易陷入局部极小值等缺陷[202]。考虑本书研究对象的数据特征和层次关系，使用Rprop求解相对贫困预测神经网络模型的网络权重[203]。

（三）多维相对贫困的综合识别法

多维相对贫困主观识别虽然弥补了一维贫困识别的片面性和不足，但是适用范围较窄，只能在微观村一级行政单位精准识别相对贫困群体，而且主观认识容易受到外部环境和人情世故的干扰，所以在理论和实践上都需要构建一套多维相对贫困识别体系，从宏观和微观多个层面量化识别居民家庭的贫困状况和贫困程度。此外，一维贫困识别只能从一个方面反映微观个体权利的被剥夺情况，不能全面了解贫困的各方面特征，利用模糊集理论，可以实现识别状态的二值向连续值的转变，并通过综合加权实现贫困的多维量化综合识别，具体过程如下。

第一步：假设X是一个集合，$x \in X$，那么X的一个模糊子集A是有序对的集合：

$$\{[X,\mu_A(x)]\}\ \forall x\in X \tag{3-13}$$

其中μ_A是X到闭区间$[0,1]$的映射，$\mu_A(x)$表示x在集合A中的隶属度，μ_A被称为隶属度函数。如果$\mu_A(x)=0$，表明x不属于A；$\mu_A(x)=1$，表明x完全属于A；如果x满足$0<\mu_A(x)<1$，则表明x只是在一定程度上属于A，并且$\mu_A(x)$越接近1，x在模糊子集中的隶属度越高。

第二步：假设n是微观个体的个数，A是由贫困群体构成的模糊集，用$\mu_A(i),(i=1,2,\cdots,n)$表示微观个体$i$属于$A$的隶属度，则：

$\mu_A(i)=0$，表明个体i不贫困；

$\mu_A(i)=1$，表明个体i完全属于贫困集；

$0<\mu_A(i)<1$，表明个体i只是部分属于贫困集。

第三步：以一维收入指标y为例，y_-表示较低的收入贫困线，y^-表示较高的收入贫困线，$y_-<y^-$，收入低于y_-的个体为完全贫困，收入高于y^-的个体为不贫困，收入在y_-和y^-之间的个体为部分贫困，即用隶属度函数表示：

$\mu_A=1$，如果$0\leqslant y\leqslant y_-$；

$\mu_A=0$，如果$y>y^-$；

$0<\mu_A<1$，如果$y_-<y\leqslant y^-$。

所以隶属度函数μ_A是收入y的减函数：$\mu_A=f(y)$，满足：$f(y^-)=0$，$\lim\limits_{y\to y_-}f(y)=1$。令分段线性函数：

$$\mu_A=f(y)=\begin{cases}1 & 0\leqslant y\leqslant y_-\\ \dfrac{y-y_-}{y^--y_-} & y_-<y\leqslant y^-\\ 0 & y>y^-\end{cases} \tag{3-14}$$

其中，$[y_-,y^-]$是贫困线的过渡区间，y_-和y^-是待确定的贫困识别标准。则$\mu_A(i)$可以对个体i的二值识别（0或1）映射到$[0,1]$区间的连续值。所以，利用公式（3-14）可以对微观个体i的绝对贫困状态、相对贫困程度和非贫困

状态进行识别。

第四步：假设$\boldsymbol{X}=\left(X_1,X_2,\cdots,X_m\right)^T$是由$m$个指标构成的贫困识别向量，$x_{ij}$代表个体$i$在第$j$个变量$X_j$上的水平值，根据$X_j$的变量类型，把$X$分成两个模块，一个模块是由货币度量的数值型指标构成，另一个模块是由非货币度量的定序型指标构成。

用$\boldsymbol{X}^1=\left(X_1^1,X_2^1,\cdots,X_{m_1}^1\right)^T$表示由货币度量的数值型变量构成的指标向量；用$\boldsymbol{X}^2=\left(X_1^2,X_2^2,\cdots,X_{m_2}^2\right)^T$表示由非货币度量的定序型变量构成的指标向量，$m_1+m_2=m$.

用$\boldsymbol{x}^1=\begin{pmatrix} x_{11}^1 & \cdots & x_{1m_1}^1 \\ \vdots & \ddots & \vdots \\ x_{n1}^1 & \cdots & x_{nm_1}^1 \end{pmatrix}$表示$n$个微观个体在$m_1$个货币指标上的观测值矩阵，用$\boldsymbol{x}^2=\begin{pmatrix} c_{11}^2 & \cdots & c_{1m_2}^2 \\ \vdots & \ddots & \vdots \\ c_{n1}^2 & \cdots & c_{nm_2}^2 \end{pmatrix}$表示$n$个微观个体在$m_2$个非货币指标上的观测值矩阵。

定义：

$$\mu_A(i)=\frac{\sum_{j=1}^{m} z_{ij}}{m} \tag{3-15}$$

为微观个体i在m个多维指标上的隶属度，其中

$$z_{ij}=\begin{cases} 1 & 0\leqslant x_{ij}^1\leqslant x'_j \\ \dfrac{x_{ij}^1-x'_j}{x''_j-x'_j} & x'_j<x_{ij}^1\leqslant x''_j \\ 0 & x_{ij}^1>x''_j \end{cases} \tag{3-16}$$

或

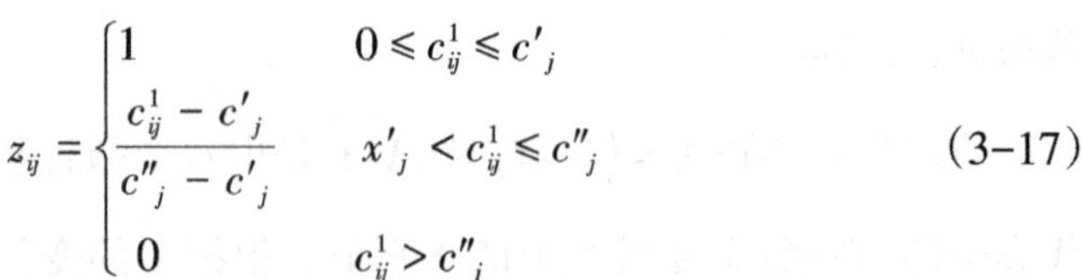

$$z_{ij}=\begin{cases}1 & 0\leqslant c_{ij}^{1}\leqslant c'_{j}\\ \dfrac{c_{ij}^{1}-c'_{j}}{c''_{j}-c'_{j}} & x'_{j}<c_{ij}^{1}\leqslant c''_{j}\\ 0 & c_{ij}^{1}>c''_{j}\end{cases}\tag{3-17}$$

其中，x''_j、x'_j为第j个货币指标的上贫困线和下贫困线；c''_j、c'_j为第j个非货币指标的上贫困线和下贫困线。式（3-15）在计算微观个体i在m个多维指标上的隶属度时，各指标的重要性相同，反映在计算式中，各指标的权重相同，都为1/m。若考虑各指标的权重不同，可以得到微观个体i在m个多维指标上的加权平均隶属度：

$$\mu_A(i)=\frac{\sum_{j=1}^{m}z_{ij}\omega_j}{\sum_{j=1}^{m}\omega_j}\tag{3-18}$$

其中，常用的赋权方法为：$\omega_j=\log\dfrac{1}{f_j}(f_j>0\ \ j=1,2,\cdots,m)$，$f_j$为剥夺率，代入式（3-18）得：

$$\mu_A(i)=\frac{\sum_{j=1}^{m}z_{ij}\log\dfrac{1}{f_j}}{\sum_{j=1}^{m}\log\dfrac{1}{f_j}}\tag{3-19}$$

根据$\mu_A(i)$的取值识别微观个体i的多维相对贫困程度。

利用上述本书构建的一维相对贫困识别方法、多维相对贫困主观识别方法和多维相对贫困综合识别方法，可以对居民家庭在各个指标和多维综合指标上的贫困状态和程度进行精准识别，符合新发展阶段下对贫困识别的需要。

三、相对贫困的测度方法

测度不同空间和时间下的贫困程度是贫困精准识别的后续研究工作，有

助于一个国家和地区对贫困状况的总体认识，是贫困治理工作的主要依据之一。从目前的研究文献和实践经验来看，早先对贫困的测度研究主要集中在以个体或家庭收入为测度对象计算不同区域或时间下的收入贫困程度，之后随着贫困研究转向多维，以可行能力理论和AF法测度多维贫困程度的文献逐渐增多。本书在对近年来贫困测度方法进行梳理的基础上，结合新发展阶段中国贫困治理工作的主要任务，从绝对贫困和相对贫困的双重视角构建了多维相对贫困测度模型。

（一）一维相对贫困测度方法

从目前的一维相对贫困测度方法看，主要是针对一些货币度量指标构建的测度模型，在实际分析中经常用到的测度模型有贫困发生率、Sen指数、SST指数、FGT指数等，其中贫困发生率是其他一维相对贫困测度方法的基础。

1. 贫困发生率

贫困发生率是指一个国家或地区贫困人口占总人口的比重，是用来反映贫困总体规模的指标，在理论分析和实践中都经常使用。用H表示贫困发生率，z表示相对贫困线，y_i表示个人或家庭的一维贫困测度指标（收入、消费、家庭净资产等），以收入指标为例，贫困发生率的计算公式如下：

$$H = \frac{q}{N} \tag{3-20}$$

其中，$q = N(y_i < z)$是收入y_i低于贫困线的相对贫困人口，N是总人口。从H的计算公式可以看出，H与相对贫困线z的大小直接相关，在同一经济体中，H是相对贫困线z的增函数，z越大，H越大。

与贫困发生率密切相关的一个概念叫贫困缺口，其中，收入缺口总额的计算公式为

$$G = \sum_{i}^{q}(z - y_i),\ y_i < z \tag{3-21}$$

收入缺口总额也称为总缺口，衡量的是所有贫困群体在收入上与收入贫困线之间的总差额，用收入缺口总额比上贫困人口数可以得到收入平均缺口：

$$\bar{G} = \frac{1}{q}\sum_{i}^{q}(z - y_i),\ y_i < z \tag{3-22}$$

收入平均缺口衡量的是所有贫困群体在收入上与收入贫困线之间的平均差额，如果用收入平均缺口 $\bar{G}$ 再比上收入贫困线，则可以得到收入平均缺口率，简称为收入差距比率。

$$I = \frac{1}{q}\sum_{i}^{q}\frac{z - y_i}{z},\ y_i < z \tag{3-23}$$

2. Sen指数

森在构造新的贫困测量指数之前，提出了两条公理：单调性公理和弱转移性公理，并指出上文的贫困发生率 H 不满足任意一条公理，收入差距比率 I 也违背了弱转移性公理。所以为了综合贫困发生率和收入差距比率的信息，在单调性公理和弱转移性公理的约束下，森构造了一种新的贫困测量指数：

$$S = HI + \frac{q}{q+1}(1 - I)G_q \tag{3-24}$$

其中，G_q 是贫困人口的收入基尼系数。之后，为了解决 S 指数的复制不变性问题，森对其进行了调整，调整后的Sen指数为

$$S = HI + H(1 - I)G_q \tag{3-25}$$

从指数的构造形式可以看出，Sen指数中既有贫困广度因子 H，又有贫困深度因子 I，同时包含了贫困群体的收入差距因子 G_q。

3. SST指数

肖罗克斯认为Sen指数存在两个缺陷，一个是式（3-25）不是个体收入的

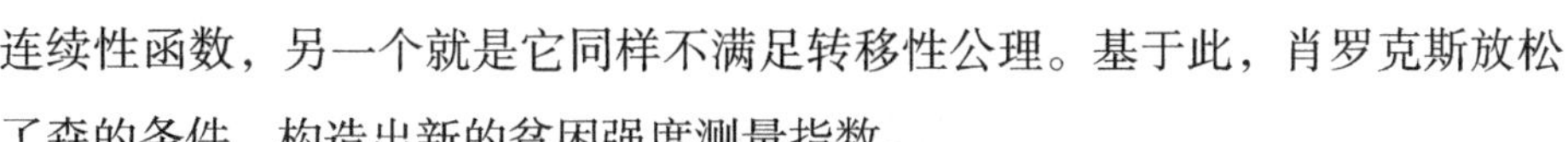

连续性函数，另一个就是它同样不满足转移性公理。基于此，肖罗克斯放松了森的条件，构造出新的贫困强度测量指数。

$$P(y;z)=\frac{1}{n^2}\sum_{i=1}^{q}(2n-2i+1)\frac{z-y_i}{z} \tag{3-26}$$

其中，n是总人数，$y=(y_1,y_2,\cdots,y_n)$是n个人的收入分布，并且按照大小递增排序。该贫困指数是对称的、复制不变的、单调的、是y和z的零次齐次函数，并且被归一化，取值在[0,1]范围内。

早在1979年，图恩对Sen指数也进行了调整，调整后的贫困指数计算公式为

$$P=\frac{2}{(q+1)nz}\sum_{i=1}^{q}(q+1-i)g_i \tag{3-27}$$

其中，$g_i=z-y_i$，其他变量与上文的含义相同，在特定的时间内，STT指数可以分解为贫困发生率H、贫困深度A（平均贫困差距）和不平等$1+G$（总人口收入差距比率分布的基尼系数）3个部分的乘积。

4. FGT指数

福斯特等对平均缺口率进行了扩展，提出了FGT指数，该指数是测量贫困的一个指标族。

$$\text{FGT}_\alpha=\frac{1}{N}\sum_{i=1}^{q}\left(\frac{z-y_i}{z}\right)^\alpha,\ \alpha\geqslant 0 \tag{3-28}$$

其中，N、q、z和y_i的含义与上文相同，α是不平等厌恶系数或贫困转移敏感度系数，α越大，社会对不平等的厌恶程度越深，对贫困者转移就越敏感。可以发现，当$\alpha=0$时，$\text{FGT}_0=H$，即为贫困发生率；当$\alpha=1$时，FGT_1的计算公式如下：

$$\text{FGT}_1=\frac{1}{N}\sum_{i=1}^{q}\frac{(z-y_i)}{z}=\frac{q}{N}\times\frac{1}{q}\sum_{i=1}^{q}\frac{z-y_i}{z}=HI \tag{3-29}$$

所以，FGT_1为贫困发生率与收入缺口率的乘积，被称为贫困缺口指数。在实际应用中，贫困发生率H反映一国或地区的贫困广度，而贫困缺口指数FGT_1进一步反映一国或地区的贫困深度。

当$\alpha = 2$时，FGT_2的计算公式为

$$FGT_2 = \frac{1}{N}\sum_{i=1}^{q}\left(\frac{z - y_i}{z}\right)^2 \tag{3-30}$$

FGT_2被称为加权贫困矩指数，用来反映贫困群体内部之间的收入差距程度。可以看出，在α不同取值条件下，FGT指数可以实现Sen指数中所包含的三个贫困维度的测量。

5. Watts指数

瓦特对收入平均缺口公式进行拓展，对标准线和贫困者的收入取自然对数后再进行做差求和，并用人口总数替代贫困人口数求解平均值，具体公式为

$$W = \frac{1}{N}\sum_{i=1}^{q}(\ln z - \ln y_i) \tag{3-31}$$

W指数具有线性可分解性，能够反映收入分配的不平等程度，满足单调性公理和弱转移性公理，在一维收入测度贫困研究中得到了很好的利用。

（二）多维相对贫困测度方法

随着贫困研究从一维向多维转变，多维相对贫困测度指数也逐渐被提出，目前在国际上被普遍采纳用于测度一个国家或区域贫困程度的指数主要有HDI指数、IHDI指数、MPI指数、AF多维贫困测度指数和多维相对贫困综合模糊指数等，尤其是AF指数应用极其广泛，本书正是基于该方法并利用多维相对贫困综合模糊指数的思想构建了多维相对贫困综合指数。

1. HDI指数

人类发展指数（HDI）是联合国开发计划署在物质生活质量指数（PQLI）的基础上构建的多维贫困测度综合指数，包含了寿命、收入和教育三个维度，每个维度的权重都为1/3，具体计算过程如下：

$$HDI = I_{寿命}^{1/3} \times I_{收入}^{1/3} \times I_{教育}^{1/3} \tag{3-32}$$

其中，$I=$(实际值 − 最小值)/(最大值 − 最小值)，最大值和最小值的取值来自调查样本中从各国实际观察到的最大值和最小值；收入指标用人均GDP计算、寿命为国家公民出生时的预期寿命，教育的取值是平均受教育年限。

2. 调整后的人类指数（IHDI）

人类发展指数在计算过程中没有考虑各维度的不平等，是一种理想状态，与实际情况不符，所以需要对其进行调整，调整后的人类发展指数用IHDI表示，具体计算如下：

$$IHDI = \sqrt[3]{(1-A_{寿命})\times(1-A_{收入})\times(1-A_{教育})}\cdot HDI \tag{3-33}$$

$$A_x = 1 - \frac{\sqrt[n]{X_1 \cdots X_n}}{\bar{X}} \ (x = 寿命、收入、教育) \tag{3-34}$$

其中，A_x是采用阿特金森方法测算的每个维度的不平等程度。

3. MPI指数

多维贫困指数（Multidimensional Poverty Index，MPI）测度了家庭层面在健康、教育和生活质量方面的多重贫困。与经不平等调整的人类发展指数不同，人类发展指数的所有指标的测算数据都需要来自同一调查，该指数测算的数据只需要来自家庭调查的微观数据。多维贫困指数的测算体系由三个维度10个指标构成，三个维度分别是健康、教育和生活质量。

每个人根据他或她的家庭在这10个指标中的剥夺情况被分配一个剥夺分

数。剥夺感的最高得分为100分，每个维度的权重相等；因此，每一个维度的最大剥夺得分为33.3分，或者更准确地说是1/3。健康和教育两个维度各有两个指标，因此每个指标加权为1/6。生活质量维度有六个指标，所以每个指标加权为1/18。当家庭的剥夺得分超过1/2时，被认为是严重的多维贫困；超过1/3时被认为是一般多维贫困；超过1/5低于1/3时被认为是具有潜在的多维贫困。

4. AF法多维贫困测度指数

多维贫困识别的“双重临界值法”是多维贫困测度经常使用的贫困识别方法。该方法的贫困识别过程由两步构成。

第一步，在已有的贫困测度指标和标准下，判断微观个体在每个测度指标下的被剥夺情况，具体表示如下：

$$g_{ij}=\begin{cases}1, y_{ij}\leqslant z_j\\0, y_{ij}>z_j\end{cases} \tag{3-35}$$

其中z_j表示第$j(j=1,\cdots,m)$个贫困测度指标的贫困线或剥夺临界值，y_{ij}表示第$i(i=1,\cdots,n)$个微观个体在第j个贫困测度指标的观测值，g_{ij}表示第i个微观个体在第j个贫困测度指标上的剥夺结果，“1”表示微观个体i在j个贫困测度指标上处于被剥夺状态，属于贫困人口。

第二步，根据每个微观个体在m个贫困测度指标上的被剥夺情况，构建多维贫困测度综合指数，最简单的是多维测度综合指数是多维贫困发生率(H_k)：$H_k=q_k/n$，其中q_k表示在k个及以上贫困测度指标被剥夺的贫困人口数。多维贫困发生率H_k计算简单，但缺点是对贫困的深度不敏感。之后，为了克服多维贫困发生率H_k的缺陷，阿尔基尔和福斯特提出了新的多维贫困测量方法。

基于能力发展论的多维相对贫困指数的构建步骤，首先，根据可行能力理论构建贫困评价指标体系$\boldsymbol{X}=\left(X_1,X_2,\cdots,X_m\right)^{\mathrm{T}}$，$n$个微观个体的观测值矩

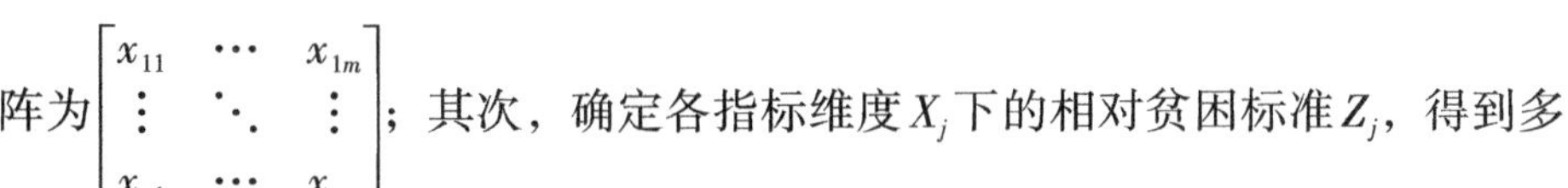

阵为$\begin{bmatrix} x_{11} & \cdots & x_{1m} \\ \vdots & \ddots & \vdots \\ x_{n1} & \cdots & x_{nm} \end{bmatrix}$；其次，确定各指标维度$X_j$下的相对贫困标准$Z_j$，得到多维相对贫困标准向量$\boldsymbol{Z}=\left(Z_1, Z_2, \cdots, Z_m\right)^{\mathrm{T}}$；然后定义多维相对贫困指数公式如下：

$$M(k)=\frac{\sum_{i=1}^{n} l_i(k)}{n}=\frac{q}{n}\times\frac{\sum_{i=1}^{n} l_i(k)}{q}=H(k)\times A(k) \tag{3-36}$$

其中，

$$l_i(k)=\begin{cases} c_i & c_i \geqslant k \\ 0 & c_i < k \end{cases} \tag{3-37}$$

$$c_i=\sum_{j=1}^{m} \omega_j g_{ij}，\ \sum_{j=1}^{m} \omega_j=1 \tag{3-38}$$

$$g_{ij}=\begin{cases} 1 & x_{ij} \leqslant Z_j \\ 0 & x_{ij} > Z_j \end{cases} \tag{3-39}$$

$$q=\sum_{i=1}^{n} q_{ij}(k) \tag{3-40}$$

$$q_{ij}(k)=\begin{cases} 1 & l_i(k) \neq 0 \\ 0 & \text{其他} \end{cases} \tag{3-41}$$

g_{ij}是一维被剥夺二值函数，被剥夺时$g_{ij}=1$，否则$g_{ij}=0$，由一维指标临界值Z_j控制，Z_j是多维相对贫困标准向量的第j个元素；$q_{ij}(k)$是多维被剥夺二值函数，被剥夺时$q_{ij}(k)=1$，否则$q_{ij}(k)=0$，由多维指标临界值k控制，k是用来判断个体是否为多维相对贫困的阈值，一般$k=b \cdot \bar{c}$，$\bar{c}=\sum_{i=1}^{n} c_i / n$，$b$是待确定比例，$c_i$是个体$i$的多维被剥夺加权得分。所以，公式中$H(k)$为多维相对贫困发生率，$A(k)$为相对贫困家庭的平均被剥夺得分，$M(k)$表示的就是相对贫困家庭的被剥夺总得分与家庭个数的比。

进一步，如果一维被剥夺二值函数改成连续性一维被剥夺函数族：

$$g_{ij}^{\alpha}=\begin{cases}\left(\dfrac{Z_j-x_{ij}}{Z_j}\right)^{\alpha} & x_{ij}\leqslant Z_j\\ 0 & x_{ij}>Z_j\end{cases} \tag{3-42}$$

则可以得到

$$c_i^{\alpha}=\sum_{j=1}^{m}\omega_j g_{ij}^{\alpha} \tag{3-43}$$

$$l_i^{\alpha}(k)=\begin{cases}c_i^{\alpha} & c_i\geqslant k\\ 0 & c_i<k\end{cases} \tag{3-44}$$

$$q^{\alpha}=\sum_{i=1}^{n}q_{ij}(k) \tag{3-45}$$

$$q_{ij}^{\alpha}(k)=\begin{cases}1 & l_i^{\alpha}(k)\neq 0\\ 0 & \text{其他}\end{cases} \tag{3-46}$$

$$M_{\alpha}(k)=\frac{\sum_{i=1}^{n}l_i^{\alpha}(k)}{n}=\frac{q^{\alpha}}{n}\times\frac{\sum_{i=1}^{n}l_i^{\alpha}(k)}{q^{\alpha}}=H_{\alpha}(k)\times A_{\alpha}(k) \tag{3-47}$$

定义一维相对贫困识别函数$f(1)=f(x_{ij}\leqslant Z_j)$，当$x_{ij}\leqslant Z_j$时，$f(1)=1$；$x_{ij}>Z_j$时，$f(1)=0$。定义多维相对贫困识别函数$f(k)=f(c_i\geqslant k)$，当$c_i\geqslant k$时，$f(k)=1$；$c_i<k$时，$f(k)=0$。所以，此时有

$$M_{\alpha}(k)=\frac{1}{n}\sum_{i=1}^{n}\sum_{j=1}^{m}\omega_j\left(\frac{Z_j-x_{ij}}{Z_j}\right)^{\alpha}f(1)f(k) \tag{3-48}$$

$\alpha=0$时，$M_0(k)=M(k)$；

$\alpha=1$时，$M_1(k)=\dfrac{1}{n}\sum_{i=1}^{n}\sum_{j=1}^{m}\omega_j\dfrac{Z_j-x_{ij}}{Z_j}f(1)f(k)=H_1(k)\times A_1(k)$；

$\alpha=2$时，$M_2(k)=\dfrac{1}{n}\sum_{i=1}^{n}\sum_{j=1}^{m}\omega_j\left(\dfrac{Z_j-x_{ij}}{Z_j}\right)^2f(1)f(k)=H_2(k)\times A_2(k)$。

5. 多维相对贫困综合模糊指数

以上多维相对贫困指数都是在指标未进行划分的基础上直接对指标信息

进行综合。而相对贫困的模糊测量方法，首先把指标体系$\boldsymbol{X}=\left(X_1,X_2,\cdots,X_m\right)^{\mathrm{T}}$分成货币度量型和非货币度量型指标，然后针对两种不同的指标类型定义不同的相对贫困剥夺函数，最后对不同类型指标的剥夺得分进行综合得到多维相对贫困综合模糊指数。

（1）基于货币度量类指标的相对贫困模糊测量。假设y_i是货币度量型指标，z是相对贫困线，传统的贫困剥夺函数g_i是贫困和非贫困二值函数，即如果$y_i<z$，$g_i=1$；$y_i\geqslant z$，$g_i=0$。为了摆脱贫困和非贫困的二分法，切里奥利和扎尼在两种状态中引入了一个过渡区间$\left[z_1,z_2\right]$，使其函数值从1线性下降到0：

$$g_i=\begin{cases}1 & y_i<z_1\\ \dfrac{z_2-y_i}{z_2-z_1} & z_1\leqslant y_i\leqslant z_2\\ 0 & y_i>z_2\end{cases} \tag{3-49}$$

该种方法被称为“完全模糊相对法”，切利和莱米定义这种剥夺函数作为收入的分布函数$F(y_i)$，把收入进行线性归一化，使得在总人口中最穷者的函数值为1，最富裕者的函数值为0。为了使其均值与传统的贫困发生率相类似，切利把这种剥夺函数修改为归一化分布函数，设置幂为$\alpha\geqslant1$：

$$g_i=\mathrm{FM}_i=(1-F_i^{(M)})^{\alpha}=\left(\frac{\sum\limits_j\omega_jF(y_j>y_i)}{\sum\limits_j\omega_jF(y_j>y_1)}\right)^{\alpha} \tag{3-50}$$

贝蒂和韦尔马对公式进行了改进，并称之为模糊货币指数：

$$g_i=\mathrm{FM}_i=(1-L_i^{(M)})^{\alpha}=\left(\frac{\sum\limits_j\omega_jy_jF(y_j>y_i)}{\sum\limits_j\omega_jy_jF(y_j>y_1)}\right)^{\alpha} \tag{3-51}$$

贝蒂等联合了切利和贝蒂的测度方法，得到了“综合模糊相对方法”：

$$g_i = \left(1 - F_i^{(M)}\right)\left(1 - L_i^{(M)}\right) = \left(\frac{\sum_j \omega_j F(y_j > y_i)}{\sum_j \omega_j F(y_j > y_1)}\right)\left(\frac{\sum_j \omega_j y_j F(y_j > y_i)}{\sum_j \omega_j y_j F(y_j > y_1)}\right) \tag{3-52}$$

该方法通过个人在收入分配中的位置函数来衡量完全相等线和洛伦兹曲线之间的距离，给较穷的一端更多的权重。

（2）基于非货币类指标的相对贫困模糊测量。对于非货币测度指标一般采用“是”和“否”的二分法，但是有些非货币测度指标是多值定序型变量，反映了不同程度的剥夺。假设多值定序型测度指标的顺序值从1到C，1表示的是最大的剥夺程度，C表示的是最小的剥夺程度，$k \in K$是非货币类指标的维度，用c_i表示微观个体i的观测值，那么微观个体i在第k个指标维度上的剥夺得分表示为

$$d_{k,i} = \frac{C - c_i}{C - 1} \qquad 1 \leqslant c_i \leqslant C \tag{3-53}$$

$$d_{k,i} = \frac{1 - F(c_i)}{1 - F(1)} \tag{3-54}$$

在$C = 2$（二分类情况下），式（3-53）和式（3-54）是相同的，$d_{k,i} = 1$表示被剥夺，$d_{k,i} = 0$表示未剥夺。若设ω_k为第k个指标的权重，一般令$\omega_k = \ln(1/\bar{d}_k)$。那么微观个体$i$在$K$个指标上的总得分为

$$S_i = \sum \omega_k (1 - d_{k,i}) / \sum \omega_k \tag{3-55}$$

S_i是正向得分值，用于反映个体i的缺乏剥夺得分（与剥夺程度相反），S_i的值越大说明被剥夺的程度越小，与收入指标类似。

类似于式（3-52），可以得到个体i的非货币类指标的“综合模糊相对法”剥夺得分

$$g_i = \left(1 - F_i^{(K)}\right)\left(1 - L_i^{(K)}\right) = \left(\frac{\sum_j \omega_j F(S_j > S_i)}{\sum_j \omega_j F(S_j > S_1)}\right)\left(\frac{\sum_j \omega_j S_j F(S_j > S_i)}{\sum_j \omega_j S_j F(S_j > S_1)}\right) \tag{3-56}$$

（3）相对贫困的综合模糊测量。对货币指标和非货币指标剥夺得分的复合得到个人i的相对贫困综合模糊测量，对一个国家或地区的所有个体进行加权平均得到多维相对贫困综合模糊指数。

$$F=\sum_{i}\left[a\left(\frac{\sum_{j}\omega_{j}F\left(y_{j}>y_{i}\right)}{\sum_{j}\omega_{j}F\left(y_{j}>y_{1}\right)}\times\frac{\sum_{j}\omega_{j}y_{j}F\left(y_{j}>y_{i}\right)}{\sum_{j}\omega_{j}y_{j}F\left(y_{j}>y_{1}\right)}\right)+\right.$$
$$\left.(1-a)\left(\frac{\sum_{j}\omega_{j}F(S_{j}>S_{i})}{\sum_{j}\omega_{j}F(S_{j}>S_{1})}\times\frac{\sum_{j}\omega_{j}S_{j}F(S_{j}>S_{i})}{\sum_{j}\omega_{j}S_{j}F(S_{j}>S_{1})}\right)\right] \tag{3-57}$$

（三）相对贫困测度方法的改进

AF方法只能测度多维相对贫困程度，但无法实现对处于绝对贫困边缘的人群规模进行监测，为了实现既能够测度居民家庭的相对贫困程度，又能监测绝对贫困人群的规模，以下基于综合模糊理论对AF法进行改进。

1. 已有多维相对贫困测度方法的不足

相对贫困测度从一维扩展到多维，需要解决的两个主要问题。

一是针对不同类型的相对贫困测度指标，需要构建的测度指数。根据以上已有一维贫困测度指数的构建方法可以得到，指数必须包含用于反映贫困深度、广度和差距三个因素。

二是对一维贫困测度指数的组合方法。已有组合方法主要是采用等权乘法和主观赋权组合法。

从上述多维相对贫困测度指数的构建过程可以看出，指标体系$\boldsymbol{X}=\left(X_1,X_2,\cdots,X_m\right)^{\mathrm{T}}$、剥夺矩阵$\boldsymbol{g}^{\alpha}=[g_{ij}^{\alpha}]_{n\times m}$和个体$i$的多维被剥夺加权得分$c_i^{\alpha}$是计算多维相对贫困测度指数$M_{\alpha}$的核心内容。分析以往学者针对此三个方面所做的工作，还存在以下几个方面的不足。

一是虽然把相对贫困的测度从一维扩展到了多维，但是在对指标维度的划分时还不够细致，各维度的区分、内涵和意义不够明确。

二是现有学者定义的剥夺矩阵其元素只有0和1，0代表没有被剥夺，1代表被剥夺，只测度了个体在某一指标上是否贫困，没有给出个体在该指标上的贫困深度。

三是在计算个体i的多维被剥夺加权得分c_i^{α}时，每个维度的权重一般采用都是主观赋权法，没有考虑到指标之间的相关性和区分度。

所以，基于以上分析，下面将针对以上三点的不足做出尝试性改进，并在后文的实证分析中进行检验。

2.多维相对贫困测度的一种新方法

根据上述贫困测度指数的综述和分析，从克服以上存在的问题出发，基于多维相对贫困模糊法的思想，本书构建多维相对贫困测度指数的基本思路如下。

首先，构造一维指标的相对贫困测度指数。因为SST指数在特定情况下能够反映贫困的广度、深度和不平等程度，所以本书在构建一维相对贫困测度指数时以该指数为依据，进行改进，在不失其优点的情况下，使之更加适合新发展阶段下对中国居民相对贫困的测度。

其次，需要对指标权重和样本单元权重进行改进。因为本书把相对贫困的测度由一维扩展到了多维，在对指标和样本单元进行复合时需要对指标和样本单元进行加权，本书将对这两种权重进行改进。

最后，指数分解。为了测度不同区域的贫困状况以及对贫困的贡献率，需要对构建的贫困综合指数按样本分解；为了测度不同指标对贫困的贡献率，找出主要致贫因素，需要对构建的贫困综合指数按指标分解。

（1）对相对贫困剥夺函数的改进。由一个低贫困线，改进为一般相对贫

困线和极端相对贫困线，从绝对贫困和相对贫困双重视角构建新的贫困剥夺函数，与绝对贫困的测度做好有效衔接。

以一维数值型指标y为例，首先假定y为正指标，z_1表示较低的贫困线，z_2表示较高的贫困线，$z_1 < z_2$，指标值低于z_1的个体为绝对贫困，指标值高于z_2的个体为不贫困，指标值在z_1和z_2之间的个体为相对贫困，即用剥夺函数表示：

$\mu_{ij} = 0$，如果$y > z_2$；

$0 < \mu_{ij} < 1$，如果$z_1 < y \leqslant z_2$；

$\mu_{ij} = 1$，如果$y \leqslant z_1$。

所以剥夺函数μ_A是正向指标y的减函数，$\mu_{ij} = f(y)$满足$f(z_2) = 0$，$\lim\limits_{y \to z_1} f(y) = 1$。用分段线性函数表示剥夺函数为

$$\mu_{ij} = f(y) = \begin{cases} 1 & y \leqslant z_1 \\ \dfrac{z_2 - y}{z_2 - z_1} & z_1 < y \leqslant z_2 \\ 0 & y > z_2 \end{cases} \tag{3-58}$$

其中，$[z_1, z_2]$是贫困线的过渡区间，z_1和z_2是待确定的贫困识别标准。则μ_{ij}可以对个体i的二值(0或1)映射到$[0,1]$区间的连续值，即μ_{ij}可以实现对个体i的贫困或非贫困的两种状态识别转变成完全贫困、部分贫困或非贫困的多个状态。

其次，假定y为逆指标，z_1表示较低的贫困线，z_2表示较高的贫困线，$z_1 < z_2$，不同的是，此时，指标值低于z_1的个体为不贫困，指标值高于z_2的个体为绝对贫困，指标值在z_1和z_2之间的个体为相对贫困，即用剥夺函数表示：

$\mu_{ij} = 1$，如果$y > z_2$；

$0 < \mu_{ij} < 1$，如果$z_1 < y \leqslant z_2$；

$\mu_{ij} = 0$，如果$y \leqslant z_1$。

所以剥夺函数μ_{ij}是逆向指标y的增函数$\mu_{ij}=f(y)$，满足$f(z_1)=0$，$\lim\limits_{y\to z_2}f(y)=1$。用分段线性函数表示剥夺函数为

$$\mu_{ij}=f(y)=\begin{cases}0 & y\leqslant z_1\\ \dfrac{y-z_1}{z_2-z_1} & z_1<y\leqslant z_2\\ 1 & y>z_2\end{cases} \tag{3-59}$$

再者，假定y表示适度指标，$\bar{y}$表示y的最优值，d_1表示较低的贫困距离，d_2表示较高的贫困距离，$d_1<d_2$，$|y_i-\bar{y}|$表示个体i在适度指标y上的表现值到最优值的距离，$|y_i-\bar{y}|<d_1$时个体不贫困，$d_1\leqslant|y_i-\bar{y}|<d_2$时个体相对贫困，$|y_i-\bar{y}|\geqslant d_2$时个体绝对贫困，即用剥夺函数表示：

$\mu_{ij}=1$，如果$|y_i-\bar{y}|\geqslant d_2$；

$\mu_{ij}=0$，如果$|y_i-\bar{y}|<d_1$；

$0<\mu_{ij}<1$，如果$d_1\leqslant|y_i-\bar{y}|<d_2$。

所以剥夺函数μ_{ij}在$\bar{y}$的左区间是适度指标y的减函数；在$\bar{y}$的右区间是适度指标y的增函数：$\mu_{ij}=f(y)$。用分段线性函数表示剥夺函数为

$$\mu_{ij}=f(y)=\begin{cases}0 & |y-\bar{y}|<d_1\\ \dfrac{|y-\bar{y}|-d_1}{d_2-d_1} & d_1\leqslant|y-\bar{y}|<d_2\\ 1 & |y-\bar{y}|\geqslant d_2\end{cases} \tag{3-60}$$

同理，针对定序型指标c，因为指标值只有正序和逆序两种情况，所以类似式（3-58）和式（3-59），定义定序型指标c的剥夺函数。

定序型指标c为正序时：

$$\mu_{ij}=f(c)=\begin{cases}1 & c\leqslant c_1\\ \dfrac{c_2-c}{c_2-c_1} & c_1<c\leqslant c_2\\ 0 & c>c_2\end{cases} \tag{3-61}$$

定序型指标c为逆序时：

$$\mu_{ij} = f(c) = \begin{cases} 0 & c \leqslant c \\ \dfrac{c - c_1}{c_2 - c_1} & c_1 < c \leqslant c_2 \\ 1 & c > c_2 \end{cases} \tag{3-62}$$

针对定类型指标，可以根据每个类的被剥夺情况，把定类型指标转化为定序型指标，剥夺得分的计算方法同定序型指标相同。

各维度的相对剥夺情况被测度以后，需要对各维度的剥夺得分进行复合得到微观个体的综合相对剥夺情况，假设每个维度的权重为$\omega_j(\sum \omega_j = 1)$，则微观个体在所有维度上的综合剥夺得分为$\mu_i = \sum_j \omega_j \mu_{ij}$，则上述的定义可知，$0 \leqslant \mu_i \leqslant 1$，同样，在第二阶段识别微观个体的多维相对贫困状态时，设定两个阈值K_1和K_2，且$0 \leqslant K_1 \leqslant K_2 \leqslant 1$，$K$表示发生贫困的指标比例，并定义微观个体$i$的相对贫困的度量值为

$$D_i(K_1, K_2) = \begin{cases} 0 & \mu_i \leqslant K_1 \\ \dfrac{\mu_i - K_1}{K_2 - K_1} & K_1 < \mu_i \leqslant K_2 \\ 1 & \mu_i > K_2 \end{cases} \tag{3-63}$$

$D_i(K_1, K_2)$的含义为当微观个体i的综合剥夺得分大于较高临界值K_2时，可以认为微观个体i处于多维绝对贫困状态；当综合剥夺得分小于较低临界值K_1时，可以认为微观个体i不属于多维相对贫困；当综合剥夺得分介于K_1和K_2之间时，微观个体i则处于多维相对贫困状态。

从上面第一步单一指标的剥夺得分和第二步的多维指标剥夺得分的定义可以看出，本书剥夺得分的定义与AF法（2011）的主要区别就是把AF法定义的两种状态剥夺和不剥夺（0和1）转化成了三种状态绝对剥夺、相对剥夺和不剥夺（0，0、1之间和1）。而且，AF法对每个维度的权重ω_j设置相同，忽略了指标之间的相对重要性，故下面针对多指标复合过程中经常使用的加

权方法进行论述，并提出适合新发展阶段多维相对贫困测度的综合赋权方法合成指数法。

（2）对权重的改进。传统的指标赋权方法在解决某一类问题上都表现出自身独有的优势，但是对强相关性指标造成的信息重复问题一般都无力消除。多维贫困识别和测度过程中，在计算个体在所有指标上的综合加权剥夺得分时，需要对每个维度和指标进行赋权。从已有的赋权方法看主要分为两种，一种是等权重赋权法，主要沿用了AF法的做法；另一种是非等权重赋权法，主要有贫困发生率赋权法、主成分法、熵值法、层次分析法等。虽然非等权重赋权法相比等权重赋权法，考虑到了不同贫困识别指标的差异，但随着多维贫困识别指标数量的增加，不可避免地会产生指标之间的信息重叠，从而影响指标识别和测度贫困的能力，尤其在本书指标体系的设置中，多数维度下都设置了多个测度指标，指标之间的信息重叠可能会更加严重，因此，为了改进等权重赋权法和非等权赋权法的这一缺陷，本书基于指标的信息量和判别力两个方面对指标的权重进行设置[204]。

$$R_j = 1 - r_{j,j-1,j-2,\cdots,1}^2 (j = 1,2,\cdots,m) \tag{3-64}$$

其中，$r_{j,j-1,j-2,\cdots,1}^2$是X_j关于X_{j-1}，X_{j-2}，…，X_1线性回归的可决系数，表示X_j包含的与前$j-1$个变量相同的重复信息，$r_1^2=0$；$1-r_{j,j-1,j-2,\cdots,1}^2$是$X_j$没有被线性回归解释的部分，代表的是没有被包含在前$j-1$个变量中的有用信息，被称为“信息量系数”。用$R_j$作为权重对单项指标剥夺得分$\mu_{ij}$进行加权计算综合评价值，一方面可以通过从当前指标中删除前面指标中已经包含的信息来防止冗余，另一方面可以实现指标所含信息量越大应设置较大权重的目的。

$$\mathrm{DC}_j = \frac{1}{n(n-1)}\sum_{l=1}^{n}\sum_{i=1}^{n}\left|\frac{x_{ij} - x_{lj}}{\bar{X}_j}\right| \tag{3-65}$$

其中，n是被测度个体的数量；x_{ij}是被测度个体i在第j个指标上的观测值；$\bar{X}_j$是第j个指标的平均值，式（3-65）测度的是第j个指标对n个被测度个体的判别力，称为“判别力系数”。$DC_j=0$，表明第j个指标在n个被测度个体的观测值相等，第j个指标的判别力最小；$DC_j\neq 0$，表明第j个指标在n个被测度个体的观测值不全相等，DC_j值越大，差异性越大，指标的判别力越大。

根据式（3-64）和式（3-65）的内涵，对两者进行组合构造新的指标权重：

$$\alpha_j = DC_j(1 - R^2_{j,j-1,j-2,\cdots,1}) \tag{3-66}$$

式（3-66）组合了单个指标的有用信息和判别能力，称为合成系数，综合反映单个指标的信息提供和对被测度对象区分的能力。对其归一化处理：$\omega_j=\alpha_j/\sum_{j=1}^{m}\alpha_j$，$\omega_j$的取值范围从0到1，并且$\sum\omega_j=1$。以$\omega_j$为单个指标评价值的权重进行加权，得到微观个体在所有维度上的综合剥夺得分为

$$\mu_i = \sum_{j=1}^{m}\omega_j\mu_{ij} = \sum_{j=1}^{m}\omega_j f(\cdot)(i=1,2,\cdots,n) \tag{3-67}$$

（3）多维相对贫困测度综合指数的构建。根据式（3-67）可以得到微观个体i在所有维度上的综合剥夺得分，再根据式（3-63）可以得到微观个体i的相对贫困剥夺得分$D_i(K_1,K_2)$，那么对所有微观个体复合得到多维相对贫困综合指数，即

$$\begin{aligned} M_0\left(K_1\right) &= \frac{\sum_{i=1}^{n} D_i\left(K_1,K_2\right)}{n} = \frac{\sum_{i:\mu_i>K_2} D_i\left(K_1,K_2\right) + \sum_{i:K_1<\mu_i\leqslant K_2} D_i\left(K_1,K_2\right)}{n} \\ &= \frac{\sum_{i:\mu_i>K_2} D_i\left(K_1,K_2\right)}{n} + \frac{\sum_{i:K_1<\mu_i\leqslant K_2} D_i\left(K_1,K_2\right)}{n} \\ &= H\left(K_2\right)\times A\left(K_2\right) + H\left(K_1,K_2\right)\times A\left(K_1,K_2\right) = H\left(K_1\right)\times A\left(K_1\right) \end{aligned} \tag{3-68}$$

式（3-68）是多维相对贫困综合指数，首先，通过K_1识别出多维绝对贫困，通过K_2识别一般多维相对贫困和不贫困，得到贫困发生率$H(K_1,K_2)$；其

次，通过对多维绝对贫困、一般多维相对贫困和非贫困三种状态剥夺值的定义，计算出每个微观个体的综合剥夺得分；最后，对每个微观个体的综合剥夺得分进行算术平均得到多维相对贫困综合指数。

若考虑不同微观个体所在位置对多维相对贫困综合指数的影响，类似SST指数和模糊指数的加权思想，可以通过微观个体所在位置对式（3–68）进行加权，得到多维相对贫困加权综合指数：

$$\tilde{M}_0\left(K_1\right)=\frac{\sum_{i=1}^{n}F\left(\mu_i\right)D_i\left(K_1,K_2\right)}{\sum_{i=1}^{n}F\left(\mu_i\right)}$$
$$=\tilde{H}\left(K_2\right)\times\tilde{A}\left(K_2\right)+\tilde{H}\left(K_1,K_2\right)\times\tilde{A}\left(K_1,K_2\right)=\tilde{H}\left(K_1\right)\times\tilde{A}\left(K_1\right)\quad(3\text{–}69)$$

其中，

$$\tilde{H}\left(K_2\right)=\frac{\sum_{i:\mu_i>K_2}F(\mu_i)}{\sum_{i=1}^{n}F(\mu_i)}、\tilde{H}\left(K_1,K_2\right)=\frac{\sum_{i:K_1<\mu_i\leqslant K_2}F(\mu_i)}{\sum_{i=1}^{n}F(\mu_i)}、\tilde{H}\left(K_1\right)=\frac{\sum_{i:K_1<\mu_i}F(\mu_i)}{\sum_{i=1}^{n}F(\mu_i)}\quad(3\text{–}70)$$

$$\begin{cases}\tilde{A}\left(K_2\right)=\dfrac{\sum_{i:\mu_i>K_2}F(\mu_i)D_i\left(K_1,K_2\right)}{\sum_{i:\mu_i>K_2}F(\mu_i)}\\ \tilde{A}\left(K_1,K_2\right)=\dfrac{\sum_{i:K_1<\mu_i\leqslant K_2}F(\mu_i)D_i\left(K_1,K_2\right)}{\sum_{K_1<\mu_i\leqslant K_2}F(\mu_i)}\\ \tilde{A}\left(K_1\right)=\dfrac{\sum_{i=1}^{n}F(\mu_i)D_i\left(K_1,K_2\right)}{\sum_{K_1<\mu_i}F(\mu_i)}\end{cases}\quad(3\text{–}71)$$

$F(\mu_i)$是个体在所有维度上剥夺得分的累计概率，在实际应用中可以用累计频率代替。$\tilde{H}\left(K_1\right)$是多维加权贫困发生率，同样可以分解成多维加权绝对贫

困发生率$\tilde{H}\left(K_2\right)$和多维加权相对贫困发生率$\tilde{H}\left(K_1,K_2\right)$；$\tilde{A}\left(K_2\right)$、$\tilde{A}\left(K_1,K_2\right)$和$\tilde{A}(K_1)$分别是绝对贫困家庭的加权平均被剥夺程度、相对贫困家庭的加权平均被剥夺程度和贫困家庭的加权平均被剥夺程度，用于反映贫困的深度。

（4）多维相对贫困测度综合指数的分解。多维加权贫困综合指数$\tilde{M}_0(K_1,K_2)$在不同子样本上同样具有线性可分解性，根据实际需要，可对多维加权贫困综合指数按照贫困程度分解、样本分解和指标分解。

①按照贫困程度分解。根据式（3-69），把贫困分成绝对贫困和相对贫困两个层次对多维加权贫困综合指数进行分解：

$$\tilde{M}_0\left(K_1\right)=\tilde{H}\left(K_2\right)\times\tilde{A}\left(K_2\right)+\tilde{H}\left(K_1,K_2\right)\times\tilde{A}\left(K_1,K_2\right)=\tilde{M}_0\left(K_2\right)+\tilde{M}_0\left(K_1,K_2\right)\tag{3-72}$$

其中，$\tilde{M}_0\left(K_2\right)$表示多维加权绝对贫困综合指数，用于反映多维绝对贫困程度；$\tilde{M}_0\left(K_1,K_2\right)$表示多维加权相对贫困综合指数，用于反映多维相对贫困程度。

②按照样本分解。假定将总样本n分解为s个子样本，n_α是第α个子样本的样本容量，并且有：$\sum\limits_{\alpha=1}^{s}n_\alpha=n$。则多维加权贫困综合指数按子样本的分解公式为

$$\tilde{M}_0\left(K_1\right)=\sum_{\alpha=1}^{S}\left(\frac{\sum\limits_{i=1}^{n_\alpha}F(\mu_i)}{\sum\limits_{i=1}^{n}F(\mu_i)}\tilde{M}_\alpha\left(K_1\right)\right)\tag{3-73}$$

其中，$\dfrac{n_\alpha}{n}$是子样本与总样本的样本容量之比，$\tilde{M}_\alpha\left(K_1\right)$是第$\alpha$个子样本的多维加权贫困综合指数，反映第$\alpha$个子样本的多维贫困程度。

根据指数分解式（3-73），进一步计算第α个子样本的多维贫困程度贡献率为

$$\rho_\alpha = \frac{\sum_{i=1}^{n_\alpha} F(\mu_i)}{\sum_{i=1}^{n} F(\mu_i)} \frac{\tilde{M}_\alpha(K_1)}{\tilde{M}_0(K_1)} \tag{3-74}$$

同理，可以得到多维加权绝对贫困综合指数$\tilde{M}_0(K_2)$的样本分解及其贡献率和多维加权相对贫困综合指数$\tilde{M}_0(K_1,K_2)$的样本分解及其贡献率。

③按照指标分解。根据多维贫困指示函数式（3-63）的定义，使得$\tilde{M}_0(K_1)$只能针对相对贫困群体进行指标分解，故为了使$\tilde{M}_0(K_1)$在所有贫困群体上具有指标可分解性，需要对多维贫困指示函数重新定义：

$$D_i(K) = \begin{cases} 0 & \mu_i \leqslant K \\ \mu_i & \mu_i > K \end{cases} \tag{3-75}$$

其中，K为多维贫困临界值，当$\mu_i \leqslant K$时，个体为非多维贫困，当$\mu_i > K$时，个体属于多维贫困。在多维贫困指示函数重新定义的基础上，类似式（3-69）的定义，得到新的多维贫困加权综合指数为

$$\tilde{M}_0(K) = \frac{\sum_{i=1}^{n} F(\mu_i) D_i(K)}{\sum_{i=1}^{n} F(\mu_i)} \tag{3-76}$$

进一步，按指标分解为

$$\tilde{M}_0(K) = \frac{\sum_{i=1}^{n} F(\mu_i) D_i(K)}{\sum_{i=1}^{n} F(\mu_i)} = \frac{\sum_{i=1}^{n} F(\mu_i)\mu_i}{\sum_{i=1}^{n} F(\mu_i)} = \frac{\sum_{i=1}^{n} F(\mu_i)\sum_{j=1}^{m}\omega_j\mu_{ij}}{\sum_{i=1}^{n} F(\mu_i)} = \sum_{j=1}^{m}\frac{\sum_{i=1}^{n} F(\mu_i)\omega_j\mu_{ij}}{\sum_{i=1}^{n} F(\mu_i)} \tag{3-77}$$

令$\tilde{M}_{0j}(K) = \frac{\sum_{i=1}^{n} F(\mu_i)\omega_j\mu_{ij}}{\sum_{i=1}^{n} F(\mu_i)}$，则$\tilde{M}_{0j}(K)$是指标$j$的贫困指数，反映贫困群体在指标$j$上的贫困程度，进一步得到指标$j$对多维贫困的贡献率$\beta_j$为

$$\beta_j = \frac{\tilde{M}_{0j}(K)}{\tilde{M}_0(K)} = \frac{\sum_{i=1}^{n} F(\mu_i)\omega_j\mu_{ij}}{\sum_{i=1}^{n} F(\mu_i)} / \frac{\sum_{i=1}^{n} F(\mu_i)\mu_i}{\sum_{i=1}^{n} F(\mu_i)} = \frac{\sum_{i=1}^{n} F(\mu_i)\omega_j\mu_{ij}}{\sum_{i=1}^{n} F(\mu_i)\mu_i} \tag{3-78}$$

贡献率β_j用于分析多维贫困的直接致贫原因，为多维贫困的治理提供了依据。

第四章　中国相对贫困的识别

新发展阶段，中国的贫困识别面临两大主要任务，一是对容易返贫（处于绝对贫困边缘）的贫困户进行识别；二是对相对贫困户的识别。主要采用定性与定量相结合的识别方法。本书基于此思想进行以下讨论，首先，基于绝对贫困多维精准识别的思想，利用主观评价通过赋值进行的定量分析方法对居民家庭的多维相对贫困程度进行主观识别；其次，通过构建多维相对贫困识别指标体系，设定两个标准的贫困线，分别识别两个层次的贫困户群体；最后，主观定性与客观定量相结合识别贫困群体。这样有助于政府结合自身的贫困治理能力实施有效的扶贫政策。

一、中国相对贫困的主观识别分析

在实际的扶贫政策实施过程中，国家一般首先给定一定数量的扶贫名额，然后通过基层党委成员的主观判断确定具体的贫困扶贫对象。所以有群众参与的基层评委会对参评对象的主观识别成为定量贫困识别的重要补充，是贫困识别工作的“最后一公里”，充当着极其重要的角色。以下通过精准扶贫工作的调查数据检验本书构建的贫困主观识别模型的有效性。

（一）相对贫困主观识别的指标体系

依据第三章构建的相对贫困主观识别模型的要求，设计一套多维相对贫

困主观识别指标体系是相对贫困主观识别方法的第一步。关于多维相对贫困主观识别指标体系的指标构成，已有相关学者从家庭收入水平、生活表现等维度进行了探讨[205]，本书在总结国内学者构建的指标体系异同点的基础上，依据国家贫困户精准识别标准和相对贫困治理的重点，以及易于比较的基础上，构建出本书拟使用的多维相对贫困主观识别指标体系，该体系分为4个维度（准则层）、13个层次（中间层）、22个指标（表现层），具体维度和指标详见表4-1。

表4-1 多维相对贫困主观识别指标体系

<table>
<tr><th>目标层</th><th>准则层</th><th>中间层</th><th>表现层</th><th>指标含义</th></tr>
<tr><td rowspan="22">家庭相对贫困程度</td><td rowspan="5">家庭收入水平x_1</td><td rowspan="2">家庭人均资本收入x_{11}</td><td>家庭人均土地收入指标x_{111}</td><td rowspan="5">收入水平比较</td></tr>
<tr><td>家庭人均其他资本收入指标x_{112}</td></tr>
<tr><td rowspan="2">家庭人均劳动收入x_{12}</td><td>家庭人均工资性收入指标x_{121}</td></tr>
<tr><td>家庭人均其他劳动收入x_{122}</td></tr>
<tr><td>家庭人均转移支付收入x_{13}</td><td>家庭人均转移支付收入指标x_{131}</td></tr>
<tr><td rowspan="11">家庭贫困表现x_2</td><td>家庭成员衣着表现x_{21}</td><td>家庭衣着价格水平指标x_{211}</td><td rowspan="5">家庭生活条件和状况比较</td></tr>
<tr><td rowspan="4">家庭日常生活支出表现x_{22}</td><td>家庭人均生活支出水平指标x_{221}</td></tr>
<tr><td>家庭用水质量指标x_{222}</td></tr>
<tr><td>家庭用气质量指标x_{223}</td></tr>
<tr><td>家庭用电质量指标x_{224}</td></tr>
<tr><td rowspan="3">家庭住房状况表现x_{23}</td><td>家庭住房质量指标x_{231}</td><td rowspan="6">家庭生活条件和状况比较</td></tr>
<tr><td>家庭人均住房面积指标x_{232}</td></tr>
<tr><td>家庭成员住房条件指标x_{233}</td></tr>
<tr><td rowspan="3">家庭生活条件表现x_{24}</td><td>家庭家用电器种类指标x_{241}</td></tr>
<tr><td>家庭住房装修水平指标x_{242}</td></tr>
<tr><td>家庭交通工具总价值水平指标x_{243}</td></tr>
<tr><td rowspan="3">家庭致贫原因x_3</td><td>因病致贫x_{31}</td><td>医疗支出水平指标x_{311}</td><td rowspan="3">贫困的成因比较</td></tr>
<tr><td>因学致贫x_{32}</td><td>教育支出水平指标x_{321}</td></tr>
<tr><td>因残致贫x_{33}</td><td>劳动能力丧失程度指标x_{331}</td></tr>
</table>

续表

目标层	准则层	中间层	表现层	指标含义
家庭相对贫困程度	贫困影响因素x_4	家庭资本拥有量x_{41}	固定资产等收入资本水平指标x_{411}	贫困的解决难度比较
		家庭成员劳动技能水平x_{42}	家庭劳动技能水平指标x_{421}	
		家庭成员受教育程度x_{43}	家庭人均受教育程度指标x_{431}	

需特别说明如下：一是书中建立的指标体系，不仅包含了经济贫困表现指标“收入”，还包含了居民的“衣食住行病教”权利自由贫困指标，以及影响“可行能力”的技能特征指标，所以与以往学者建立的指标相比更全面；二是从本书构建的表现层的指标内涵可以看出，每个指标在被评价者之间都易于比较，也较容易给出对所有被评价者的排序；三是指标体系中表现层的每个指标都没有赋值选项，是因为本书构建的相对贫困主观识别模型不需要评价者对每个被评价对象给出一个具体的量化值，而只需要给出在该指标下每个被评价者在所有被评价对象中的排位即可，也就是每个被评价者在所有被评价对象中的“秩”。

（二）数据来源和权重计算

1.数据来源

本书使用的数据来自宿州市埇桥区X村的调查结果。以该行政村为实证分析对象，该村根据国家贫困户精准识别标准和贫困户精准识别程序，评选出了10户贫困户，并按照贫困程度对这10户家庭进行了排序。为了实证研究本书提出的多维相对贫困主观识别模型的可操作性和准确性，从该10户家庭中随机抽取了6户作为评价对象（训练集，剩下的4户作为测试集）；并从村委会成员和村民代表中随机抽取了6人作为评价者，其中村委会成员3人，村民代表3人。

评价者根据6户家庭在22个一级指标上的表现进行家庭排序，家庭之间无差异的话，序号相同。6名评价者独立对6户家庭进行评价排序，根据评价结果，分别记录每户家庭在每个一级指标上的秩（秩即为排序中的序号）。部分评价结果见表4-2。

表4-2　所有评价者对所有居民家庭在每个评价指标下的评价秩（部分）

评价者	指标	P_1	P_2	P_3	P_4	P_5	P_6
I_{11}	x_{111}	3	1	3	5	4	2
I_{12}	x_{111}	3	2	4	5	5	1
I_{13}	x_{111}	2	1	3	4	2	4
I_{21}	x_{111}	1	2	2	4	5	3
I_{22}	x_{111}	3	1	2	5	4	2
I_{23}	x_{111}	1	2	2	5	4	3
I_{11}	x_{112}	2	1	3	4	5	2
I_{12}	x_{112}	3	2	4	5	6	1
I_{13}	x_{112}	1	2	2	3	4	2
I_{21}	x_{112}	2	1	4	4	4	3
I_{22}	x_{112}	2	2	3	5	4	1
I_{23}	x_{112}	2	1	2	3	4	3

数据来源：2018年安徽省审计厅重点科研项目“基于审计监督的精准扶贫脱贫问题研究”(项目号AH-SJ20180101)的调查数据。

2.权重计算

按照第三章多维相对贫困主观识别模型的权重计算方法计算各指标权重。在权重具体计算过程中，本书设计了两种指标赋权方法，一种是非监督学习赋权法，一种是监督学习赋权法，各层权重计算结果如下。

（1）非监督学习权重的计算结果。对于多维相对贫困主观识别模型中的评价者之间的权重$\beta_{i\cdot\cdot}$采用CRITIC法计算，计算结果见表4-3；准则层各维度指标权重$\gamma_{\cdot j\cdot}$的计算方法采用熵值法，计算结果见表4-4；相对贫困程度表现层各指标权重$\alpha_{\cdot\cdot k_j}$的计算方法采用主成分法，计算结果见表4-5。

表4–3 评价者权重

评价者	I_{11}	I_{12}	I_{13}	I_{21}	I_{22}	I_{23}
$\beta_{i\cdot\cdot}$	0.173	0.172	0.170	0.151	0.168	0.166

表4–4 准则层各维度指标权重

维度指标	x_1	x_2	x_3	x_4
$\gamma_{\cdot j\cdot}$	0.270	0.273	0.221	0.236

表4–5 表现层各指标权重

表现指标	x_{111}	x_{112}	x_{121}	x_{122}	x_{131}	x_{211}	x_{221}	x_{222}	x_{223}	x_{224}	x_{231}
$\alpha_{\cdot\cdot k_j}$	0.201	0.197	0.203	0.203	0.196	0.091	0.093	0.092	0.091	0.092	0.089
表现指标	x_{232}	x_{233}	x_{241}	x_{242}	x_{243}	x_{311}	x_{321}	x_{331}	x_{411}	x_{421}	x_{431}
$\alpha_{\cdot\cdot k_j}$	0.089	0.091	0.090	0.090	0.091	0.320	0.343	0.337	0.331	0.338	0.331

从评价者的权重计算结果看（表4–3），村委会成员的总体权重（I_{11}、I_{12}、I_{13}的和0.515）高于村民代表的总体权重（I_{21}、I_{22}、I_{23}的和0.485），体现出村委会成员在贫困户相对贫困识别中的主体地位，三个评价者的权重分别为0.173、0.172、0.170；从评价指标的维度权重大小看（表4–4），“家庭贫困表现”x_2维度的权重最大，为0.273，表明相对贫困居民家庭的日常生活表现是影响评价者主观判断的最重要维度；“家庭收入水平”x_1维度的权重次之，表明在相对贫困主观识别中居民家庭收入的表现也是影响评价者主观判断的重要因素；“家庭致贫原因”x_3维度的权重最小，表明因病、因残等因素是居民家庭绝对贫困识别的重要因素，但是可能不再是居民家庭相对贫困识别的重要因素，因为这些居民家庭已经成为国家重点的帮扶对象。

表4–5是利用主成分法计算表现层各指标权重的结果。从表现层各指标的权重看，教育支出水平指标x_{321}、家庭劳动技能水平x_{421}和劳动能力丧失程度x_{331}指标的权重较大，分别为0.343、0.338和0.337。表明家庭教育支出、劳动技能和劳动能力是当前影响居民家庭相对贫困程度的重要因素。

（2）监督学习权重的计算结果。利用弹性反向传播算法（Rprop）求解感知器模型的网络权重，具体步骤如下。

第一步：计算步长Δ_{ij}。

$$\Delta_{ij}^{(t)}=\begin{cases}\lambda^{+}\Delta_{ij}^{(t-1)} & \dfrac{\partial E^{(t-1)}}{\partial w_{ij}^{(t-1)}}\dfrac{\partial E^{(t)}}{\partial w_{ij}^{(t)}}>0\\ \lambda^{-}\Delta_{ij}^{(t-1)} & \dfrac{\partial E^{(t-1)}}{\partial w_{ij}^{(t-1)}}\dfrac{\partial E^{(t)}}{\partial w_{ij}^{(t)}}<0\\ \Delta_{ij}^{(t-1)} & 其他\end{cases} \tag{4-1}$$

其中$E^{(t)}=\dfrac{1}{2}\sum_{n=1}^{N}\sum_{k=1}^{K}\left[d_{nk}^{(t)}-y_{nk}^{(t)}\right]^{2}$是误差函数，$w_{ij}^{(t)}$是联系神经元$i$和神经元$j$之间的权重，$t$代表迭代次数，$0<\lambda^{-}<1<\lambda^{+}$，通常取$\lambda^{-}=0.5,\lambda^{+}=1.2$，记步长$\Delta_{ij}$的上、下界分别为$\Delta_{max}$和$\Delta_{min}$。

第二步：调整权重。

①如果$\dfrac{\partial E^{(t-1)}}{\partial w_{ij}^{(t-1)}}\dfrac{\partial E^{(t)}}{\partial w_{ij}^{(t)}}>0$，那么

$$\Delta_{ij}^{(t)}=\min(\lambda^{+}\Delta_{ij}^{(t-1)},\Delta_{max}) \tag{4-2}$$

$$\Delta w_{ij}^{(t)}=-\text{sign}\left(\frac{\partial E^{(t)}}{\partial w_{ij}^{(t)}}\right)\Delta_{ij}^{(t)} \tag{4-3}$$

$$w_{ij}^{(t+1)}=w_{ij}^{(t)}+\Delta w_{ij}^{(t)} \tag{4-4}$$

②如果$\dfrac{\partial E^{(t-1)}}{\partial w_{ij}^{(t-1)}}\dfrac{\partial E^{(t)}}{\partial w_{ij}^{(t)}}<0$，那么

$$\Delta_{ij}^{(t)}=\min(\lambda^{-}\Delta_{ij}^{(t-1)},\Delta_{min}) \tag{4-5}$$

$$\Delta w_{ij}^{(t)}=-\Delta w_{ij}^{(t-1)} \tag{4-6}$$

$$w_{ij}^{(t+1)}=w_{ij}^{(t)}-\Delta w_{ij}^{(t-1)} \tag{4-7}$$

③如果$\dfrac{\partial E^{(t-1)}}{\partial w_{ij}^{(t-1)}}\dfrac{\partial E^{(t)}}{\partial w_{ij}^{(t)}}=0$，那么

$$\Delta w_{ij}^{(t)}=-\text{sign}\left(\frac{\partial E^{(t)}}{\partial w_{ij}^{(t)}}\right)\Delta_{ij}^{(t)} \tag{4-8}$$

$$w_{ij}^{(t+1)} = w_{ij}^{(t)} + \Delta w_{ij}^{(t)} \tag{4-9}$$

重复上述过程，直至训练集的误差小于预先设定的阈值或达到最大的迭代次数，输出各层网络权重，得到Rprop神经网络模型。利用R软件中neuralnet程序包，调用neuralnet函数，通过对隐藏层数及各层神经元数量的调整，比较了三种不同结构神经网络模型，从中选择最优的模型，模型的比较结果见表4-6。

表4-6 不同隐藏层的人工神经网络模型

隐藏层	Model1	Model2	Model3
网络结构	Hidden=1	Hidden=4	C（13，4）
训练误差	0.052 9	0.003 0	0.003 5
训练步数	278	419	163

从比较结果来看，Model2的训练误差最小（0.0030），训练步数最多（419），所以可以选择Model2作为居民家庭相对贫困程度的神经网络预测模型，对应的神经网络结构如图4-1（简化图）所示。

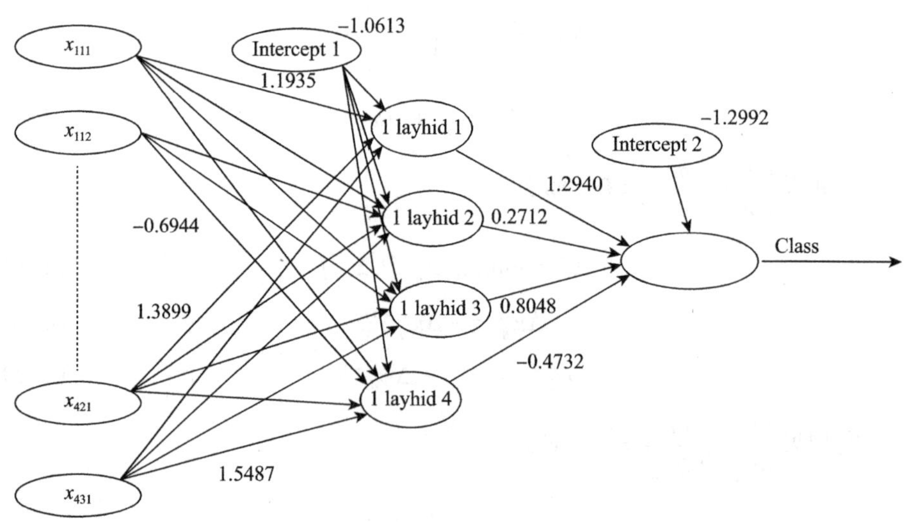

图4-1 利用Rprop算法计算得到的单层感知器模型

输入层到隐藏层各神经元的网络权重见表4-7，隐藏层到输出层的网络权重见表4-8。从网络权重看，权重值出现负值，权重的经济含义不明确，除此之外，隐藏层神经元的经济含义也不明确，从而很难判断出输入层各指标变量对输出结果的作用大小。所以基于神经网络模型计算的权重只能用于居民家庭的多维相对贫困程度的主观识别，不能进行原因分析。

表4-7　输入层到隐藏层各神经元的网络权重

变量	1layhid1	1layhid2	1layhid3	1layhid4
Intercept1	-1.061	0.596	0.483	1.003
x_{111}	1.194	-3.639	-1.050	-2.141
x_{112}	-1.187	1.509	1.739	-0.694
x_{121}	-0.050	0.738	0.191	0.438
x_{122}	0.359	-0.986	-0.973	-1.392
x_{131}	1.004	0.765	0.318	-0.426
x_{211}	0.534	0.044	-0.738	-2.410
x_{221}	-0.996	-1.789	1.422	-1.406
x_{222}	-0.624	-0.829	-0.026	-0.667
x_{223}	1.094	-0.841	-0.207	-1.253
x_{224}	0.943	0.225	1.562	2.190
x_{231}	0.199	-0.561	-0.709	1.351
x_{232}	-0.098	1.859	2.202	-1.208
x_{233}	0.511	1.671	0.836	0.348
x_{241}	0.366	1.815	-1.395	-0.341
x_{242}	0.533	-2.838	0.045	-0.637
x_{243}	1.035	-4.661	0.320	-2.901
x_{311}	-0.483	2.785	1.219	0.479
x_{321}	0.998	-0.162	1.545	2.662
x_{331}	-0.673	1.488	-0.809	-0.973
x_{411}	0.619	1.061	-0.522	-0.376
x_{421}	1.390	3.908	-0.808	0.903
x_{431}	0.365	-1.699	0.886	1.549

表4-8 隐藏层各神经元到输出层（class）的网络权重

输出层	Intercept2	1layhid1	1layhid2	1layhid3	1layhid4
class	−1.230	1.294	0.271	0.805	−0.473

（三）相对贫困的主观识别结果

把各层权重表4-3~表4-5的计算结果代入式（3-10），计算得到居民家庭的主观判断加权平均秩，见表4-9。从多维相对贫困主观识别模型的识别结果看，P_2居民家庭的平均秩最小，表明P_2居民家庭的相对贫困程度最大；P_5居民家庭的平均秩最大，相对贫困程度最小。

表4-9 被评价居民家庭的加权平均秩

居民家庭	P_1	P_2	P_3	P_4	P_5	P_6
平均秩	2.338	1.623	2.896	3.943	4.517	2.574

为了对多维相对贫困主观识别模型的识别效果进行检验，利用其余4家贫困户的调查结果作为测试集，计算并比较加权平均秩模型和神经网络模型预测精度，测试结果见表4-10。

表4-10 加权平均秩模型和神经网络模型的识别结果与精度

类型	TP_1	TP_2	TP_3	TP_4	预测误差
实际秩	2	1	4	3	
加权平均秩模型	2.385	1.201	3.950	2.946	0.0970
神经网络模型（Model2）	1.685	1.101	3.845	2.847	0.0784

注：根据神经网络测试误差公式test.error=$\sum$(预测值 − 真实值)^2/2计算得到。

从两类模型测试结果来看，本书构建的加权平均轶模型和神经网络模型都能够对居民家庭的相对贫困程度做出正确识别。两者的主要区别是，神经网络模型的预测误差略小（0.078 4<0.097 0）；但从计算过程及权重意义来看，

神经网络模型的计算过程复杂，特别是网络权重的经济含义难以解释，有的网络权重是负值，如是否表明该指标对维度的评价起到相反的作用，难以确定。若只考虑模型对居民家庭的相对贫困程度顺序的识别，神经网络模型更准确，特别是评价数据量较多时，神经网络模型的优势更明显。

多维相对贫困主观识别结果表明，本书构建的多维相对贫困主观识别模型能够基于相对贫困主观评价指标体系对居民家庭的相对贫困程度做出较为准确的顺序识别，并且能够通过加权平均秩模型的权重计算进一步识别居民家庭相对贫困程度的影响因素。

二、中国相对贫困的综合识别分析

上文构建的多维相对贫困主观识别模型虽然能够对微观居民家庭的相对贫困程度给出主观排序，但是无法实现对居民家庭贫困状态的识别和相对贫困程度的量化分析，而且对识别结果客观性也缺乏数据支撑。所以为了能够进一步识别每个居民家庭的相对贫困程度，需要计算多维相对贫困的综合识别结果，以实现从客观数据上对主观识别结果的证明。从以往国内外学者对贫困（绝对贫困和相对贫困）识别研究的文献来看，重点研究了贫困识别标准、识别方法和多维贫困识别指标体系。在识别标准上主张标准多样化；在识别方法上既有传统模型，也有当前使用较多的数据挖掘模型；在多维贫困识别指标体系的研究上更为丰富，提出从多个维度构建指标体系识别贫困。但是纵观以往学者的研究内容还存在以下几点不足：第一，很少有学者从多个维度对贫困户的贫困状况进行指标量化分析；第二，构建出来的量化评价指标体系不够健全、指标值在实施过程中绝对量化困难；第三，国内学者对中国相对贫困的识别标准和方法多借鉴国际经验，与中国的实际情况不符。尤其中国进入新发展阶段后，对人的全面发展有了新的要求，贫困治理的条件和能力都有了很大改善，相对贫困的识别标准、识别方法都需要进行新的设定和检验，以下将根据新发展阶段下中国相对贫困识别的现实要求，结合目前人的全面发展的实际情况，提出多维相对贫困综合识别的指标体系，然后使用本文第三章构建的新的相对贫困识别方法，对中国家庭居民的贫困状况进行精准识别。

（一）相对贫困综合识别的指标体系

新发展阶段，中国的社会经济发展有了新的目标，在此目标下对相对贫困群体的识别需要立足贫困的新特征、新要求和治理能力，才能真正把需要帮扶的地区和人群精准识别出来，精准实施帮扶。根据新发展阶段中国经济、社会和人口发展特征和这一阶段的发展目标，新发展阶段下中国相对贫困识别既不同于前一阶段的绝对贫困识别，也不同于后一阶段基本实现现代化的相对贫困识别，这一阶段相对贫困的识别是以人的全面发展为识别内容，既要考虑以收入为核心的货币测度结果指标的相对贫困，又要考虑以能力为核心的非货币测度指标的相对贫困，还需要关注以幸福感为核心指标的主观福祉相对贫困。

相对贫困的概念最早由福克斯（Fuchs）提出，目前在一些发达国家和少部分发展中国家使用，用以测度相对贫困的核心指标是收入，一般把平均收入或中位数收入的一定比例作为相对贫困线。这种以收入作为相对贫困标准的做法在已经完成城镇化进程和公共服务基本已经实现均等化的发达国家较为适应，但对如中国这样的发展中国家，公共服务的城乡差异、区域差异仍然较大，如果仅从收入指标识别相对贫困，不仅很容易忽视人们的非收入指标差距，而且也不符合新阶段人们全面均衡发展的要求。事实上，在贫困户的精准扶贫阶段，中国的贫困识别指标就已经扩展到了多维，以最低收入为绝对贫困识别前提下，还考虑了识别对象的“两不愁三保障”情况。所以，

基于新发展阶段中国相对贫困识别的复杂性，在借鉴国际经验的基础上，首先，考虑把新发展阶段中国相对贫困识别指标从一维扩展到多维；其次，在多维相对贫困识别指标体系的设计上，可以考虑对国际通用的多维贫困识别指标体系进行调整，以适应新发展阶段中国相对贫困的识别，当前，国际上经常使用的是MPI多维贫困识别指标体系，该体系由人类发展中心（OPHI）在2010年提出，一共由3个维度10个指标构成，主要用于测度各个国家的多维贫困指数，详见表4-11；最后，在对MPI指标体系进行调整时，应以新发展阶段衡量人的全面发展为方向，充分考虑人的可行能力和发展现状。

表4-11　多维贫困指数指标体系

维度	指标	权重
健康	营养	1/6
	儿童死亡率	1/6
教育	受教育年限	1/6
	适龄儿童在校情况	1/6
生活标准	做饭使用的燃料	1/18
	环境卫生	1/18
	饮用水	1/18
	通电	1/18
	住房	1/18
	耐用品	1/18

此外，以指标体系建立的科学性、可操作性、政策指导性和数据的可得性为原则，着重考虑人的全面发展，用以反映人们的获得感和幸福感，本书构建了包含8个维度18个指标的新发展阶段中国相对贫困识别指标体系，见表4-12。具体而言，收入是学术界和实践界公认的衡量贫困的指标，但收入只能识别微观个体当前的消费能力，无法直接反映微观个体直接获得的效用，以及消费的持久性，为了弥补这一缺陷，本书加入了消费支出和家庭资产维度，分别使用家庭人均纯收入、家庭人均消费性支出和家庭人均净资产三个

货币数值型指标表示。用教育、健康和就业三个维度，反映微观个体的可行能力，三个维度的测量水平值越高，说明微观个体的收入和支出能力越大，家庭资产积累速度越快。信息利用维度反映的是在当前数字经济和知识经济快速发展阶段，微观个体对信息服务的需要，具有时代可行能力特征。选择社会保障维度，是因为公共医疗保险基本实现了全覆盖（2020年医保覆盖率达96.8%），在指标选择时在医疗保险参保率指标的基础上增加了养老保险参保率指标，用以反映微观个体抵御因病致贫风险的能力，属于保障性测度指标。生活水平维度，剔除了通电（当前阶段家庭用电供给基本实现全覆盖）、卫生厕所（改造完毕）、垃圾处理（基本上都实现了垃圾集中统一处理）三个传统测度指标，加入了现阶段能够重点反映人们生活水平状态的两个重要指标——饮用水质量和饮用能源类型。休闲维度，工作时间反映的是微观个体休闲自由水平指标，属于微观个体的福祉测度指标之一，工作时间越短，微观个体的休闲自由时间越长，在现有发展阶段下，人们的主观福祉获得感就越强；旅游在现代生活中逐渐成为人们身心健康的重要调查器，是人们全面发展的重要体现之一。此外，为了提高人们的幸福感和精神文明水平，比较人们在幸福感和精神文明之间的相对水平，本书增加了人们主观态度相对贫困测度维度，用于补充客观相对贫困的识别，维度下共设置了四个识别指标，其中，幸福感和满意度主要反映人们对当前自身生活的认同度，信心程度和价值观主要反映了人们的精神文明状态。

表4–12　中国居民家庭多维相对贫困识别指标体系

维度	指标	指标类型	指标属性	计算方法
收入	家庭人均纯收入/（元/年）	货币数值型	基础	家庭纯收入比上家庭人数
	家庭人均消费性支出/（元/年）	货币数值型	基础	家庭消费性支出比上家庭人数
	家庭人均净资产/元	货币数值型	基础	家庭净资产比上家庭人数
教育	受教育水平/年	非货币顺序型	能力	家庭劳动力最高学历水平
	适龄儿童失学率/%	非货币数值型	能力	家庭适龄儿童失学数比上家庭适龄儿童数

续表

维度	指标	指标类型	指标属性	计算方法
健康	健康水平/%	非货币数值型	能力	家庭不健康成年人数比上家庭成年人数
	慢性病比率/%	非货币数值型	能力	家庭慢性病成年人数比上家庭成年人数
就业	劳动力水平/%	非货币数值型	能力	家庭劳动力数比家庭人数
	劳动力失业率/%	非货币数值型	能力	家庭劳动力失业人数比上家庭劳动力人数
信息利用	使用权互联网学习频率	非货币顺序型	能力	使用互联网学习的频率：7个等级
社会保障	医疗保险参保率/%	非货币数值型	保障	家庭成员医疗保险参保人数比上家庭人数
	养老保险参保率/%	非货币数值型	保障	家庭成年人养老保险参保人数比上家庭人数
生活水平	家庭人均耐用消费品总值/元	货币数值型	状态	家庭耐用消费品总价值比上家庭人数
	家庭人均净房产价值/元	货币数值型	状态	家庭净房产价值比上家庭人数
	饮用水质量	非货币分类型	状态	自来水/桶装水/纯净水/过滤水为0，其他为1
	炊用能源类型	非货币分类型	状态	罐装煤气/液化气/天然气/管道煤气/太阳能/沼气为0，其他为1
休闲	工作时间/时/周	非货币数值型	自由	家庭劳动力每周平均工作时间
	家庭人均旅游支出/（元/年）	货币数值型	自由	家庭旅游总支出比上家庭人数
主观态度	幸福感	非货币顺序型	心理感受	自评幸福感水平（1到10级）
	满意度	非货币顺序型	心理感受	自评生活满意度（1到5级）
	信心程度	非货币顺序型	精神文明	自评未来信心程度（1到5级）
	价值观	非货币顺序型	精神文明	正确价值观综合得分

（二）数据来源与识别标准

新发展阶段，中国的相对贫困识别，需要从一维收入相对贫困识别扩展

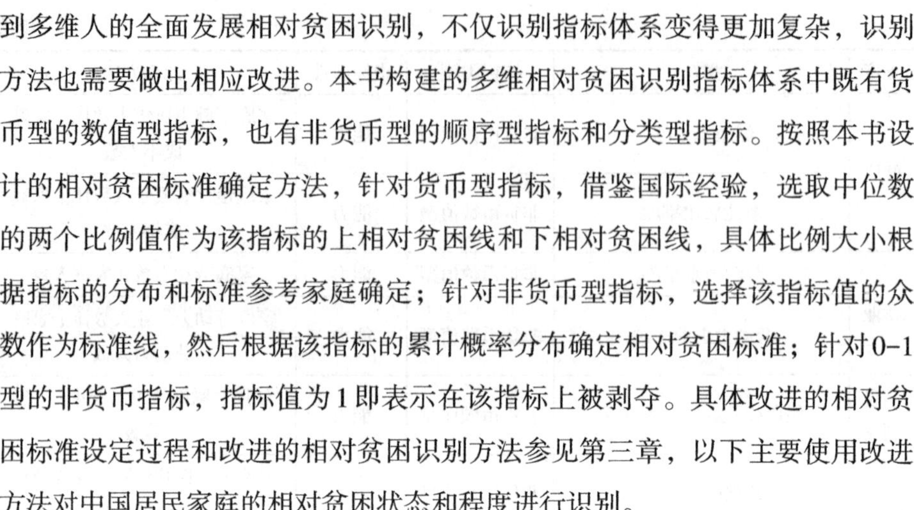

到多维人的全面发展相对贫困识别，不仅识别指标体系变得更加复杂，识别方法也需要做出相应改进。本书构建的多维相对贫困识别指标体系中既有货币型的数值型指标，也有非货币型的顺序型指标和分类型指标。按照本书设计的相对贫困标准确定方法，针对货币型指标，借鉴国际经验，选取中位数的两个比例值作为该指标的上相对贫困线和下相对贫困线，具体比例大小根据指标的分布和标准参考家庭确定；针对非货币型指标，选择该指标值的众数作为标准线，然后根据该指标的累计概率分布确定相对贫困标准；针对0–1型的非货币指标，指标值为1即表示在该指标上被剥夺。具体改进的相对贫困标准设定过程和改进的相对贫困识别方法参见第三章，以下主要使用改进方法对中国居民家庭的相对贫困状态和程度进行识别。

1.数据来源

为了检验本书构建的相对贫困指标体系的识别效果，本书使用了中国家庭追踪调查（CFPS）五轮的调查数据（2010年、2012年、2014年、2016年、2018年）。这五轮的CFPS样本覆盖了全国31个省区市的人口，因此，CFPS的样本具有全国代表性。从2010年到2018年，项目组不断更新问卷调查内容、组织方式和调查方法，确保每轮调查结果的客观真实性，最终都会形成内容不同，功能差异的四大数据库：家庭成员数据库、家庭经济数据库、个人自答数据库和个人代答数据库。本书所使用的变量数据结合了四大数据库的核心指标，以家庭样本编码和个体样本编码为匹配指标，从纵向个体和横向变量两个方向完成了数据整合，数据内容既包括家庭层面的数据信息，也包括个人层面的数据信息（表4–13）。最终以家庭为单位整合了新发展阶段家庭多维相对贫困识别指标体系中的对应指标信息，经过整理和删除无效样本，最后从64 389个家庭面板样本中获得45 563个家庭样本，其中农村样本23 443个，城市样本22 120个。

表4–13　变量名称及表现值（部分）

变量名称	符号	表现值
家庭人均收入	P_income	家庭经济库中的家庭纯收入项/家庭人数
家庭人均消费	P_consumer	家庭经济库中的家庭消费性支出总额/家庭人数
家庭人均净资产	P_asset	家庭经济库中的家庭的净资产项/家庭人数
教育程度	edu	家庭最高受教育者的教育年限[2]
家庭所在区域	region	0=西部省份，1=中部省份，2=东部省份
家庭所在地区	area	0=农村，1=城镇
家庭人数	family_n	在经济上是一家人的家庭人口数
家庭工作人数	family_wn	在经济上是一家人的在业人数
工作时间	worktime	平均每周工作小时数
健康程度	health	1=非常健康；2=很健康；3=比较健康；4=一般；5=不健康
是否患有慢性病	chronic	0=半年内没有慢性疾病，1=半年内有慢性疾病
工作状态	employ	0=失业，1=在业

注：1. edu1表示已不在上学的家庭成员（在经济上是一家人）中，最高受教育者的教育层次：1=小学及以下、2=初中、3=高中及同等学历、4=大专、5=本科、6=研究生及以上；2.edu2表示已不在上学的家庭成员中，最高受教育程度者已完成的正规教育年数。

2.标准参考家庭的确定

假设F是标准参考家庭，$\boldsymbol{a}_F=(\bar{n},\bar{s},\bar{e}_0,\bar{e}_1,\bar{Y},\bar{M})$是家庭特征向量，$\bar{n}$是家庭人口数，$\bar{s}$是家庭结构指标，$\bar{e}_0$是家庭的基本生活消费支出，$\bar{e}_1$是家庭的超额消费支出，$\bar{Y}$是家庭的货币特征指标评价体系，$\bar{M}$是家庭的非货币特征指标评价体系。

对标准参考家庭中各指标值的计算方法如下。

（1）家庭人口数$\bar{n}$的计算。用所有识别家庭人口数的平均值作为标准家庭人口数，分成全国、城镇和乡村三个层次，分别测算了2010年、2012年、2014年、2016年、2018年五年的各层次的家庭人口平均数（表4–14）。

表4-14　平均家庭人口数

时间	城镇/人	农村/人	全国/人
2010年	3.44	4.19	3.82
2012年	3.51	4.14	3.83
2014年	3.35	3.90	3.63
2016年	3.37	3.96	3.72
2018年	3.74	4.18	3.96

从平均家庭人口的结构和变化趋势看，农村平均家庭人口数始终高于城镇平均家庭人口数，但是两者之间的差距在缩小。从平均家庭人口的总体变化趋势看，2010—2014年呈下降趋势，2014—2018年呈上升趋势，这与国家2016年放开二孩政策有很大的关系。

(2) 货币指标的计算。在相对贫困识别指标体系中货币型指标有：家庭人均纯收入、家庭人均消费性支出、家庭人均净资产、家庭人均耐用品消费总值、家庭人均净房产、家庭人均旅游支出。各指标值均为家庭人均数值，具有可比性。标准家庭各货币型指标的表现值均取各指标值的中位数（表4-15）。

表4-15　2018年标准家庭各货币指标表现值

指标	城镇	农村	全国
家庭人均纯收入/（元/年）	20 000.0	8520.0	13 000.0
家庭人均消费性支出/（元/年）	15 953.3	7900.0	10 838.2
家庭人均净资产/元	150 000.0	47 812.5	78 375.0
家庭人均耐用消费品总值/元	5000.0	1666.7	2750.0
家庭人均净房产/元	125 000.0	30 000.0	60 000.0
家庭人均旅游支出/（元/年）	909.4	130.3	530.4

从城镇与农村家庭在各货币指标上的表现值看，差距较为明显，尤其是在家庭人均旅游支出上，农村家庭年人均旅游支出130.3元，城镇家庭年人均

旅游支出额为909.4元，是农村的近7倍。

（3）非货币指标的计算。在相对贫困识别指标体系中非货币型指标有：教育维度下的受教育水平和适龄儿童失学率、健康维度下的健康水平和慢性病比例、就业维度下的劳动力水平和劳动力失业率、社会保障维度下的医疗保险参保率和养老保险参保率、工作时间维度下的家庭人均工作小时数（每周）、信息利用维度下的家庭使用互联网学习的频率、生活水平维度下的饮用水质量和炊用能源类型（表4-16）。

表4-16　2018年标准家庭各非货币指标表现值

指标	城镇	农村	全国
受教育水平/年	11.0	8.8	9.9
适龄儿童失学率/%	0	0	0
健康水平/%	0.169	0.174	0.171
慢性病比例/%	0.153	0.137	0.145
劳动力水平/%	0.376	0.421	0.398
劳动力失业率/%	0.143	0.132	0.137
医疗保险参保率/%	0.948	0.948	0.948
养老保险参保率/%	0.440	0.416	0.428
家庭人均工作小时数/（时/周）	48.733	48.513	48.619
使用互联网学习的频率	3	3	3
饮用水质量	0	0	0
炊用能源类型	0	0	0

标准家庭的受教育水平取各家庭受教育水平的平均值，农村的平均受教育水平低于城镇；适龄儿童失学率、使用互联网学习的频率取对应指标家庭水平值的众数，绝大多数家庭不存在适龄儿童失学问题和大部分家庭都有每天利用互联网学习的习惯，在标准值上城乡差异不明显；健康水平、慢性病比例、劳动力水平、劳动力失业率、医疗保险参保率、养老保险参保率、家庭人均工作小时数均取对应指标家庭水平的平均值，医疗保险基本已实现全

覆盖，在标准值上城乡差异也不明显；饮用水质量和炊用能源类型分别取清洁水源和清洁能源的类别值，城乡家庭在标准值上都取0，表明大部分城乡家庭都已用上清洁水源和能源。

（4）主观态度的计算。在2018年CFPS的数据库中，用于测度家庭主观态度的指标主要是幸福感、满意度、信心程度和价值观四个指标，其中幸福感和满意度反映人们对当前生活的主观认识，信心程度是对未来生活的主观认识，价值观是影响自身发展的主观认识。幸福感得分范围是1~10分，分数越大，幸福感越强；满意度和信心程度得分范围是1~5分，分数越大满意度和信心程度越强；价值观是个综合值，由多个指标构成[1]，得分范围是1~5分，分值越高，价值观就越积极。各指标的标准家庭主观态度值均采用个体得分的算术平均法得到（表4-17）。

表4-17　2018年标准家庭主观态度指标表现值

指标	城镇	农村	全国
幸福感	7.56	7.57	7.56
满意度	4.01	4.01	4.01
信心程度	4.12	4.13	4.13
价值观	3.05	3.07	3.06

从四个指标在城乡居民上的表现值可以看到，农村居民的主观表现值略大于城镇居民，但差距较小；若按百分制核算，在满意度和信心程度上的得分值超过了80分，幸福感分值超过了75分，价值观分值相比而言较低，仅达到了60分的及格线。

[1] 价值观主要由“公平竞争才有和谐人际”“努力工作能有回报”“聪明才干能得回报”和“提高生活水平机会很大”四个指标综合得分得到。

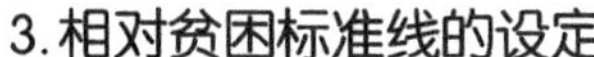

3.相对贫困标准线的设定

从图4-2中可以看出，城镇、农村和全国的家庭人均纯收入的分布存在两个显著的变化点，一个分布在5000~6000元，另一个在16 000元左右。对于城镇样本，在两个变化点之间分布较为均匀；对于农村样本，在5000元左右分布密度达到最大，之后迅速下降，在11 000元左右与城镇样本相交；从城乡家庭人均纯收入分布情况来看，在11 000元之前，城镇样本的分布密度低于农村样本，在11 000元之后，城镇样本的分布密度高于农村样本；全国家庭人均纯收入的分布与农村样本相似。综上家庭人均纯收入在城镇、农村和全国样本的分布情况来看，参照国际50%~60%的做法，把第一个拐点的50%作为极端相对贫困线，把第二个拐点的60%作为一般相对贫困线，又结合标准家庭的家庭人均纯收入城镇为20 000元，农村为8520元，所以，城镇样本的家庭人均纯收入一般相对贫困线可设定为12 000元，极端相对贫困线为3000元；农村样本的家庭人均纯收入一般相对贫困线可设定为5000元，极端相对贫困线也设置为3000元；全国家庭人均纯收入的两个相对贫困线分别设置为7000元和3000元。

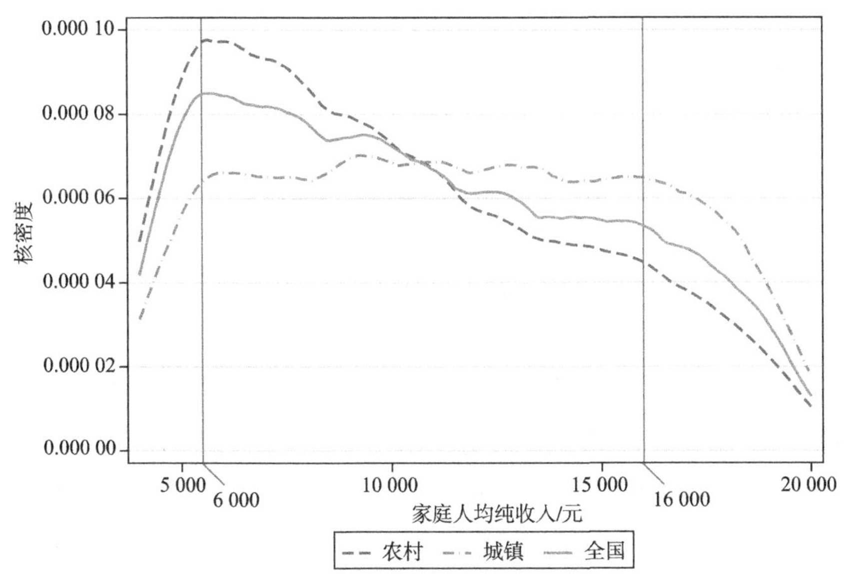

图4-2　家庭人均纯收入核密度分布

图4-3是家庭人均净资产的核密度。从城镇和农村的核密度分布曲线看，乡村的家庭人均净资产的拐点在25 000元附近，城镇的家庭人均净资产的拐点在70 000元附近；结合标准家庭的家庭人均净资产城镇为150 000元，农村为47 812.5元，所以按照50%的经验，把城镇和农村的一般相对贫困线分别设置为70 000元和25 000元。按照家庭人均净资产的累计概率十分位法确定城镇和乡村的极端相对贫困线分别为13 000元和5000元。

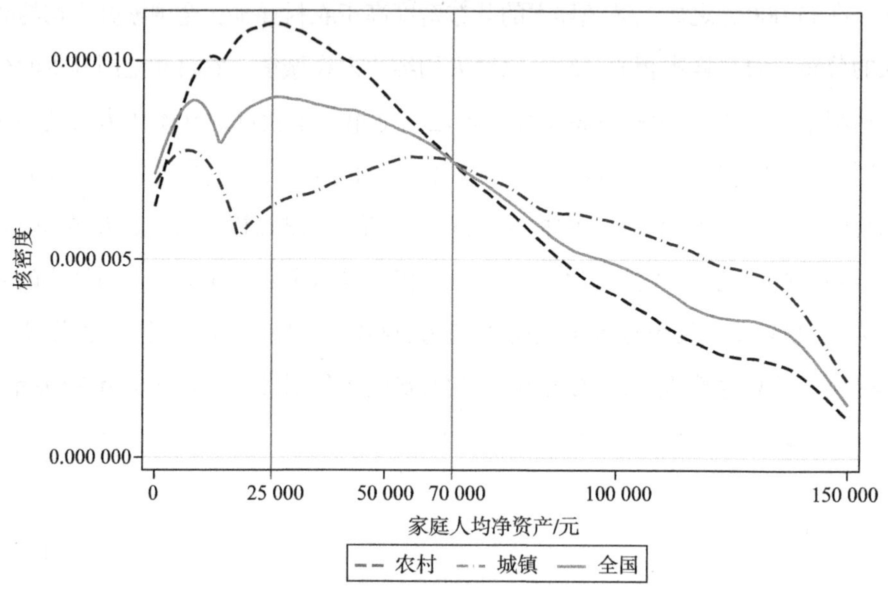

图4-3 家庭人均净资产核密度分布

图4-4是家庭人均净房产核密度。农村家庭人均净房产核密度分布曲线的拐点在15 000元左右，城镇家庭人均净房产核密度分布曲线的拐点在50 000元左右，此点之后，核密度分布曲线迅速下降；结合标准家庭的家庭人均净房产城镇为125 000元，农村为30 000元，所以按照50%的经验，把城镇和农村的一般相对贫困线分别设置为60 000元和15 000元。同样可按照家庭人均净房产的累计概率十分位法确定城镇和乡村的极端相对贫困线分别为18 000元和4000元。

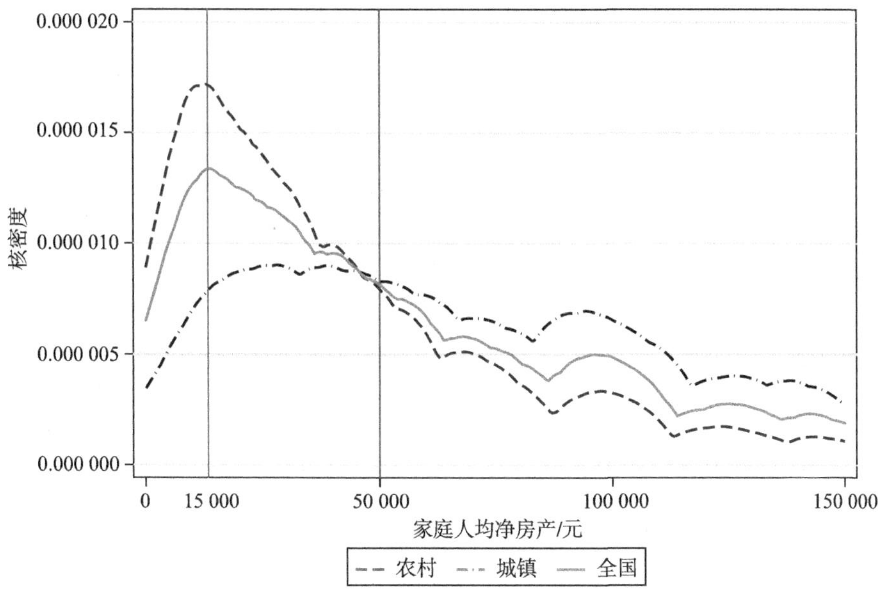

图4-4　家庭人均净房产核密度分布

图4-5是家庭劳动力水平核密度曲线。农村家庭劳动力水平核密度曲线的两个拐点分别位于0.12和0.24左右，城镇家庭劳动力水平核密度曲线的两个拐点分别位于0.11和0.25左右；结合标准家庭的家庭劳动力水平城镇为0.376，农村为0.421，所以按照50%的经验，把城镇和乡村的家庭劳动力水平的一般相对贫困线统一设置为0.2，极端相对贫困线统一设置为0.1。

图4-6是家庭人均工作小时数核密度曲线。家庭人均工作小时数是逆向指标，每周工作的时间越长，空闲时间就越短，不利于居民福祉的提高和个体的全面发展。标准家庭每周的家庭人均工作小时数城镇是48.7小时，农村是48.5小时；从核密度分布曲线看，70小时和55小时是两个极值点，并且分别高出标准值的50%和15%，所以，以70小时和55小时分别作为家庭人均工作小时数的一般相对贫困线和极端相对贫困线符合经验和实际要求。

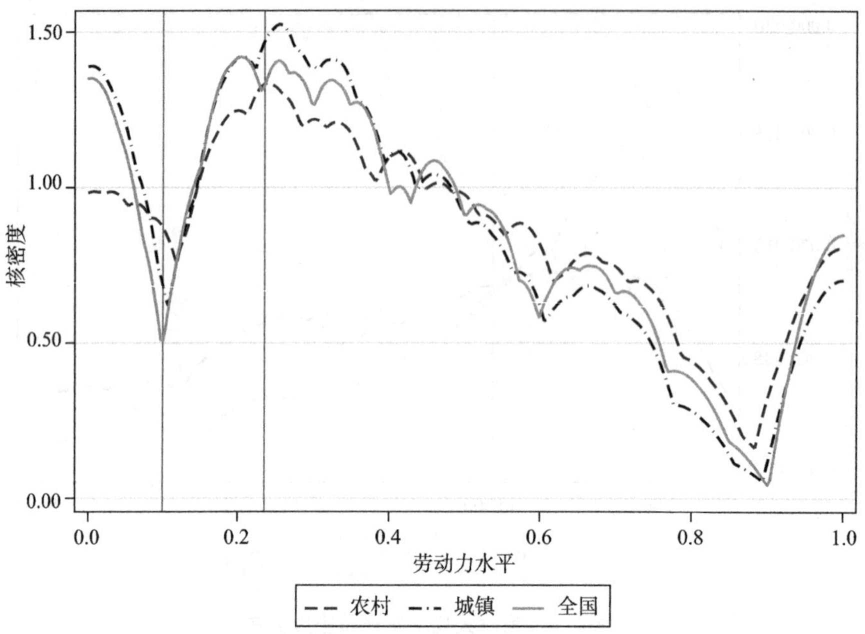

图4-5　家庭劳动力水平核密度分布

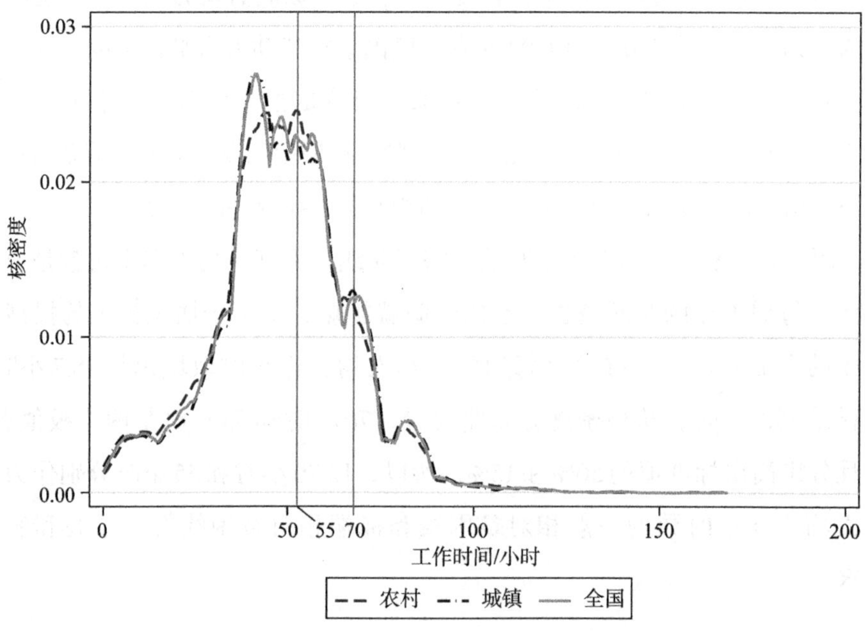

图4-6　家庭人均工作小时数核密度分布

从以上几个指标的相对贫困临界值的具体确定过程可以看出，本书在设置指标的一般相对贫困线时，主要依据标准参考家庭的指标标准线、国际参考比例值和指标表现值的核密度分布三个方面确定具体临界值；极端相对贫困的临界值主要按照绝对贫困的标准线确定要求决定，依据指标表现值的累计概率分布和现实实际需求确定具体临界值。其他指标临界值的确定过程与上述指标相同，在此不再赘述，各指标确定的临界值见表4–18。

表4–18　客观指标的相对贫困临界值

指标	城镇		乡村		全国	
	极端	一般	极端	一般	极端	一般
家庭人均纯收入	3000	12 000	3000	5000	3000	7000
家庭人均消费性支出	3000	9000	3000	5000	3000	7000
家庭人均净资产	13 000	70 000	5000	25 000	10 000	40 000
家庭人均耐用消费品总值	400	2000	100	700	300	1000
家庭人均净房产	18 000	60 000	4000	15 000	8000	30 000
家庭人均旅游支出	0	1000	0	500	0	800
受教育水平	9	12	9	12	9	12
适龄儿童失学率（–）	0	0	0	0	0	0
健康水平（–）	0.6	0.2	0.6	0.2	0.6	0.2
慢性病比例（–）	0.6	0.2	0.6	0.2	0.6	0.2
劳动力水平	0.1	0.2	0.1	0.2	0.1	0.2
劳动力失业率（–）	0.6	0.1	0.6	0.1	0.6	0.1
医疗保险参保率	0.5	1	0.5	1	0.5	1
养老保险参保率	0.2	0.3	0.1	0.2	0.15	0.25
家庭人均工作小时数（–）	70	55	70	55	70	55
使用互联网学习的频率（–）	7	5	7	5	7	5
饮用水质量	1	1	1	1	1	1
炊用能源类型	1	1	1	1	1	1

注：1. 饮料用水是自来水或是桶装水/纯净水/过滤水时，取值为0，其他为1；2. 饮用能源是清洁能源时，取值为0，其他为1；3.（–）指该指标是逆向指标，值越小越好。

表4-18中适龄儿童失学率的相对贫困线临界值为0，因为中国义务教育政策已经实施几十年，对义务教育的保障政策也极其完善，适龄儿童失学的概率变得非常小；与之对应的受教育水平的极端贫困线也设置为9年。饮用水质量和炊用能源类型，是二值分类变量，“1”表示被剥夺，“0”表示未被剥夺。除了“适龄儿童失学率”“饮用水质量”和“炊用能源类型”三个指标外，其他指标均设置两个相对贫困标准线，第一个极端相对贫困临界值用于识别在该单一指标下处于绝对贫困的家庭；第二个一般相对贫困临界值用于识别在该单一指标下处于相对贫困的家庭。类似的可以确定主观指标的相对贫困标准线。

图4-7是家庭人均幸福度得分的核密度曲线。家庭人均幸福度得分在8时的频率最高，之前有两个峰度值，分别在5和7左右，而5是得分值的中位数，低于5表明人们的主观感受趋于不幸福，所以统一把7和5分别作为幸福感指标的一般相对贫困线和极端相对贫困线。关于“满意度”“信心程度”和“价值观”三个主观指标的相对贫困线采用类似方法确定，具体设置结果见表4-18。

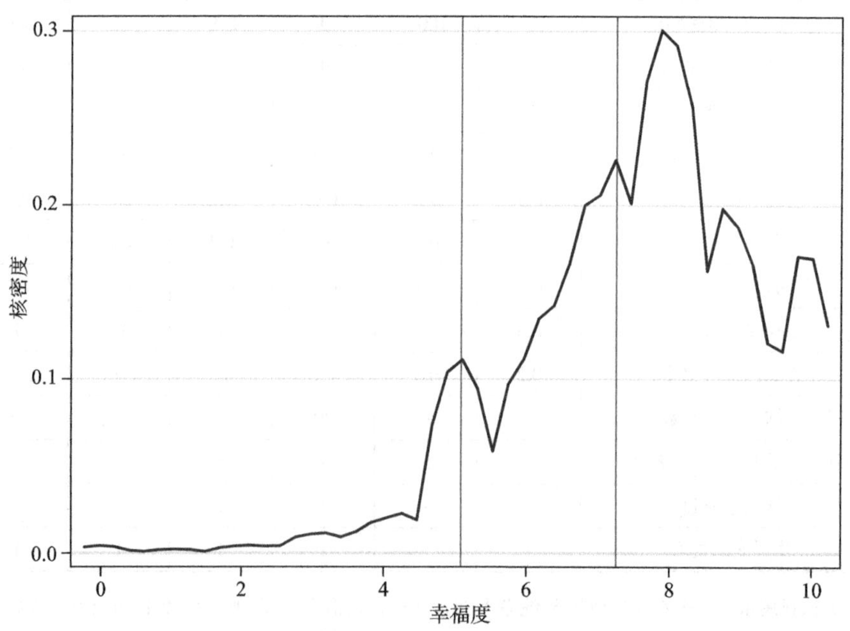

图4-7　家庭人均幸福度得分的核密度分布

表4-19　主观指标的相对贫困临界值

主观指标	城镇		乡村		全国	
	极端	一般	极端	一般	极端	一般
幸福感	5	7	5	7	5	7
满意度	3	4	3	4	3	4
信心度	3	4	3	4	3	4
价值观	2	3	2	3	2	3

至此，本书确定了新发展阶段家庭多维相对贫困识别指标体系中各指标的相对贫困标准线：一般相对贫困标准线和极端相对贫困标准线，表4-18是客观指标的相对贫困临界值，表4-19是主观指标的相对贫困临界值。下面通过这些指标的临界值识别出各单一指标的相对贫困人口和相对贫困发生率。

（三）相对贫困的综合识别结果

1. 一维相对贫困的识别结果

利用上文设置的相对贫困临界值可以对本书的样本家庭进行精准识别，识别出每个指标的极端相对贫困家庭和一般相对贫困家庭，识别的部分结果见附录一。表4-20给出了各贫困识别指标的极端相对贫困发生率和一般相对贫困发生率。在不同贫困标准线下城乡的贫困发生率不具有可比性，但有些福祉和发展指标，城乡的相对贫困标准相同，贫困发生率的计算结果可以反映出城乡的差异性。

表4-20　客观单个指标的相对贫困识别结果

指标	城镇		乡村		全国	
	极端贫困人口比/%	一般贫困人口比/%	极端贫困人口比/%	一般贫困人口比/%	极端贫困人口比/%	一般贫困人口比/%
家庭人均纯收入	0.095	0.315	0.203	0.318	0.149	0.306
家庭人均消费性支出	0.123	0.295	0.170	0.305	0.146	0.333

续表

指标	城镇		乡村		全国	
	极端贫困人口比/%	一般贫困人口比/%	极端贫困人口比/%	一般贫困人口比/%	极端贫困人口比/%	一般贫困人口比/%
家庭人均净资产	0.101	0.304	0.110	0.306	0.124	0.316
家庭人均耐用消费品总值	0.107	0.327	0.112	0.299	0.133	0.302
家庭人均净房产	0.103	0.313	0.110	0.310	0.120	0.334
家庭人均旅游支出	0.615	0.615	0.850	0.850	0.731	0.731
受教育水平	0.181	0.446	0.335	0.691	0.256	0.566
适龄儿童失学率	0.011	0.011	0.018	0.018	0.015	0.015
健康水平	0.086	0.322	0.080	0.354	0.083	0.338
慢性病比例	0.074	0.297	0.056	0.290	0.065	0.294
劳动力水平	0.202	0.358	0.165	0.313	0.185	0.337
劳动力失业率	0.080	0.258	0.066	0.258	0.073	0.257
医疗保险参保率	0.026	0.151	0.022	0.163	0.024	0.156
养老保险参保率	0.333	0.336	0.334	0.340	0.334	0.338
家庭人均工作小时数	0.148	0.291	0.135	0.282	0.141	0.286
使用互联网学习的频率	0.285	0.362	0.264	0.333	0.275	0.348
饮用水质量	0.122	0.122	0.354	0.354	0.241	0.241
炊用能源类型	0.105	0.105	0.444	0.444	0.272	0.272

城乡居民在“受教育水平”指标上的贫困发生率差异较为明显，农村家庭中，一般贫困（高中以下文化程度）的家庭比例仍然较高，达到了69.1%，极端贫困（初中以下文化程度）的家庭比例也达到了33.5%，而城镇居民家庭在两个文化水平的表现上分别对应44.6%和18.1%。而在健康、就业两个维度，城镇的相对贫困发生率高于农村；在“饮用水质量”和“炊用能源类型”两个指标上，农村的相对贫困发生率显著高于城镇。在“适龄儿童失学率”和“医疗保险参保率”两个指标上，农村和城镇的相对贫困发生率差异不明显，并且贫困发生率都较低。除此之外，值得关注的是，城乡居民家庭在“家庭人均旅游支出”“养老保险参保率”和“使用互联网学习的频率”等几

个指标上，相对贫困发生率相对较高，在扶贫工作中需要加强扶贫指导。

表4-21是城乡居民在主观态度指标上的相对贫困发生率。因为主观态度指标在城乡的相对贫困标准线上设置相同，所以城乡之间在主观态度指标上的相对贫困发生率具有可比性。从两个层次的相对贫困发生率大小来看，城乡之间差异不明显，但是除了幸福感指标的一般相对贫困发生率城镇略小于农村外，其余指标的相对贫困发生率城镇均高于农村。表明主观态度的积极认识并没有随物质增加而相应地得到提高。

表4-21　主观单一指标的相对贫困识别结果（单位：%）

主观指标	城镇		乡村		全国	
	极端贫困人口比	一般贫困人口比	极端贫困人口比	一般贫困人口比	极端贫困人口比	一般贫困人口比
幸福感	0.116	0.366	0.098	0.376	0.108	0.371
满意度	0.165	0.600	0.151	0.585	0.158	0.593
信心度	0.133	0.526	0.117	0.508	0.125	0.517
价值观	0.005	0.567	0.003	0.541	0.004	0.555

2.多维相对贫困的识别结果

在多维贫困识别方法的研究中，经常使用的是AF法。该方法在“一维贫困标准线z_j”的基础上，增加了第二个“临界值k”，即首先计算个体在每个维度上的剥夺得分g_{ij}后，通过比较个体在所有维度上的剥夺总分$g_i=\sum_j g_{ij}$与k的大小关系，识别个体的多维贫困状态，若$g_i \geqslant k$，个体表现为多维贫困，进一步有多维贫困指示函数$g_i(k)=1$；反之，则为非多维贫困，多维贫困指示函数$g_i(k)=0$。

利用AF法首先计算样本家庭的剥夺总分g_i，并对g_i按照从大到小排序，排在前面的家庭被剥夺的指标就越多，具体部分计算结果见附录二，一般相对贫困最大的剥夺维数是15个，极端相对贫困最大的剥夺维数是12个，都也存在维度指标没有被剥夺的家庭。图4–8（a）和图4–8（b）分别是根据一般相对贫困标准线和极端相对贫困标准线在不同k值时计算得到的贫困发生率。从一般相对贫困识别结果看，存在1个以上指标被剥夺的家庭比例占到了98.91%，存在10个以上指标被剥夺的家庭比例下降到了8.16%；而从极端相对贫困的识别结果看，存在1个以上指标被剥夺的家庭比例为91.57%，只有不到6%的家庭在7个以上指标被剥夺。表明绝大部分家庭不存在多个指标上的极端相对贫困，但存在多个指标上的一般相对贫困。

上述的多维相对贫困AF法识别主要有两点缺陷：一是各指标的隶属度函数只能识别样本家庭的非贫困和极端相对贫困或一般相对贫困状态，无法结合极端相对贫困和一般相对贫困标准实现对样本家庭的多种状态识别（非贫困、极端贫困和相对贫困）；二是对各指标的隶属度函数值进行综合时采用的是等权重法，忽视了各指标在多维贫困识别时的差别。本书构建的多维相对贫困的综合识别法弥补了AF法的以上两个缺点，能够基于绝对贫困和相对贫困的双重视角识别样本家庭的多种贫困状态，具体使用的计算公式见式（3–13）~（3–18）。部分识别结果详见附录三。

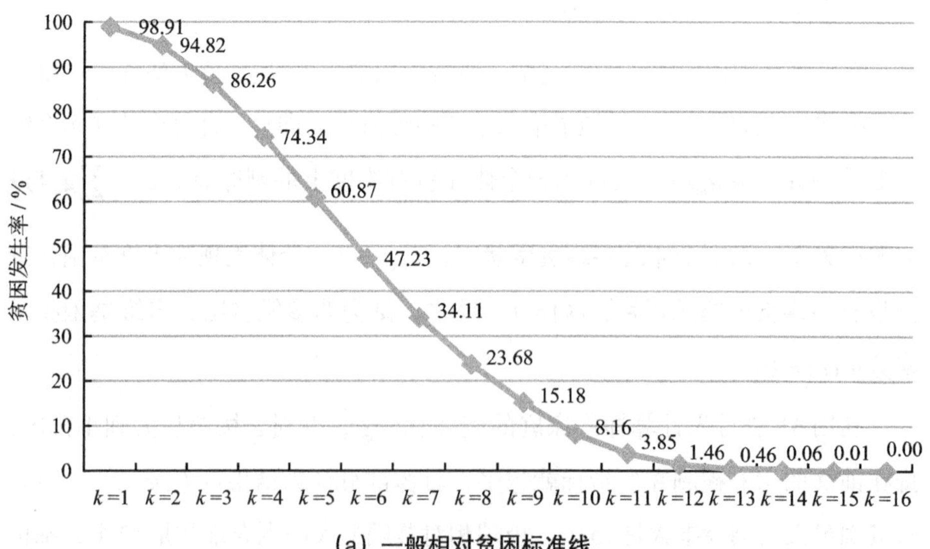

（a）一般相对贫困标准线

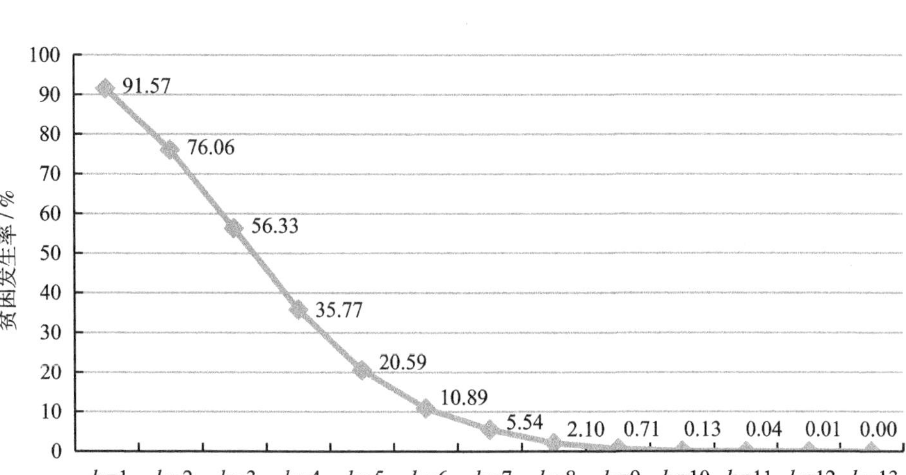

（b）极端相对贫困标准线

图4-8　AF法多维极端相对贫困识别结果

图4-9是综合隶属度的直方图和核密度曲线，用于反映样本家庭的多维相对贫困程度的分布。从分布形态看，近似正态分布，平均值为0.186，最大值为0.691，值越大多维相对贫困程度就越深。图4-10是综合隶属度的累积概率曲线，综合隶属度从0.0到0.3时，累积概率曲线的上升速度较快，从0.4以后，趋于平稳。经测算，综合隶属度大于等于0.3的家庭只占到了样本家庭的17.06%，超过0.6的家庭只占到了样本家庭的1%左右。

所以，根据综合隶属度的大小，可以得到不同分界线下的多维相对贫困家庭以及规模，图4-11是几个不同综合隶属度对应下的样本家庭数占比，各级扶贫单位可结合自身的扶贫能力灵活设置多维贫困分界线，从深到浅逐级实施贫困治理。

基于综合隶属度可以综合多维信息对家庭的贫困程度进行识别，便于对家庭进行综合排序，但是同时可以看到，综合隶属度函数掩盖了家庭被剥夺的维数信息，无法反映家庭被剥夺的维数，而从精准扶贫角度考虑，贫困程度越深，被剥夺维数越多的家庭应该优先得到扶持，所以，可以考虑多维相对贫困的综合识别法与AF法的结合使用。

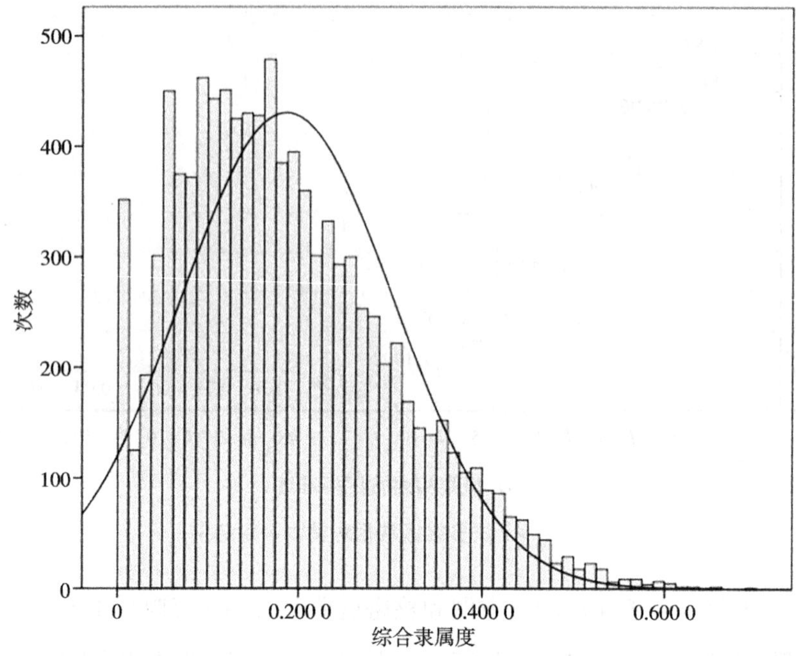

图4-9 综合隶属度的直方图和核密度曲线

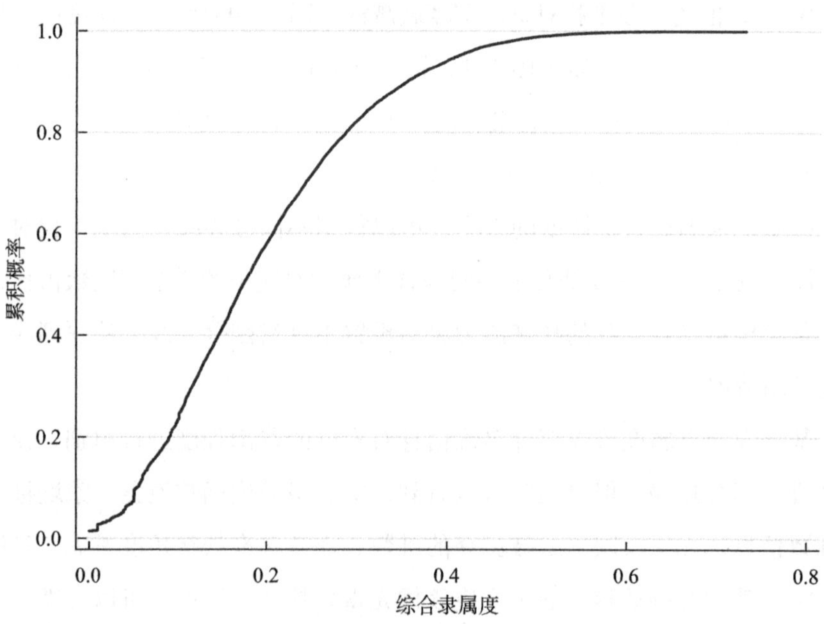

图4-10 综合隶属度的累计概率曲线

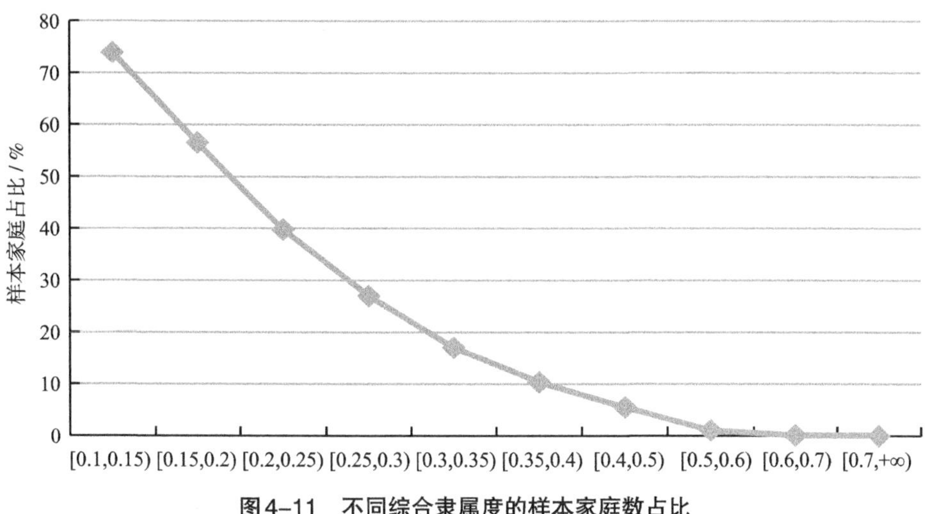

图4–11　不同综合隶属度的样本家庭数占比

三、中国相对贫困的变化趋势

上文利用本书构建的一维相对贫困识别方法和多维相对贫困识别方法，对CFPS 2018年的家庭数据进行了实证分析，得到了各微观家庭的贫困状态和相对贫困程度。为了进一步从宏观层面对中国居民家庭的相对贫困状况进行分析，本节利用了2010年、2012年、2014年、2016年、2018年的CFPS面板数据测算了中国居民家庭在收入指标和非收入指标上的相对贫困程度变化趋势。

（一）收入相对贫困的变化趋势

图4–12（a）~4.12（c）分别是全国、城镇和农村收入相对贫困的变化趋势图。L_1是极端相对贫困标准线下的贫困发生率，L_2是一般相对贫困标准线下的贫困发生率。

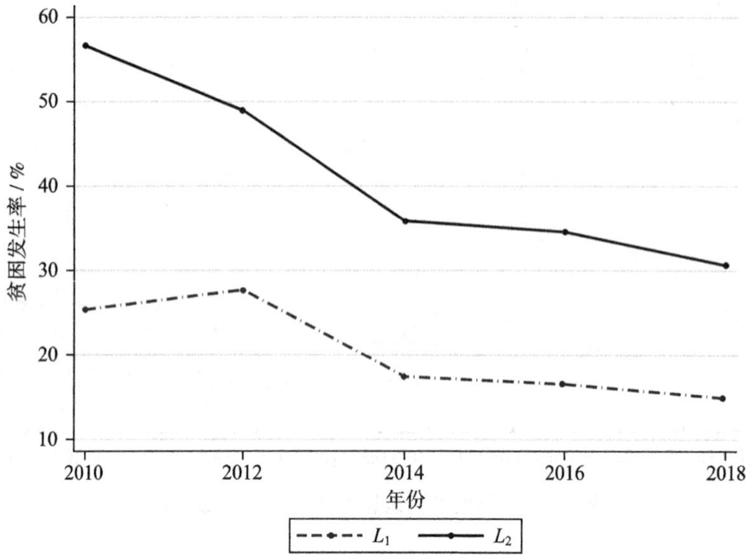

（a）全国

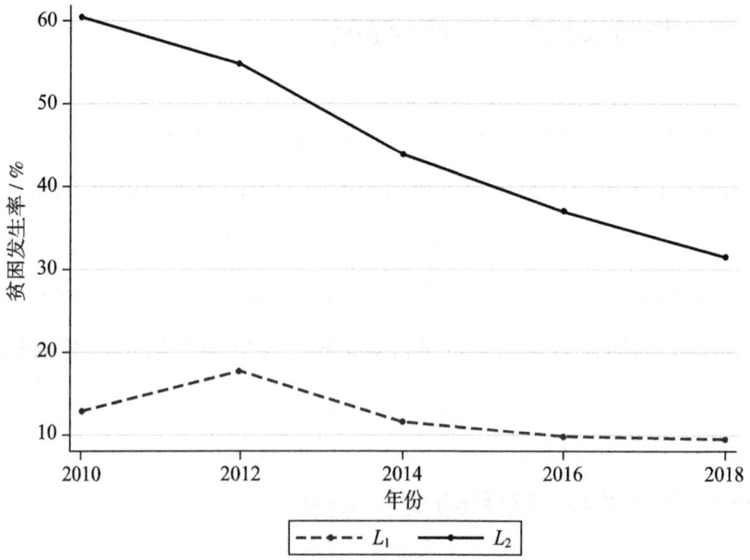

（b）城镇

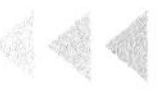

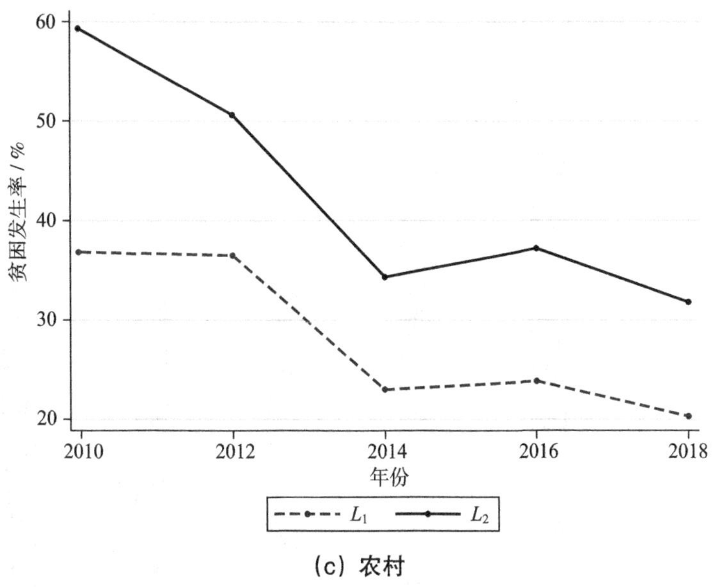

（c）农村

图4-12　收入相对贫困的变化趋势

从收入的一般相对贫困发生率看，2010—2018年，全国和城镇的一般相对贫困发生率呈明显下降趋势，农村在2016年有所上升后，2018年又趋于下降；从收入的极端相对贫困发生率看，2010—2018年，全国和城镇的极端相对贫困发生率在2012年波动上升以后开始下降，农村一直呈下降趋势。总体上看，基于收入测度的贫困发生率近年来一直呈下降趋势，人们的定基收入（以2010年为基期）绝对水平一直处于上升态势，对中国的贫困治理工作起到了基础支撑作用。

（二）多维相对贫困的变化趋势

图4-13是2010—2018年的多维相对贫困综合隶属度变化柱状图，图4-14是2010—2018年的多维相对贫困发生率变化趋势图。由于受每年调查指标的限制，2010年的CFPS数据库中只有本书构建指标中的10个指标，2012年有15个，2014年以后CFPS数据库中才有了本书所构建的所有指标。随着指标维

数的增加，无论是综合隶属度还是贫困发生率都呈现出了从下降到上升的变化趋势。

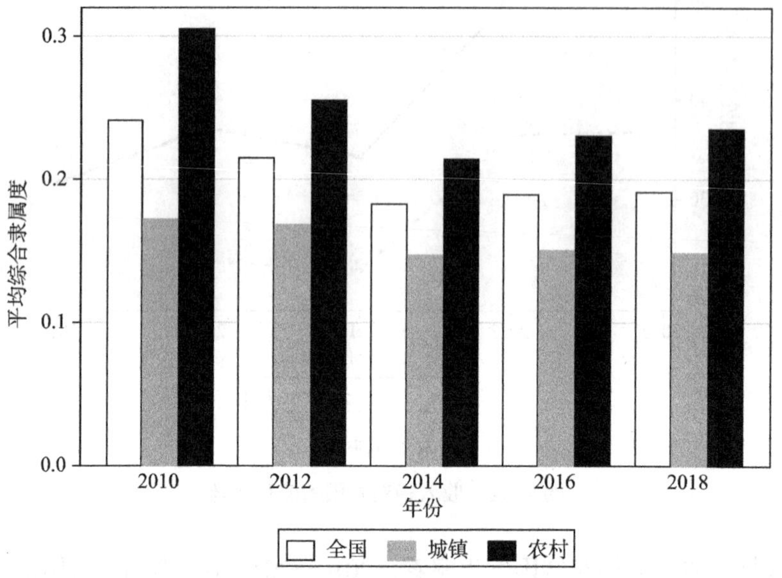

图4-13　多维相对贫困的综合隶属度趋势

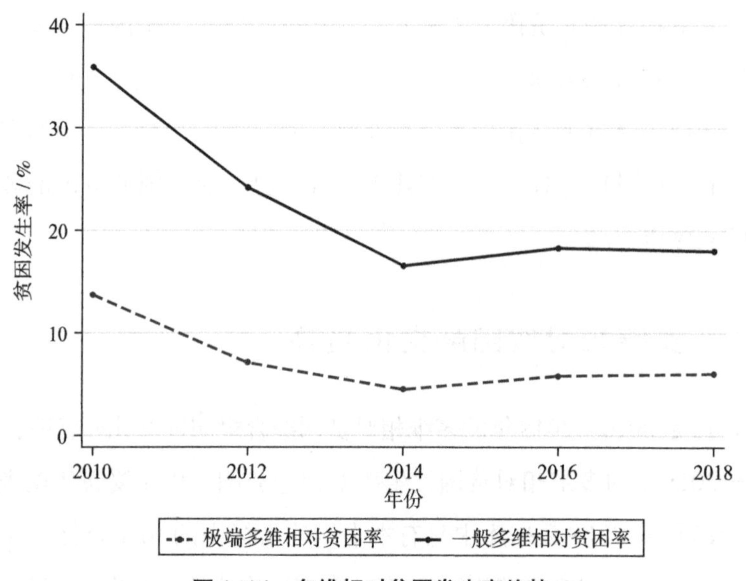

图4-14　多维相对贫困发生率趋势

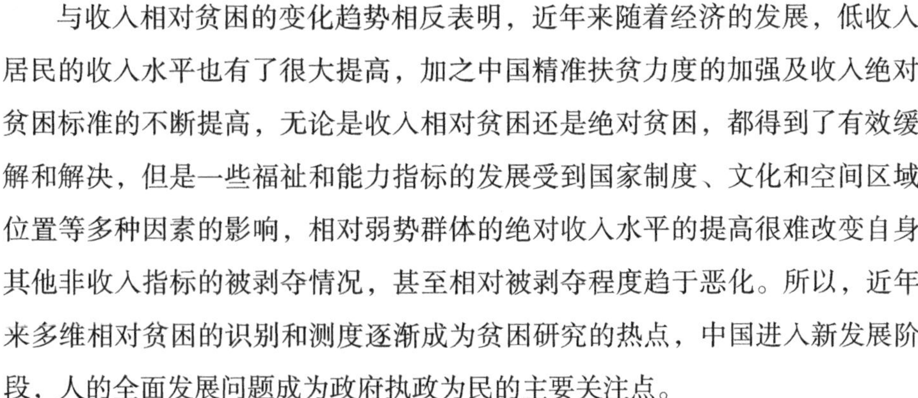

与收入相对贫困的变化趋势相反表明，近年来随着经济的发展，低收入居民的收入水平也有了很大提高，加之中国精准扶贫力度的加强及收入绝对贫困标准的不断提高，无论是收入相对贫困还是绝对贫困，都得到了有效缓解和解决，但是一些福祉和能力指标的发展受到国家制度、文化和空间区域位置等多种因素的影响，相对弱势群体的绝对收入水平的提高很难改变自身其他非收入指标的被剥夺情况，甚至相对被剥夺程度趋于恶化。所以，近年来多维相对贫困的识别和测度逐渐成为贫困研究的热点，中国进入新发展阶段，人的全面发展问题成为政府执政为民的主要关注点。

四、本章小结

本书构建的多维相对贫困主观识别法利用非参数统计中“秩”的概念，评价贫困户之间的相对贫困程度比利用绝对水平指标评价贫困户的贫困程度更容易实现和准确。首先，因为在贫困户的精准识别过程中，一些收入水平指标、消费水平指标、资产拥有量指标等信息，审核者或评价者不好判断，但对申请贫困的家庭户之间在这些指标上的排序情况容易确定；其次，根据构建的相对贫困主观识别指标体系提出的非监督学习评价模型，赋权合理，因果关系清晰，能够根据基层干部和代表群众的主观判断定量识别出贫困户的相对贫困程度；最后，通过监督学习神经网络模型，使用传播算法（Rprop）还可以准确的对贫困户的相对贫困程度作出预测，有助于对相对贫困户的持续扶持。

多维相对贫困综合识别法，从居民家庭的实际情况进行测度，定量识别居民家庭的多维相对贫困程度，实际计算结果为主观识别结果提高参考依据，是对多维相对贫困主观识别的有效监测，以确保居民家庭实际表现与家庭真实情况的一致性。所以，本书构建的相对贫困识别体系，不仅能够从微

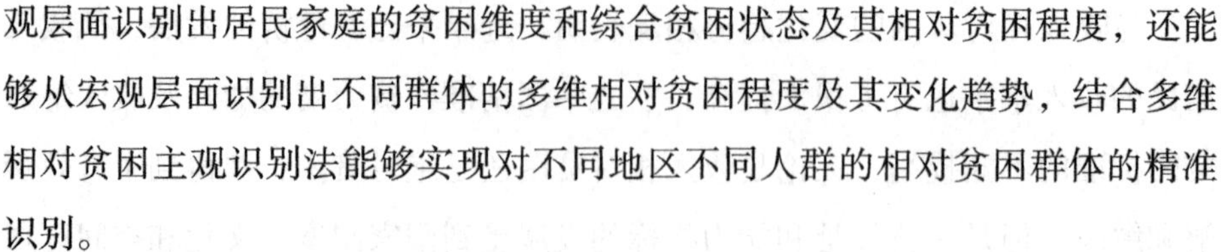

观层面识别出居民家庭的贫困维度和综合贫困状态及其相对贫困程度，还能够从宏观层面识别出不同群体的多维相对贫困程度及其变化趋势，结合多维相对贫困主观识别法能够实现对不同地区不同人群的相对贫困群体的精准识别。

第五章　中国相对贫困的测度

贫困的识别只能从微观视角对居民家庭的贫困状况和相对贫困程度进行考察，而中国地域辽阔，各区域各省份的经济社会发展情况差异较大，贫困规模、贫困程度和贫困原因可能各不相同，所以为了从宏观层面对各区域、各省份的绝对贫困返贫规模和相对贫困程度进行监测和测度，查找其原因，需要对新发展阶段中国相对贫困状况进行测度和分析。

在本章中使用的相对贫困测度指标体系和数据同第四章相同。在具体测算过程因主观指标的差异值不明显未被纳入相对贫困测度指数的计算中；另外在对多维综合指数进行测算和分解时，以CFPS 2018年的调查数据为例进行的测算，最终从2018年的数据库中以家庭为单位整合了多维贫困识别指标体系中对应的指标信息，经过整理和删除无效样本，最后从12 223个家庭样本中获得10 072个家庭样本，其中农村样本5124个，城镇样本4948个。

一、一维相对贫困的测度及变化

一维相对贫困的测度是多维相对贫困测度的基础，能够从各个指标测度各区域、各省份的相对贫困情况，而且采用不同的一维相对贫困测度指数能够比较各区域、各省份在不同相对贫困状况的差异性。

（一）一维相对贫困测度的结果

在第三章中已经论述一些关于一维相对贫困测度的指数，但都无法实现对具有绝对返贫风险人群的监测，也无法实现对相对贫困程度的测度，需要构建新的一维相对贫困测度指数。式（3-58）~（3-62）是针对不同指标类型改进后的一维指标相对贫困测度指数，类似FGT_1的定义，可以计算所有个体的平均剥夺得分：

$$\bar{\mu}_j = \frac{1}{N}\sum_{i=1}^{q}\mu_{ij} \tag{5-1}$$

其中，N是个体的总数；q是贫困个体的总数，包括绝对贫困个体数和相对贫困个体数。本书以家庭为测度对象，N和q分别表示样本家庭总数和贫困家庭总数，式（5-1）被称为一维相对贫困新指数。如果使用家庭所在位次对家庭的剥夺得分加权计算平均剥夺得分：

$$\bar{\mu}_j = \frac{\sum_{i=1}^{N}F(y_i)\,\mu_{ij}}{\sum_{i=1}^{N}F(y_i)} \tag{5-2}$$

其中，$F(y_i)$是按照y_i降序（正指标）或者升序（逆指标）排列后的秩；对于适度指标，$F(y_i)$是按照y_i到$\bar{y}$距离升序排列后的秩。式（5-2）被称为一维加权相对贫困新指数，下面在一维相对贫困测度指数的计算中，主要采用该指数测算各区域、各省份的相对贫困情况，受页面限制，文中未列示各省份在不同指标上的相对贫困指数，附录四给出了各省份在所有指标上的加权相对贫困新指数。

表5-1列示了各维度基于表4-7中的贫困标准线计算的H指数、FGT_1指数、相对贫困新指数和加权相对贫困新指数。贫困发生率仅能测度微观个体是否贫困（0代表不贫困，1代表贫困），对贫困的缺口无法度量；FGT_1指数不仅能够测度是否贫困，而且能够测度每个微观个体的贫困缺口，即对贫困状态取值为1的个体，进一步测量其表现值与贫困标准线的差距大小；相对贫困新指数，在FGT_1指数的基础上，进一步对贫困程度进行细分，对贫困状态取值为1的个体分成两个层次，第一层次落入绝对贫困线以下的个体，表

现值直接设置为1，对高于绝对贫困线低于相对贫困线的个体，定义其值在0和1之间，越接近绝对贫困线的表现值越接近1，越接近相对贫困线的表现值越接近0。所以，在计算结果表现上，相对贫困新指数在FGT_1指数和H指数之间，其优势在于不仅能够对绝对贫困的状态进行测度，而且能够对相对贫困的贫困程度进行度量。

表5-1　一维相对贫困指数

指标	H指数	FGT_1指数	相对贫困新指数	加权相对贫困新指数
家庭人均纯收入	0.306	0.167	0.229	0.404
家庭人均消费性支出	0.333	0.174	0.232	0.407
家庭人均净资产	0.316	0.193	0.210	0.372
家庭人均耐用品消费总值	0.302	0.170	0.205	0.366
家庭人均净房产	0.334	0.207	0.236	0.413
家庭人均旅游支出	0.731	0.731	0.731	0.929
受教育水平	0.566	0.220	0.525	0.774
适龄儿童失学率（-）	0.015	0.005	0.005	0.010
健康水平（-）	0.338	0.138	0.169	0.303
慢性病比例（-）	0.294	0.115	0.141	0.257
劳动力水平	0.337	0.029	0.058	0.111
劳动力失业率（-）	0.257	0.183	0.171	0.310
医疗保险参保率	0.152	0.051	0.097	0.181
养老保险参保率	0.347	0.333	0.335	0.555
家庭人均工作小时数（-）	0.286	0.053	0.197	0.253
使用互联网学习的频率（-）	0.348	0.081	0.285	0.318
饮用水质量	0.241	0.247	0.241	0.433
炊用能源类型	0.272	0.272	0.272	0.486

表5-1的最后一列是加权相对贫困新指数，H指数、FGT_1指数和未加权相对贫困新指数在计算时没有考虑微观个体的权重，默认为每个微观个体对指数的贡献相同。加权相对贫困新指数在指数计算时对微观个体采用了非等

权重加权，权重为微观个体的逆位序，越贫困，权重就越大，在数值表现上，对取值为1和越靠近1的数值赋权就越大，所以加权相对贫困新指数对绝对贫困和深度相对贫困的个体数量较敏感，绝对贫困和深度相对贫困的个体越多，加权相对贫困新指数增长的就越快。下面仅利用加权相对贫困新指数测度中国城乡和不同区域的相对贫困水平。

表5-2是各维度在城乡两个区域上的加权相对贫困新指数。从指数大小来看，城镇在大多数指标上的指数都小于乡村，只有在“慢性病比例”“劳动力失业率”“家庭人均工作小时数”和“使用互联网学习的频率”四个指标上略大于乡村，表明城镇家庭相对贫困情况要好于农村。不过通过对比和指数本身的大小来看，城镇家庭在“受教育水平”“养老保险参保率”“家庭人均旅游支出”几个指标上的相对贫困程度较高；在“健康”“就业”和“休闲”几个维度上的相对贫困程度要高于农村，这些维度指标成为城镇居民相对差异的主要方面。与城镇显著不同的是，农村家庭不仅在“收入”维度指标上的相对贫困程度较高，而且在生活质量维度指标“饮用水质量”和“炊用能源类型”上的相对贫困程度也较高，表明很多农村贫困家庭的收入仍然较低，饮用水的质量和炊用能源的使用也存在很大问题。

表5-2　一维相对贫困指数（分城乡）

指标	城镇	乡村	全国
家庭人均纯收入	0.319	0.456	0.404
家庭人均消费性支出	0.353	0.442	0.407
家庭人均净资产	0.281	0.428	0.372
家庭人均耐用消费品总值	0.290	0.419	0.366
家庭人均净房产	0.265	0.498	0.413
家庭人均旅游支出	0.877	0.958	0.929
受教育水平	0.704	0.822	0.774
适龄儿童失学率（-）	0.006	0.016	0.010
健康水平（-）	0.284	0.326	0.303

续表

指标	城镇	乡村	全国
慢性病比例（–）	0.264	0.249	0.257
劳动力水平	0.106	0.115	0.111
劳动力失业率（–）	0.326	0.294	0.310
医疗保险参保率	0.180	0.183	0.181
养老保险参保率	0.562	0.547	0.555
家庭人均工作小时数（–）	0.256	0.250	0.253
使用互联网学习的频率（–）	0.333	0.302	0.318
饮用水质量	0.256	0.571	0.433
炊用能源类型	0.235	0.643	0.486

表5-3是分区域的一维相对贫困新指数。东、中、西三个区域在不同指标上的相对贫困指数表现出差异性，中部地区在“家庭人均消费性支出”“家庭人均净资产”“家庭人均耐用消费品总值”和“受教育水平”几个指标上的相对贫困指数较小；西部地区在“慢性病比例”“劳动力失业率”“医疗保险参保率”“养老保险参保率”“家庭人均工作小时数”“使用互联网学习的频率”几个指标上的相对贫困指数较小。东、中、西三个地区在不同指标上的相对贫困程度差异性表明经济发展不能缓解人们在所有指标的相对差距，而且随着经济水平的提高，人们在一些福祉和发展类指标的差异程度可能在增大。

表5-3　一维相对贫困指数（分区域）

指标	东部	中部	西部
家庭人均纯收入	0.377	0.378	0.454
家庭人均消费性支出	0.402	0.393	0.426
家庭人均净资产	0.342	0.332	0.437
家庭人均耐用消费品总值	0.363	0.350	0.385
家庭人均净房产	0.369	0.375	0.490
家庭人均旅游支出	0.909	0.928	0.950
受教育水平	0.769	0.747	0.804

续表

指标	东部	中部	西部
适龄儿童失学率（–）	0.005	0.009	0.021
健康水平（–）	0.289	0.308	0.320
慢性病比例（–）	0.267	0.261	0.242
劳动力水平	0.092	0.111	0.137
劳动力失业率（–）	0.314	0.347	0.267
医疗保险参保率	0.203	0.180	0.155
养老保险参保率	0.616	0.561	0.453
家庭人均工作小时数（–）	0.252	0.260	0.250
使用互联网学习的频率（–）	0.334	0.320	0.295
饮用水质量	0.390	0.462	0.463
炊用能源类型	0.368	0.447	0.644

（二）一维相对贫困指数的变化趋势

截面数据只能展示当前各区域、各省份在各指标上的相对贫困程度，从时间维度分析各指标的相对贫困指数的变化趋势，有助于进一步探究经济社会发展中存在的不平衡问题。

因为本书所构建的指标在CFPS数据库中没有被完整采集，除了2018年，其他年份的一些指标的贫困指数存在空缺，详细结果见表5–4。从各指标的贫困指数变化大小看，大多数指标的贫困指数随着年份呈下降趋势，表明家庭之间的相对贫困程度在逐年好转，但是也有几个指标的贫困指数在上升。“受教育水平”指标从2014年以后贫困指数呈上升趋势；健康维度的两个指标“健康水平”和“慢性病比例”的相对贫困指数出现了波动上升；就业维度的相对贫困指数也波动上升。从时间视角考察各指标的相对贫困指数的变化，有助于发现经济社会发展过程中的薄弱环节，为制定人的全面发展策略指引方向。

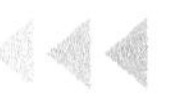

表5-4　一维相对贫困指数的变化趋势

指标	2010年	2012年	2014年	2016年	2018年
家庭人均纯收入	0.657	0.600	0.454	0.423	0.404
家庭人均消费性支出	0.744	0.594	0.424	0.348	0.407
家庭人均净资产	0.671	0.563	0.483	0.478	0.372
家庭人均耐用消费品总值		0.471	0.425	0.409	0.366
家庭人均净房产	0.723	0.662	0.610	0.584	0.413
家庭人均旅游支出		0.981	0.965	0.943	0.929
受教育水平	0.894	0.823	0.721	0.765	0.774
适龄儿童失学率（-）		0.014	0.011	0.014	0.010
健康水平（-）		0.292	0.249	0.234	0.303
慢性病比例（-）	0.241	0.192	0.231	0.224	0.257
劳动力水平		0.000	0.001	0.001	0.111
劳动力失业率（-）		0.139	0.276	0.300	0.310
医疗保险参保率		0.444	0.357	0.294	0.181
养老保险参保率					0.555
家庭人均工作小时数（-）			0.273	0.392	0.253
使用互联网学习的频率（-）			0.428	0.478	0.318
饮用水质量	0.640	0.605	0.540	0.448	0.433
炊用能源类型	0.724	0.638	0.621	0.533	0.486

二、多维相对贫困的测度与分解

一维相对贫困的测度无法全面反映相对贫困的综合情况，多维相对贫困的测度能够抓住主要信息反映区域居民家庭的综合相对贫困程度，通过进一步的指数分解，能够探索多维相对贫困的各方面原因。本小节的实证分析以农村家庭样本为例，进行多维相对贫困的测度与分解，类似可以得到城镇家庭样本的实证分析结果。

（一）指标权重和临界值的计算

指标权重和临界值的计算是进行多维相对贫困测度和分解的基础，对多维贫困指数和贫困归因分析的合理性产生重要影响。

1.指标权重的计算

多维贫困测度过程中，在计算个体在所有指标上的综合加权剥夺得分时，需要对每个维度和指标进行赋权。从已有的赋权方法看主要分为两种，一种是等权重赋权法，主要沿用了AF的做法；另一种是非等权重赋权法，主要有贫困发生率赋权法、主成分法、熵值法、层次分析法等。虽然非等权重赋权法相比等权重赋权法，考虑到了不同贫困识别指标的差异，但随着多维贫困识别指标数量的增加，不可避免地会产生指标之间的信息重叠，从而影响指标识别和测度贫困的能力，尤其在本书指标体系的设置中，多数维度下都设置了多个测度指标，指标之间的信息重叠可能会更加严重，因此，为了改进等权重赋权法和非等权赋权法的这一缺陷，本书基于指标的信息量和判别力两个方面对指标的权重进行改进，在计算综合指数时采用了合成系数加权法，具体改进过程详见第三章式（3-64）~式（3-66），为了说明该加权方法的合理性，与贫困发生率赋权法和主成分综合法的计算结果进行了比较，详见表5-5。

表5-5　合成系数与贫困率加权系数、主成分加权系数的比较

指标	相对贫困发生率加权系数	综合主成分加权系数	信息量系数	判别力系数	合成系数（归一化）
家庭人均纯收入	0.055	0.071	1.000	0.761	0.061
家庭人均消费性支出	0.056	0.071	0.956	0.754	0.058
家庭人均净资产	0.061	0.065	0.896	0.773	0.056
家庭人均耐用品消费总值	0.059	0.082	0.839	0.787	0.053
家庭人均净房产	0.062	0.067	0.407	0.747	0.024
家庭人均旅游支出	0.009	0.062	0.891	0.267	0.019

续表

指标	相对贫困发生率加权系数	综合主成分加权系数	信息量系数	判别力系数	合成系数（归一化）
受教育水平	0.040	0.059	0.892	0.474	0.034
适龄儿童失学率（-）	0.122	0.049	0.999	0.995	0.080
健康水平（-）	0.072	0.051	0.999	0.794	0.064
慢性病比例（-）	0.079	0.030	0.912	0.825	0.060
劳动力水平	0.049	0.051	0.996	0.910	0.073
劳动力失业率（-）	0.076	0.049	0.993	0.804	0.064
医疗保险参保率	0.055	0.046	0.987	0.861	0.068
养老保险参保率	0.032	0.057	0.931	0.664	0.050
家庭人均工作小时数（-）	0.057	0.052	0.994	0.881	0.070
使用互联网学习的频率（-）	0.038	0.048	0.972	0.834	0.065
饮用水质量	0.041	0.057	0.946	0.752	0.057
炊用能源类型	0.038	0.034	0.786	0.716	0.045

表5-5利用农村家庭样本，给出了合成系数与其他两种权重计算结果的比较，其中，根据贝蒂（Betti）和韦尔马（Verma）对贫困发生率加权系数的定义[206]：$\omega_j = \log(1/\ln f_j)(f_j > 0\ \ j = 1,2,\cdots,m)$，$f_j$为贫困发生率，权重值的大小与贫困发生率直接相关，贫困发生率较大的指标赋予较小权重，贫困发生率较小的指标赋予较大权重，具有一定的合理性，但忽略了指标本身对贫困个体的区分度，使得对于一些贫困发生率过大或过小的指标，采用此种赋权法会过于夸大或忽略其指标的重要性，像“适龄儿童失学率”指标，新发展阶段的贫困发生率已较小，应当在多维贫困识别过程中给予该指标较大权重，有助于识别那些仍然在该指标上发生贫困的个体，贫困发生率加权系数法赋予了这个指标“0.122”的权重，远高于其他指标；而像“家庭人均旅游支出”指标，贫困发生率较高，大多数个体在该指标上都表现出了相对贫困，应当在多维贫困识别过程中给予该指标较小权重，贫困发生率加权系数法赋予了这个指标“0.009”的权重，远低于其他指标。合成系数法弥补了贫困发

生率加权系数法的这一缺陷，对这两个指标过大和过小的赋权进行了调整，修正后的权重分别为“0.080”和“0.019”，仍然是在所有指标中一个权重最大，一个最小，但缩小了与其他指标的过分差异。综合主成分加权系数法虽然能够赋予区分度（方差贡献率）高的指标较大权重，但会通过方差贡献率权重加强对强相关性指标重叠信息的提取，减小其他次要指标对剥夺得分的贡献，像“家庭人均消费性支出”“家庭人均净资产”“家庭人均旅游支出”“家庭人均耐用品消费总值”“家庭人均净房产”等指标与“家庭人均纯收入”指标都具有较高的相关性，综合主成分加权系数法都赋予了这些指标较高的权重，而合成系数法是从个体指标独立携带的信息量和方差贡献两个方面构建指标权重，实现了对这些强相关性指标赋值的差异化，同样弥补了综合主成分加权系数法的上述缺陷。

2.指标临界值和贫困发生率

表5-6给出了各指标的绝对贫困线和相对贫困线，以及对应下的贫困发生率。贫困线临界值主要根据指标的核密度函数，并参照了国家绝对贫困线和相对贫困线设置原则，确定了一个低值和高值，用于反映个体在该一维指标下的绝对贫困和相对贫困状况，由于篇幅问题，各指标的核密度图未在文中列出。在18个指标中，只有“适龄儿童失学率”“饮用水质量”和“炊用能源类型”3个指标的绝对贫困线和相对贫困线设置得一样，主要是因为这三个指标是“有无”指标，在新发展阶段下，只有“有无”之分，没有程度之别，存在适龄儿童失学、没有清洁水源和燃料可用的家庭都将视为在该指标上绝对贫困，从具体数据来看，存在适龄儿童失学的农村居民家庭已很少，但有相当一部分农村居民家庭还没有用上清洁水源和燃料。其他15个指标都设置了两条高低不同的贫困线，从各指标的贫困发生率看，当前农村不仅存在着大规模的相对贫困居民家庭，而且在一些指标上也存在着一些具有绝对贫困返贫风险的家庭，特别是在“家庭人均旅游支出”“受教育水平”“养老

保险参保率”和“互联网学习的频率”4个指标的表现上，绝对贫困发生率仍较高。这从侧面反映出当前农村存在着相当大一部分在可行能力、社会保障和休闲娱乐等方面处于相对劣势地位的居民家庭。

表5-6　各指标临界值和贫困发生率

指标	临界值		贫困发生率	
	绝对贫困线	相对贫困线	绝对贫困线	相对贫困线
家庭人均纯收入	3000	5000	20.3%	31.8%
家庭人均消费性支出	3000	5000	17.0%	30.5%
家庭人均净资产	5000	25000	11.0%	30.6%
受教育水平	9	12	33.5%	69.1%
适龄儿童失学率（-）	0	0	1.8%	1.8%
健康水平（-）	0.6	0.2	8.0%	35.4%
慢性病比例（-）	0.6	0.2	5.6%	29.0%
劳动力水平	0.1	0.2	16.5%	31.3%
劳动力失业率（-）	0.6	0.1	6.6%	25.8%
使用互联网学习的频率（-）	7	5	26.4%	33.3%
医疗保险参保率	0.5	1	2.3%	18.6%
养老保险参保率	0.1	0.2	33.4%	34.0%
家庭人均工作小时数（-）	70	55	13.5%	28.2%
家庭人均旅游支出	0	500	85.0%	95.6%
家庭人均耐用品消费总值	100	700	11.2%	29.9%
家庭人均净房产	4000	15000	11.0%	31.0%
饮用水质量	1	1	35.4%	35.4%
炊用能源类型	1	1	44.4%	44.4%

（二）多维相对贫困综合指数的测度结果

使用式（3-69）~式（3-73）基于贫困率加权法、综合主成分加权法和合成系数法对CFPS 2018中5213个农村家庭样本的多维贫困情况进行测算，得到在三种不同加权和对应K区间下的贫困发生率$\tilde{H}\left(K_1\right)\left[H\left(K_1\right)\right]$、贫困家庭的加权平均被剥夺程度$\tilde{A}(K_1)[A(K_1)]$和多维加权贫困综合指$\tilde{M}_0(K_1)[M_0(K_1)]$，具体测算结果见表5–7a和表5–7b（第一行为$K_1$值，第二行为$K_2$值，下同）。

表5–7a　三种赋权方法在不同K区间下的多维贫困指数（个体未加权）

加权方法	贫困指数	0.1	0.2	0.3	0.4	0.5	0.6	0.7	0.8
		0.3	0.4	0.5	0.6	0.7	0.8	0.9	1
贫困率加权法	$H(K_1)$	0.739	0.398	0.171	0.055	0.011	0.001	0.000	0.000
	$A(K_1)$	0.568	0.477	0.391	0.294	0.239	0.151		
	$M_0(K_1)$	0.419	0.190	0.067	0.016	0.003	0.000	0.000	0.000
综合主成分加权法	$H(K_1)$	0.850	0.589	0.325	0.153	0.055	0.011	0.001	0.000
	$A(K_1)$	0.691	0.579	0.510	0.424	0.310	0.203	0.097	
	$M_0(K_1)$	0.587	0.341	0.166	0.065	0.017	0.002	0.000	0.000
合成系数法	$H(K_1)$	0.798	0.454	0.187	0.055	0.010	0.001	0.000	0.000
	$A(K_1)$	0.587	0.465	0.375	0.282	0.198	0.082		
	$M_0(K_1)$	0.469	0.211	0.070	0.016	0.002	0.000	0.000	0.000

对比个体加权［表5–7（b）］与个体未加权［表5–7（a）］的测算结果可以看出，各个体加权的指数均大于未加权的指数，指数区间也显著变大，主要原因是指数越大的家庭被赋予的权重就越大，使得加权后的总指数变大，表明加权后的指数变化对贫困更加敏感。个体加权结果［表5–7（b）］显示，当K区间由[0.1,0.3]上升到[0.6，0.8]时，综合主成法测算的综合指数$\tilde{M}_0(K_1)$由0.870 4下降到0.006 5；贫困发生率指数$\tilde{H}(K_1)$由0.990 2下降到0.032 9；平均被剥夺程度指数$\tilde{A}(K_1)$由0.879 0下降到0.198 6，在三种不同加权测算结果中表现值最大，下降速度最慢。与之相比，贫困率加权法的测算结果表现为数值最小，下降速度居中；合成系数加权法的测算结果表现为数值居中，下降速度最快。总体来看，随着测度贫困指标的增加，贫困发生率、平均被剥

夺程度和综合贫困指数都呈现下降的趋势，说明农村居民家庭出现多个维度贫困的比例会随着维度的增加而下降；进一步，通过三者计算结果的比较可以看出合成系数加权法对贫困的敏感性更大，更有利于对多维贫困家庭的识别，这在一定程度上验证了本书理论测算模型的优势。

表5-7b 三种赋权方法在不同K区间下的多维贫困指数（个体加权）

加权方法	贫困指数	0.1	0.2	0.3	0.4	0.5	0.6	0.7	0.8
		0.3	0.4	0.5	0.6	0.7	0.8	0.9	1
贫困率加权法	$\tilde{H}(K_1)$	0.967 5	0.734 6	0.392 7	0.140 2	0.025 9	0.001 9	0.000 0	0.000 0
	$\tilde{A}(K_1)$	0.743 5	0.560 0	0.415 0	0.284 6	0.202 8	0.122 5	0.000 0	0.000 0
	$\tilde{M}_0(K_1)$	0.719 3	0.411 4	0.163 0	0.039 9	0.005 3	0.000 2	0.000 0	0.000 0
综合主成分加权法	$\tilde{H}(K_1)$	0.990 2	0.900 1	0.652 4	0.369 6	0.150 1	0.032 9	0.002 6	0.000 0
	$\tilde{A}(K_1)$	0.879 0	0.719 0	0.586 2	0.458 1	0.322 3	0.198 6	0.097 1	0.000 0
	$\tilde{M}_0(K_1)$	0.870 4	0.647 2	0.382 4	0.169 3	0.048 4	0.006 5	0.000 3	0.000 0
合成系数加权法	$\tilde{H}(K_1)$	0.979 8	0.788 9	0.430 7	0.146 0	0.029 1	0.002 3	0.000 0	0.000 0
	$\tilde{A}(K_1)$	0.774 8	0.565 6	0.412 0	0.298 8	0.206 2	0.082 4	0.000 0	0.000 0
	$\tilde{M}_0(K_1)$	0.759 2	0.446 2	0.177 4	0.043 6	0.006 0	0.000 2	0.000 0	0.000 0

（三）多维相对贫困综合指数的分解

按照贫困指数分解理论，可以对多维相对贫困综合指数按照贫困程度、地区和指标进行分解，以考察各地区处于绝对贫困边缘人群的规模和相对贫困程度，以及分析产生贫困的主要原因有哪些。

1.按照贫困程度分解

利用式（3-72），按照贫困程度对多维贫困综合指数进行分解，得到在不同对阈值K_1、K_2下的多维绝对贫困综合指数$\tilde{M}_0(K_2)$和多维相对贫困综合指数$\tilde{M}_0\left(K_1,K_2\right)$，具体分解结果见表5-8。

从表5-8可以看出，随着K值的增大，多维绝对贫困综合指数比多维相对贫困综合指数减小的速度快，表明随着维度的增加，发生多维绝对贫困的家庭数量在迅速减少，在调查的样本家庭中不存在同时在9个以上指标同时发生多维绝对贫困的家庭。另外，从多维绝对贫困程度与多维相对贫困程度对多维贫困程度的贡献看，随着贫困维度的增加，多维相对贫困程度对多维贫困程度的贡献率迅速增大，这表明，在新发展阶段下基于多维视角识别和测度农村居民家庭的相对贫困将成为农村居民家庭贫困研究的重点。

表5-8　不同对阈值K_1、K_2下的多维绝对贫困综合指数和多维相对贫困综合指数

贫困指数（占比）	0.1	0.2	0.3	0.4	0.5	0.6
	0.3	0.4	0.5	0.6	0.7	0.8
$\tilde{M}_0(K_2)$	0.431 0	0.146 9	0.029 1	0.002 3	0.000 0	0.000 0
$\tilde{M}_0(K_1,K_2)$	0.328 2	0.299 3	0.148 3	0.041 4	0.006 0	0.000 2
$\tilde{M}_0(K_1)$	0.759 2	0.446 2	0.177 4	0.043 6	0.006 0	0.000 2
$\tilde{M}_0(K_1,K_2)/\tilde{M}_0(K_1)$	43.23%	67.08%	83.60%	94.95%	100.00%	100.00%

注：在实际的测算中，综合剥夺得分小于0.1的家庭只有2%，大于0.8的家庭不足1%，所以对两端极少部分家庭的测算结果没有显示，把K的取值限定在0.1~0.8，并且为了能够使适宜规模的多维相对贫困群体参与多维贫困指数计算，设定每对阈值K_1、K_2的差距为0.2。

2. 按照省份分解

利用式（3-73）~式（3-74)，每一组K值都对应着一个样本分解结果，参照联合国的K值使用标准，在多维贫困测度中使用$K\geqslant0.3$，结合本书K值的内涵和样本家庭的代表性，本书以K_1=0.2、K_2=0.4为例对贫困指数按子样本省份分解。使用合成系数加权法对各省份的多维贫困综合指数进行测算，结果见表5-9。总体来看，东北三个省份吉林、黑龙江和辽宁的多维贫困指数较高；西部省份陕西、重庆、四川的多维贫困指数次之；东部沿海省份上海、江苏、浙江的多维贫困指数最小。农村居民家庭的贫困指数呈现出东低、西高、东北最高的贫困局面，这与多维贫困程度与经济发展水平存在一定关系的基本规律相吻合，经济发展水平较高的省份在收入、医疗、教育、社会保障方面的公共服务均等化程度较高，反映在多维贫困指数上理应较小。

表5–9　各省份的多维贫困综合指数及其贡献率

省份	多维加权贫困综合指数		多维加权相对贫困综合指数		多维加权绝对贫困综合指数	
	$\tilde{M}_0(K_1)$	贡献率	$\tilde{M}_0(K_1,K_2)$	贡献率	$\tilde{M}_0(K_2)$	贡献率
河北	0.467 0	0.068 4	0.296 3	0.062 9	0.170 7	0.087 9
山西	0.473 9	0.055 2	0.272 6	0.044 3	0.201 4	0.097 3
辽宁	0.532 6	0.125 7	0.320 5	0.104 2	0.212 1	0.219 0
吉林	0.641 5	0.033 7	0.370 0	0.024 7	0.271 5	0.079 8
黑龙江	0.509 9	0.019 4	0.379 5	0.021 9	0.130 5	0.013 3
上海	0.084 3	0.001 1	0.084 3	0.001 9	0.000 0	0.000 0
江苏	0.177 7	0.002 4	0.124 9	0.002 8	0.052 8	0.000 8
浙江	0.184 3	0.004 2	0.153 3	0.006 0	0.031 0	0.000 5
安徽	0.396 9	0.009 8	0.194 5	0.006 7	0.202 4	0.020 8
福建	0.406 7	0.012 9	0.248 4	0.011 6	0.158 4	0.016 4
江西	0.397 6	0.027 5	0.252 8	0.026 1	0.144 8	0.029 9
山东	0.444 2	0.048 3	0.286 9	0.045 9	0.157 4	0.055 5
河南	0.390 3	0.100 4	0.268 7	0.106 2	0.121 6	0.078 4
湖北	0.218 9	0.003 7	0.176 5	0.005 0	0.042 4	0.000 6
湖南	0.447 0	0.018 2	0.305 8	0.018 7	0.141 2	0.016 7
广东	0.437 9	0.071 9	0.281 9	0.068 3	0.156 0	0.082 3
广西	0.506 5	0.029 8	0.313 0	0.026 0	0.193 4	0.045 4
重庆	0.470 7	0.011 0	0.440 4	0.017 4	0.030 2	0.000 4
四川	0.497 9	0.072 2	0.340 4	0.072 7	0.157 5	0.074 1
贵州	0.410 2	0.043 2	0.335 8	0.057 3	0.074 4	0.012 0
云南	0.313 4	0.025 3	0.269 1	0.036 2	0.044 3	0.003 3

续表

省份	多维加权贫困综合指数		多维加权相对贫困综合指数		多维加权绝对贫困综合指数	
	$\tilde{M}_0(K_1)$	贡献率	$\tilde{M}_0(K_1,K_2)$	贡献率	$\tilde{M}_0(K_2)$	贡献率
陕西	0.534 3	0.032 3	0.368 3	0.032 5	0.165 9	0.034 3
甘肃	0.446 2	0.185 3	0.315 8	0.199 4	0.130 4	0.145 6

注：北京、天津、内蒙古、海南、西藏、青海、宁夏、新疆等几个省份的样本量均小于30，故在测算过程中被剔除。

但也有个别省份的表现与一般规律不一致。广东省在2018年的人均生产总值排名为全国第七位，但广东省农村居民家庭的多维贫困程度较高；而相对经济水平差一些的湖北省，2018年的人均生产总值排在全国第十位，但农村居民家庭的多维贫困程度较低，仅次于上海、江苏、浙江。此外，云南相比自身的经济发展水平，多维贫困程度也较低，2018年云南省的人均生产总值排名为全国第二十七位，而农村居民家庭的多维贫困指数较小，多维贫困指数总体表现排在了第五位，仅次于湖北。个别省份农村居民家庭多维贫困表现与经济发展水平不一致表明，不像绝对贫困，在考虑绝对贫困的同时考虑相对贫困，农村居民家庭多维贫困程度不仅与经济发展有关，也在一定程度上与当地的社会文化环境和贫困治理的速度有关。

除此之外，本书所建模型的另外一个突出优势是，不仅能够测算区域的整体贫困状况，还可以比较不同区域之间在绝对贫困和相对贫困上差异，用于考察各区域相对贫困状况的同时，兼顾对区域绝对贫困的关注，以监测区域脱贫人群和边缘人群可能返贫的规模，为区域进行相对贫困治理提供依据的同时，防止脱贫人群和边缘人群大规模返贫。如图5-1所示，给出了各省份在绝对贫困综合指数和相对贫困综合指数上的分布情况，并对分布区域进行了象限划分。第三象限为相对贫困综合指数和绝对贫困综合指数都较低的省区市，贫困状况良好，主要有上海、江苏、浙江和湖北几个省份；第一象限为相对贫困综合指数和绝对贫困综合指数都较高的省份，贫困状况较差，

主要包含吉林、辽宁、广西、山西和河北；第二象限是绝对贫困综合指数较高、相对贫困综合指数较低的板块，安徽表现得最为突出；第四象限是绝对贫困综合指数较低、相对贫困综合指数较高板块，比较突出的几个省区市分别是重庆、贵州和云南。可以看出，不同地区的农村居民家庭在多维绝对贫困和多维相对贫困的表现上不尽相同，各地区的农村多维贫困治理应根据自身的贫困特点采用不同的贫困治理措施。

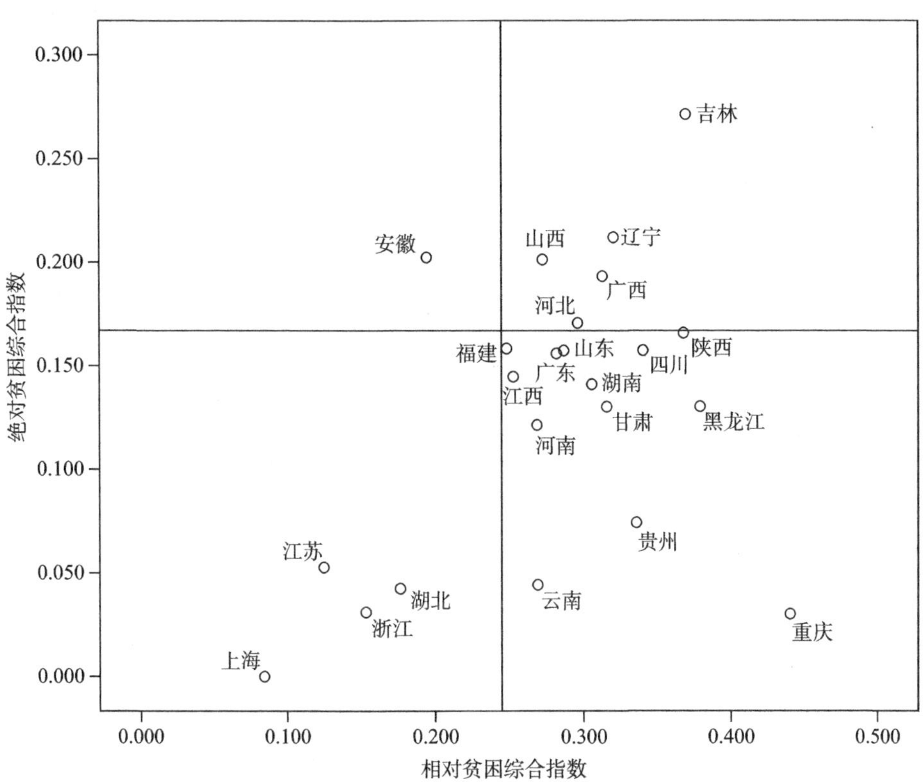

图5-1　各省份在贫困综合指数上的分布

3. 按照指标分解

对贫困指数进行指标分解时，每个K值都对应着一组指标分解结果，同样依据联合国的K值使用标准（$K \geqslant 0.3$），结合样本家庭的代表性，本书以K

取值0.3为例，利用式（3–75）和式（3–78）基于合成系数加权法对贫困综合指数进行指标分解❶。并为了验证本文所使用的加权方法在指标分解上的优势，对比了其他两种加权方法的分解结果。

表5–10为K=0.3时，三种加权方式贫困指数的指标分解结果。总体来看，三种加权方式的分解结果虽然在每个指标的具体大小上有所差异，但是各维度的总体贫困值较为一致，收入维度的三个指标贫困指数表现较大，其次是生活水平维度的四个指标的贫困指数，贫困指数值较小的几个指标分别是教育维度中的适龄儿童失学率、就业维度中的劳动力水平和社会保障维度中的医疗保险参保率。

表5–10　按指标分解下的多维贫困指数

指标	贫困率加权法		综合主成分法		合成系数法	
	指数	贡献率	指数	贡献率	指数	贡献率
家庭人均纯收入	0.032 7	0.084 8	0.036 8	0.085 1	0.035 9	0.093 3
家庭人均消费性支出	0.029 8	0.077 2	0.033 7	0.077 9	0.029 8	0.077 3
家庭人均净资产	0.040 6	0.105 3	0.034 7	0.080 3	0.032 1	0.083 5
受教育水平	0.032 5	0.084 2	0.047 0	0.108 7	0.027 8	0.072 1
适龄儿童失学率（–）	0.002 2	0.005 6	0.000 4	0.001 0	0.001 2	0.003 0
健康水平（–）	0.020 7	0.053 7	0.011 4	0.026 4	0.017 1	0.044 4
慢性病比例（–）	0.018 6	0.048 3	0.005 0	0.011 5	0.012 6	0.032 8
劳动力水平	0.003 5	0.009 0	0.003 6	0.008 3	0.005 9	0.015 3
劳动力失业率（–）	0.020 0	0.052 0	0.010 3	0.023 8	0.016 1	0.041 9
使用互联网学习的频率（–）	0.010 7	0.027 9	0.013 5	0.031 2	0.022 2	0.057 6
医疗保险参保率	0.007 3	0.019 0	0.005 5	0.012 6	0.009 3	0.024 2
养老保险参保率	0.016 2	0.042 1	0.028 2	0.065 4	0.028 0	0.072 7
家庭人均工作小时数（–）	0.013 3	0.034 4	0.010 8	0.025 1	0.017 7	0.046 0

❶ 没有按绝对贫困和相对贫困分解，主要原因是如下：绝对贫困的致贫直接原因也一定是相对贫困的直接原因，故在相对贫困线以下按指标分解贫困综合指数，能够全面的找到引起绝对贫困和相对贫困的关键指标维度。

续表

指标	贫困率加权法		综合主成分法		合成系数法	
	指数	贡献率	指数	贡献率	指数	贡献率
家庭人均旅游支出	0.008 7	0.022 5	0.059 8	0.138 3	0.018 1	0.047 1
家庭人均耐用品消费总值	0.034 8	0.090 2	0.040 8	0.094 3	0.029 6	0.076 9
家庭人均净房产	0.044 8	0.116 1	0.040 0	0.092 6	0.015 3	0.039 7
饮用水质量	0.021 9	0.056 7	0.028 8	0.066 6	0.033 4	0.086 6
炊用能源类型	0.027 5	0.071 3	0.022 1	0.051 1	0.032 9	0.085 6

为了更加直观地比较各指标的贡献率，如图5-2所示给出了三种加权方式下的各指标贫困指数贡献率直方图。从直方图的变化规律上看，收入维度中的家庭人均纯收入、家庭人均净资产、教育维度中的受教育水平、生活水平维度中的家庭人均耐用品消费总值等指标的贡献率在三种加权方式的表现上较为一致，数值较大，是当前使农村居民家庭致贫的主要原因；而教育维度中的适龄儿童失学率、社会保障维度中的医疗保险参保率、就业维度中的家庭劳动力人数占比等几个指标的贡献率最小，可认为不再是当前致贫的主要原因。此外，与其他两种加权方法相比，合成系数法在家庭人均净房产、使用互联网学习的频率、饮用水质量、炊用能源类型、家庭人均旅游支出等几个指标的贡献率表现上有所差异。其中具有新阶段相对贫困特征的休闲维度指标家庭人均旅游支出使用综合主成分法测算的贡献率最大，而使用贫困率加权法测算的贡献率相对较小，合成系数法中和了两种方法的信息，计算结果显示家庭人均工作小时数和家庭人均旅游支出的综合贡献率在所有指标中排在了中上位置，充分表明了新发展阶段自由属性指标在多维贫困评价中的不可替代作用；另一个贡献率差异较大的指标是家庭人均净房产，合成系数法的测算结果较小，主要原因是，一方面家庭人均净房产和收入维度的指标相关性较大，造成了所携带的非重叠性的信息量较少，另一方面经过住房保障扶贫以后农村居民家庭的人均净房产贫困发生率已经较低，这两个原因

正好通过综合主成分法和贫困率加权法的贡献率较大所反映出来，所以，在新发展阶段农村居民家庭的住房指标也可能不再是贫困的主要致贫原因。

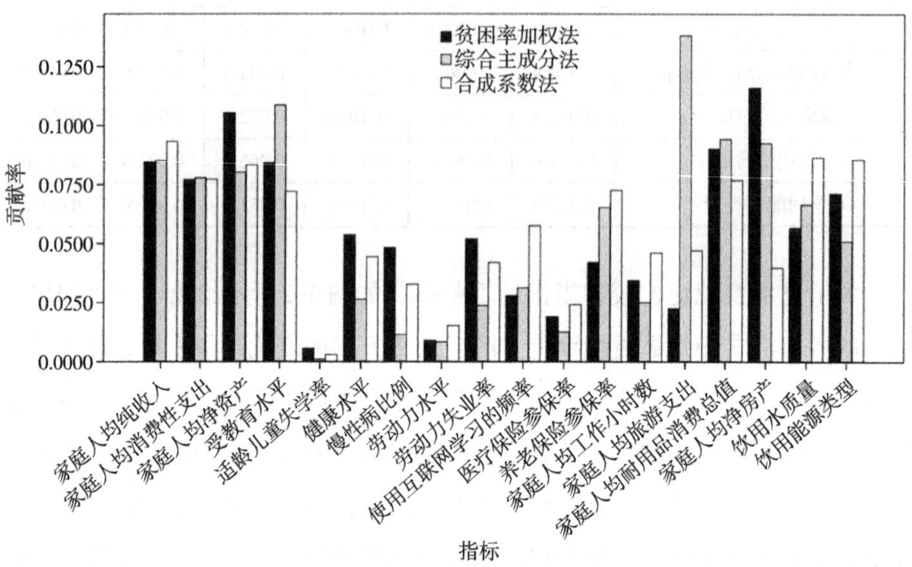

图5-2　各指标的贫困指数贡献率

（四）综合指数法与AF法实证结果的比较

AF法是国内外学者测度多维贫困指数的最常用方法，下文通过与AF法测度结果的比较，进一步探讨本书提出的多维贫困测量方法的稳定性和优势性，两者方法的测算结果见表5-11。

表5-11　新综合指数法与AF法的比较

贫困指数		0.1	0.2	0.3	0.4	0.5	0.6	0.7	0.8
		0.3	0.4	0.5	0.6	0.7	0.8	0.9	1
绝对贫困综合指数	$\tilde{H}(K_2)$	0.431 0	0.146 9	0.029 1	0.002 3	0.000 0	0.000 0	0.000 0	0.000 0
	$\tilde{A}(K_2)$	1	1	1	1	0.000 0	0.000 0	0.000 0	0.000 0
	$\tilde{M}_0(K_2)$	0.431 0	0.146 9	0.029 1	0.002 3	0.000 0	0.000 0	0.000 0	0.000 0

续表

贫困指数		0.1	0.2	0.3	0.4	0.5	0.6	0.7	0.8
		0.3	0.4	0.5	0.6	0.7	0.8	0.9	1
相对贫困综合指数	$\tilde{H}(K_1,K_2)$	0.548 9	0.642 0	0.401 6	0.143 7	0.029 1	0.002 3	0.000 0	0.000 0
	$\tilde{A}(K_1,K_2)$	0.598 0	0.466 2	0.369 3	0.287 7	0.206 2	0.082 4	0.000 0	0.000 0
	$\tilde{M}_0(K_1,K_2)$	0.328 2	0.299 3	0.148 3	0.041 4	0.006 0	0.000 2	0.000 0	0.000 0
贫困综合指数	$\tilde{H}(K_1)$	0.979 8	0.788 9	0.430 7	0.146 0	0.029 1	0.002 3	0.000 0	0.000 0
	$\tilde{A}(K_1)$	0.774 8	0.565 6	0.412 0	0.298 8	0.206 2	0.082 4	0.000 0	0.000 0
	$\tilde{M}_0(K_1)$	0.759 2	0.446 2	0.177 4	0.043 6	0.006 0	0.000 2	0.000 0	0.000 0
AF指数	H	0.883 5	0.501 3	0.174 1	0.035 5	0.012 3	0.000 8	0.000 0	0.000 0
	A	0.115 8	0.148 6	0.193 1	0.238 2	0.261 0	0.317 9	0.000 0	0.000 0
	M	0.102 3	0.074 5	0.033 6	0.008 5	0.003 2	0.000 2	0.000 0	0.000 0

绝对贫困综合指数、相对贫困综合指数和贫困综合指数是式（3-68）~式（3-71）基于合成系数加权法的测算结果；AF指数是利用阿尔基尔和福斯特提出的“双界线法”计算得到的贫困指数。总体来看，本书提出的多维加权综合指数法计算得到的多维加权贫困发生率$\tilde{H}(K_1)$、多维加权贫困综合指数$\tilde{M}_0(K_1)$在K的不同临界值下均大于AF法计算的贫困发生率H和AF多维贫困指数M，其原因一方面是多维加权综合指数法把靠近绝对贫困线的非贫困个体的剥夺得分由“0”转变成了“0与1之间的数值”；另一方面是多维加权综合指数法计算个体平均剥夺得分时使用的是加权平均数法，贫困深度越大被赋予的权重越大。为了更加直观地比较两者测度结果的区别，绘制了两种方法测算结果的折线图，如图5-3所示。

从图5-3两种方法计算的指数变化趋势看，多维加权综合指数法与AF法在多维贫困指数上的变动方向一致，但多维加权贫困综合指数的变动区间大，变化速度快，变动区间为[0.000 2,0.759 2]，AF多维贫困指数的变动区间为[0.000 2,0.102 3]，并且多维加权贫困综合指数曲线的斜率绝对值远大于AF多维贫困指数，表明多维加权贫困综合指数相比AF多维贫困指数对个体的贫困划分更加细化，敏感性更强，更加有利于对个体多维贫困的精准识别和测度。多维加权贫困发生率比AF多维贫困发生率除了增加了相对贫困个体的数量对贫困率的影响，还考虑了贫困个体的相对贫困位置对贫困率的影响，所以加权贫困发生率在K的不同临界值下均大于AF贫困发生率，但变化速度和趋势基本相同。两种测度方法存在明显差异的贫困指数是平均被剥夺程度和平均被剥夺维度，两个指数不仅变动区间的大小不同，而且变动的趋势方向也相反，主要原因是AF法计算得到的是个体平均被剥夺的维度，随着K值的增加个体被测度的指标数量也在增加，所以随着K值的增加贫困个体的平均被剥夺维度也在增加；但是根据本书式（3-68）的定义，贫困个体的平均被剥夺程度$\tilde{A}(K_1)$不仅测度了绝对贫困个体的平均贫困维度，而且同时测度了相对贫困个体的平均贫困缺口，用于反映贫困个体的贫困深度，图5-3中平均被剥夺程度曲线呈下降趋势表明随着贫困维度的增加农村居民家庭的多维贫困深度在减弱。所以本书提出的多维加权综合指数法相比AF法不仅表现出测度结果对贫困更加敏感，有利于扶贫对象的细分，而且所包含的信息量也更加丰富，有助于贫困治理效果的检验。

本书提出的多维加权综合指数法的另一个优势，就是通过分解得到的绝对贫困综合指数和相对贫困综合指数分别测定了相对贫困程度和绝对贫困规模。在本书多维贫困指示函数$D_i(K_1,K_2)$的定义形式下，多维加权绝对贫困综合指数$\tilde{M}_0(K_2)$等于多维加权绝对贫困发生率$\tilde{H}(K_2)$，这时的加权平均被剥夺程度$\tilde{A}(K_2)$为1，表明只有绝对贫困全面消除，$\tilde{M}_0(K_2)$、$\tilde{H}(K_2)$和$\tilde{A}(K_2)$三者才会同时为零，否则不管绝对贫困缺口多大都视为最大。因此，多维加权综合指数法既实现了对相对贫困程度的测度，同时实现了对绝对贫困返贫的监测。这是AF法所不具备的。

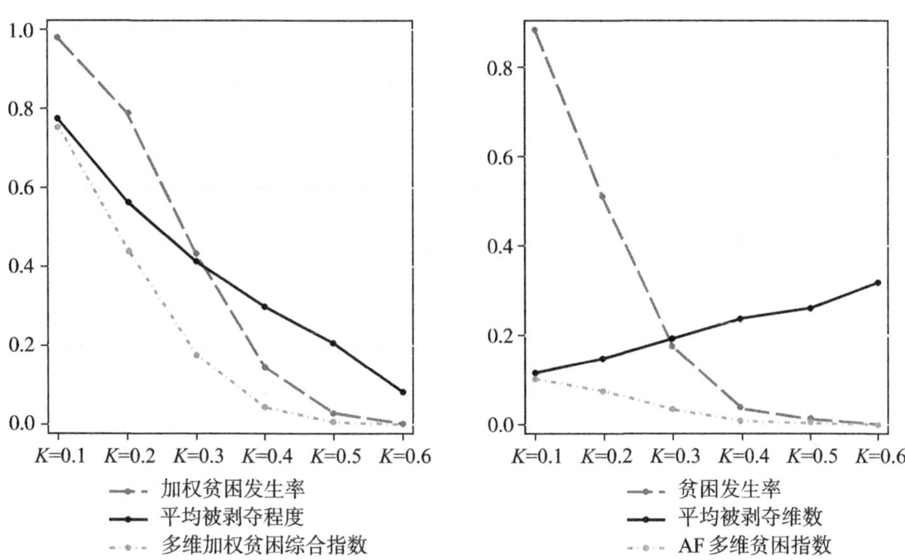

图5-3　综合指数法(左)与AF法(右)的贫困指数变动趋势

三、本章小结

本章基于构建的新发展阶段中国家庭多维贫困指标体系，利用中国家庭追踪调查数据库（CFPS 2018）中的有关家庭经济和个人特征相关信息，使用改进的AF法对中国农村居民家庭的多维贫困进行识别、测度和分解，并通过与AF法的计算结果相比较检验了测度结果的稳定性和优势性。得到的主要结论如下：第一，从各指标的绝对贫困发生率看，当前中国农村居民家庭在受教育年限、养老保险参保率和家庭平均旅游支出等几个指标上的贫困发生率较高，在适龄儿童失学率、医疗保险参保率等几个指标上的贫困发生率较低，但比较家庭人均净资产、家庭人均耐用品消费总值、健康水平、慢性病比例等指标的绝对贫困发生率和相对贫困发生率可以发现，分布在相对贫困线以下，绝对贫困线以上的家庭数量仍然较多，在这些指标上存在较高的返贫风险。第二，农村居民家庭的绝对贫困发生率与区域的经济发展水平高度相关，但是当加入相对贫困家庭以后，从广东、湖北、云南等省份的贫困指数大小和变化速度看，农村居民家庭多维贫困程度不仅与当地经济发展水平有关，也在一定程度上与当地的社会文化环境和贫困治理的速度有关。第三，随着K值的上升，多维贫困指数虽然在逐渐减小，但在K_1=0.2和K_2=0.4时的贫困指数仍然较大，表明农村居民家庭在4~7个指标上发生多维贫困的概率较高，尤其在吉林、辽宁、广西等地区，严重的相对贫困问题和高绝对贫困返贫风险共存。第四，贫困指数的指标分解显示，家庭人均纯收入、家庭人均净资产、受教育水平、家庭人均耐用品消费等几个指标的贡献率最大，是农村居民家庭发生多维贫困的重要原因，此外，随着经济由高速发展向高质量发展转变，家庭人均工作小时数和家庭人均旅游支出等休闲维度指标逐渐对农村居民家庭相对贫困产生重要影响。

基于上述研究结论，主要政策启示有：第一，首先需要构建一套既包含生活物质需求维度又包括精神文化需求维度的新发展阶段农村贫困识别指标体系，然后根据区域内农村居民家庭贫困测度结果，判断该区域整体贫困状况，做好有针对性的政策倾斜，既要缓解相对贫困，又要防止绝对贫困返贫。第二，根据第七次人口普查结果，当前中国农村居民家庭结构主要有三种类型，一种是老弱病残家庭，一种是学历不高、孩子尚小的中青年家庭，第三种就是外出务工、城市无房的家庭。具有第一种特征的贫困家庭，一般学历较低、只有有限的劳动能力，收入主要来自土地资源、子女赡养费和政府帮扶；具有第二种特征的贫困家庭，一般学历较低，工作时间较长，学习主动性不高，收入主要来自土地资源和小本生意；具有第三种特征的贫困家庭，一般学历较低，工作时间较长，有一定的学习主动性，外出务工收入是他们的主要收入来源，自有土地资源一般闲置或交由他人管理。针对这三种不同类型的贫困家庭，结合多维贫困识别和测度结果，精准找出贫困原因，在转移支付、产业帮扶、教育培训、普惠金融和住房保障等方面进行组合施政，与新农村建设无缝对接。第三，形成良好的社会包容性氛围，降低对农村贫困群体的社会排斥，充分发挥收入再分配政策，为弱势群体的医疗、住房、子女教育、技能培训、休闲自由等方面提供均等化机会。

第六章　中国相对贫困的治理

相对贫困的识别和测度不是贫困分析的目的，基于这些识别和测度实施有效的贫困治理才是贫困分析的最终目的。如图6-1所示，基于国内外的贫困治理研究给出了新发展阶段下中国贫困治理的路径。从整个治理过程来看，一共可以分成四个环节，第一个环节是贫困监测指标体系的构建，包括货币类监测指标体系和非货币类监测指标体系两类；第二个环节是根据指标体系，计算贫困测度结果，包括单维度贫困测度结果和多维度贫困测度结果；第三个环节是确定预警临界值，依据贫困测度结果，对不同贫困程度进行划分，粗略划分为高度贫困、中度贫困和低度贫困；第四个环节是对不同贫困程度

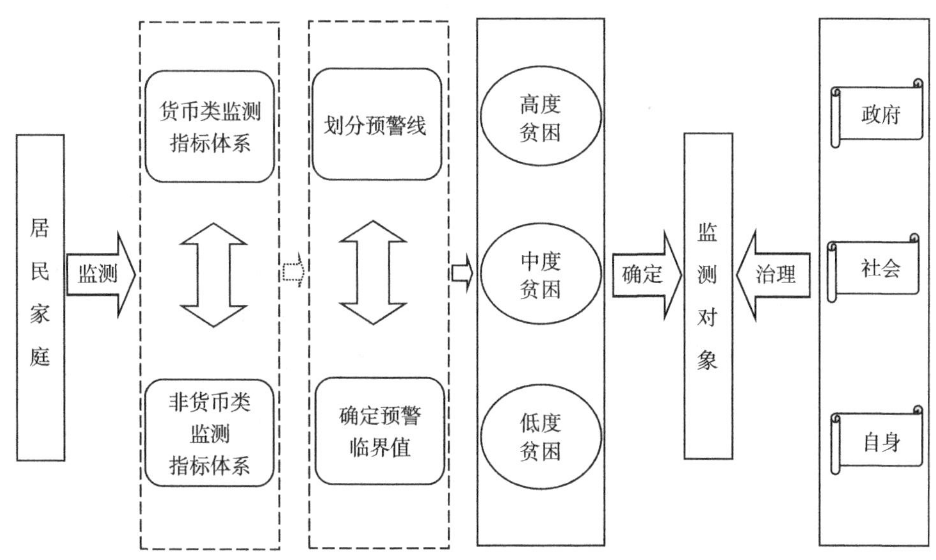

图6-1　相对贫困预警、治理路径

的群体实施精准帮扶措施，充分发挥政府、社会和自身三方力量，从短、中、长三个时期制定治理方案，并对治理结果进行评估。

本章首先对中国的贫困治理历程进行综述总结；其次从宏观和微观两个层次构建新发展阶段中国贫困预警体系，利用现有数据进行实证分析；再次通过计量分析验证了高校扩招宏观政策对相对贫困的治理效果；最后在借鉴国际贫困治理经验的基础上，提出新发展阶段中国贫困治理的政策建议。

一、相对贫困预警体系的构建及应用

从上文的中国贫困治理实践可以看出，中国在贫困治理上积累了丰富的经验，治理效果受到了联合国乃至全世界的公认。进入新发展阶段以后，中国面临绝对贫困大规模返贫风险和相对贫困日益凸显问题，所以在贫困治理上需要新方法、新措施。基于此，本书在以上相对贫困识别和测度的基础上，构建多层次贫困预警体系，从宏观区域、微观家庭多角度预警绝对贫困返贫规模和相对贫困程度，具体构建过程和应用如下。

（一）相对贫困宏观预警体系的构建及应用

宏观预警体系是指，以宏观区域或省份为研究对象，构建用于测度宏观区域或省份贫困规模和程度的预警体系，如图6-2所示，给出了利用多维贫困指数对各省份的贫困状况划分预警等级的流程。以省份为监测对象，第一步，构建贫困监测指标体系；第二步，分别计算各省份的多维相对贫困发生率、多维相对贫困强度和多维相对贫困综合指数；第三步，根据贫困发生率、贫困强度和贫困综合指数的范围分别设定五级区间；第四步，划分预警级别。下面以CFPS数据库2018年的数据为例，进行实证分析。

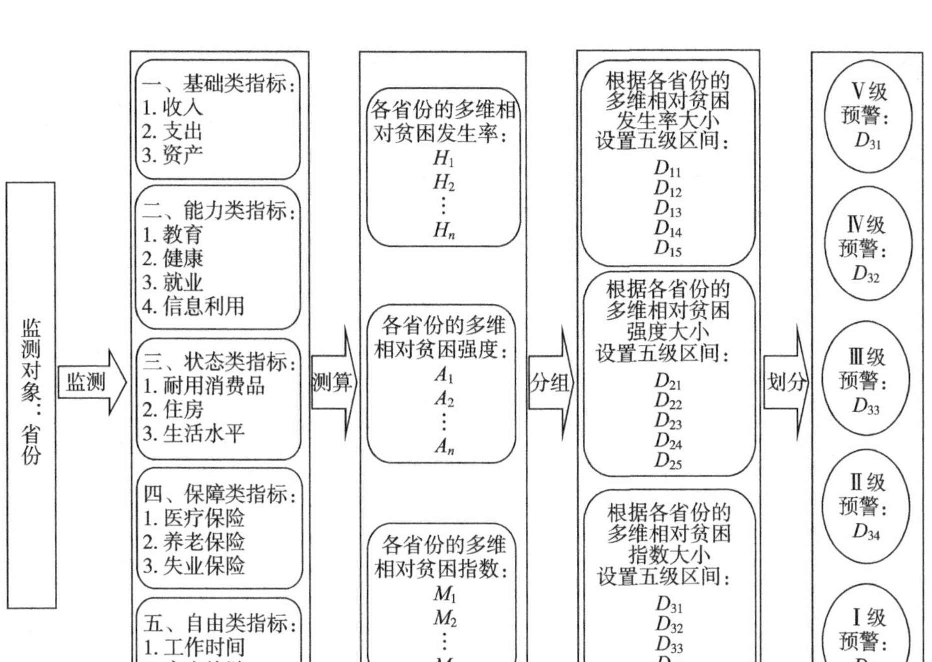

图6–2　宏观省份相对贫困监测预警级别划分流程

表6–1给出了在K_1=0.3、K_2=0.5时全国部分省份的多维贫困测度指数：多维相对贫困发生率$\tilde{H}$、多维相对贫困强度$\tilde{A}$、多维相对贫困指数$\tilde{M}_0$。根据上文设置的贫困标准线可以计算得到在全国、城镇和农村三个空间下的多维贫困测度指数。关于各省份农村家庭在三个测度指数的表现已在第五章中详细论述，从城镇家庭来看，各省份在三个测度指数的表现差异也较大，多维相对贫困发生率的表现值范围为0.051 1~0.398 9，上海多维相对贫困发生率最小，山西多维相对贫困发生率最大；多维相对贫困强度的表现值范围为0.155 1~0.527 9，上海最小，重庆最大；多维相对贫困指数同样是上海最小仅为0.007 9，山西最大为0.150 2。从全国视角看，吉林在多维相对贫困发生率和多维相对贫困指数上的表现值都最高，分别为0.535 0和0.225 5；福建在多维相对贫困强度上的表现值最高，为0.461 6；上海在多维相对贫困发生率和多

维相对贫困指数上的表现值都最低，分别为0.037 3和0.004 9；天津在多维相对贫困强度上表现值最小，为0.108 8。各省份在三个多维相对贫困测度指标上的表现值差异性也较大。

表6-1　全国部分省份的多维贫困测度指数

省份	农村			城镇			全国		
	$\tilde{H}$	$\tilde{A}$	$\tilde{M}_0$	$\tilde{H}$	$\tilde{A}$	$\tilde{M}_0$	$\tilde{H}$	$\tilde{A}$	$\tilde{M}_0$
北京	—	—	—	0.087 4	0.392 1	0.034 3	0.084 3	0.325 5	0.027 4
天津	—	—	—	0.101 5	0.158 5	0.016 1	0.111 5	0.108 8	0.012 1
河北	0.407 8	0.428 9	0.174 9	0.225 9	0.340 6	0.076 9	0.369 9	0.423 4	0.156 6
山西	0.476 6	0.362 7	0.172 8	0.398 9	0.376 6	0.150 2	0.432 5	0.425 5	0.184 0
辽宁	0.468 5	0.434 9	0.203 8	0.220 6	0.372 6	0.082 2	0.401 8	0.440 0	0.176 8
吉林	0.562 6	0.414 4	0.233 2	0.319 4	0.330 5	0.105 6	0.535 0	0.421 4	0.225 5
黑龙江	0.467 9	0.312 4	0.146 2	0.297 4	0.379 5	0.112 9	0.389 3	0.316 3	0.123 1
上海	0.000 0	0.000 0	0.000 0	0.051 1	0.155 1	0.007 9	0.037 3	0.131 0	0.004 9
江苏	0.234 4	0.256 0	0.060 0	0.170 6	0.228 2	0.038 9	0.144 0	0.254 5	0.036 6
浙江	0.102 7	0.329 9	0.033 9	0.154 6	0.323 6	0.050 0	0.126 2	0.305 1	0.038 5
安徽	0.327 8	0.535 1	0.175 4	0.237 7	0.380 3	0.090 4	0.267 5	0.410 7	0.109 9
福建	0.392 9	0.410 1	0.161 1	0.310 7	0.406 9	0.126 4	0.337 8	0.461 6	0.155 9
江西	0.303 8	0.415 1	0.126 1	0.255 3	0.224 8	0.057 4	0.306 6	0.408 0	0.125 1
山东	0.392 7	0.410 6	0.161 2	0.260 2	0.305 2	0.079 4	0.350 7	0.406 6	0.142 6
河南	0.320 2	0.367 2	0.117 6	0.202 7	0.310 9	0.063 0	0.282 6	0.399 5	0.112 9
湖北	0.097 8	0.349 6	0.034 2	0.136 3	0.337 3	0.046 0	0.145 7	0.278 6	0.040 6
湖南	0.416 0	0.384 2	0.159 8	0.235 9	0.302 6	0.071 4	0.330 0	0.321 3	0.106 0
广东	0.372 7	0.376 4	0.140 3	0.184 3	0.328 9	0.060 6	0.311 2	0.378 0	0.117 6
广西	0.411 0	0.435 0	0.178 8	0.349 9	0.326 4	0.114 2	0.402 0	0.429 3	0.172 6
重庆	0.363 1	0.288 2	0.104 7	0.208 9	0.527 9	0.110 3	0.396 6	0.327 6	0.129 9
四川	0.428 5	0.386 4	0.165 6	0.288 5	0.381 1	0.109 9	0.396 3	0.414 5	0.164 3
贵州	0.311 7	0.298 5	0.093 0	0.315 4	0.268 9	0.084 8	0.362 5	0.292 9	0.106 2

续表

省份	农村			城镇			全国		
	$\tilde{H}$	$\tilde{A}$	$\tilde{M}_0$	$\tilde{H}$	$\tilde{A}$	$\tilde{M}_0$	$\tilde{H}$	$\tilde{A}$	$\tilde{M}_0$
云南	0.257 6	0.282 8	0.072 8	0.174 1	0.256 7	0.044 7	0.260 5	0.307 6	0.080 1
陕西	0.484 3	0.376 7	0.182 4	0.116 1	0.249 7	0.029 0	0.421 9	0.400 3	0.168 9
甘肃	0.387 2	0.349 8	0.135 4	0.332 0	0.327 3	0.108 7	0.390 1	0.384 0	0.149 8

注：内蒙古、海南、西藏、青海、宁夏、新疆等几个省份的总样本数均小于30，故在测算过程中被剔除；北京、天津的农村样本数小于30，结果未列出。

上述对全国部分省份在不同空间下的多维相对贫困测度结果的比较，表明各省份的相对贫困程度差异性较大，有必要根据各省份的贫困指数大小制定相对贫困预警体系。图6-3（a）~图6.3（c）分别是基于各省份的全国多维相对贫困发生率、多维相对贫困强度和多维相对贫困指数做出的直方图和拟合正态曲线，依据这些分布图可以得到各省份在多维相对贫困发生率、多维相对贫困强度和多维相对贫困指数三个指标上的分组情况。

图6-3（a）是各省份多维相对贫困发生率（全国）的分布情况，多维相对贫困发生率在［0.300 0,0.400 0）的省份最多，有11个；其次表现值在［0.100 0,0.200 0）和［0.400 0,0.500 0）区间的省份数也较多，都有4个；表现值超过0.500 0的只有1个，并且从分布形态来看近似正态分布。所以，根据分组公式和分组原则，本书把各省份在多维相对贫困发生率上的表现值分成五组：第一组的区间为（0,0.100 0），是多维相对贫困发生率最低组；第二组的区间是［0.100 0,0.200 0）；第三组的区间是［0.200 0,0.400 0）；第四组的区间是［0.400 0,0.500 0）；第五组的区间是［0.500 0,+∞），是多维相对贫困发生率最高组。

图6-3（b）是各省份多维相对贫困强度（全国）的分布情况，多维相对贫困强度在［0.400 0,0.450 0）的省份最多，有10个；其次表现值在［0.300 0,0.350 0）区间的省份数也较多，有6个；表现值超过0.450 0的只有1个，在［0.100 0,0.250 0）的省份仅有2个。从分布形态来看呈现出左侧拖尾分布。所以，根据分组公式和分组原则，本书把各省份在多维相对贫困强度上的表现

值分成以下五组：第一组的区间是［0,0.200 0)，是多维相对贫困强度最低组；第二组的区间是［0.200 0,0.300 0)；第三组的区间是［0.300 0,0.400 0)；第四组的区间是［0.400 0,0.450 0)；第五组的区间是［0.450 0,+∞)，是多维相对贫困强度最高组。

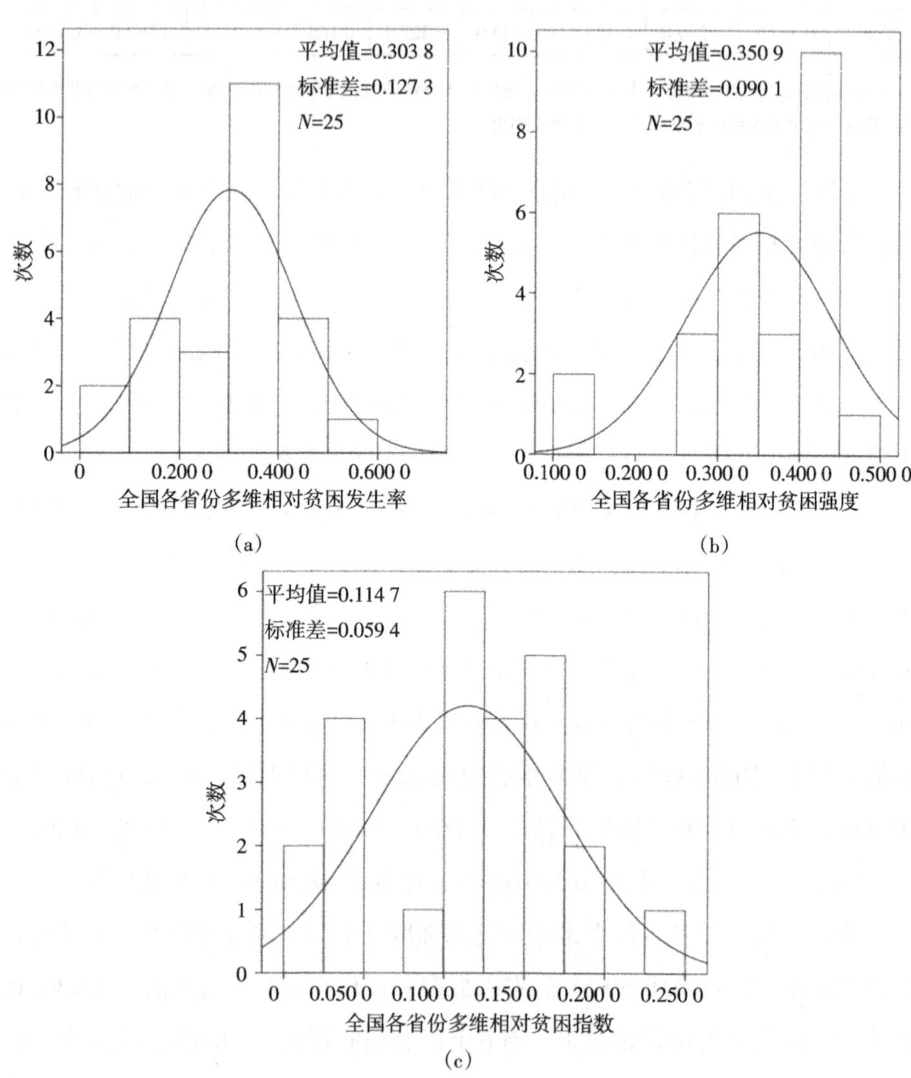

图6-3　多维相对贫困发生率直方图和正态拟合曲线（全国）

图6-3（c）是各省份多维相对贫困指数（全国）的分布情况。从分布形态看与多维贫困发生率较为相似，近似正态分布。取值区间从0到0.25，指数值在［0.100 0,0.125 0）的省份最多，为6个；在［0.150 0,0.175 0）的省份个数次之，达到5个，按照自然分组图中把多维相对贫困指数分成了十组，合并成五组为：第一组的区间是［0,0.050 0），有6个省份，多维相对贫困指数较小；第二组的区间是［0.050 0,0.100 0），有1个省份；第三组的区间是［0.100 0,0.150 0），有10个省份；第四组的区间是［0.150 0,0.175 0），有5个省份；第五组的区间是［0.175 0,+∞），有3个省份。

依据多维相对贫困指数分组结果设定各省份的预警级别，详见表6-2，从表6-2可以看出，吉林省的预警级别最高，在多维相对贫困指数和多维相对贫困发生率上都处于最高贫困区间，在多维相对贫困强度上处于次高贫困区间。河北、山西、辽宁、福建、广西、四川、陕西的预警级别为第Ⅳ级，具体差异为山西、辽宁、广西和陕西在多维相对贫困指数、多维相对贫困发生率和多维相对贫困强度三个维度的贫困值上都处于次高贫困区间；而河北和四川在多维相对贫困发生率维度上处于第三贫困区间；福建在多维相对贫困强度上处于最高贫困区间。处于第Ⅲ预警级别的有10个地区：黑龙江、安徽、江西、山东、河南、湖南、广东、重庆、贵州、甘肃。图6-4给出了各省份在多维贫困发生率和多维贫困强度上的分布情况。

表6-2　各省份的预警级别（全国）

省份	贫困发生率分组	贫困强度分组	贫困指数分组	预警级别
北京	D15	D23	D35	Ⅰ
天津	D14	D25	D35	Ⅰ
河北	D13	D22	D32	Ⅳ
山西	D12	D22	D32	Ⅳ
辽宁	D12	D22	D32	Ⅳ
吉林	D11	D22	D31	Ⅴ

续表

省份	贫困发生率分组	贫困强度分组	贫困指数分组	预警级别
黑龙江	D13	D23	D33	Ⅲ
上海	D15	D25	D35	Ⅰ
江苏	D14	D24	D35	Ⅰ
浙江	D14	D23	D35	Ⅰ
安徽	D13	D22	D33	Ⅲ
福建	D13	D21	D32	Ⅳ
江西	D13	D22	D33	Ⅲ
山东	D13	D22	D33	Ⅲ
河南	D13	D23	D33	Ⅲ
湖北	D14	D24	D35	Ⅰ
湖南	D13	D23	D33	Ⅲ
广东	D13	D23	D33	Ⅲ
广西	D12	D22	D32	Ⅳ
重庆	D13	D23	D33	Ⅲ
四川	D13	D22	D32	Ⅳ
贵州	D13	D24	D33	Ⅲ
云南	D13	D23	D34	Ⅱ
陕西	D12	D22	D32	Ⅳ
甘肃	D13	D23	D33	Ⅲ

图6-4从左下角到右上角，贫困发生率和贫困强度逐渐增大。可以看出，上海在多维相对贫困发生率和多维相对贫困强度两个维度上的表现值都最小；天津次之，仅在多维相对贫困发生率上高于上海；北京多维相对贫困发生率最低，但是多维相对贫困强度较高；吉林、山西、陕西、广西和辽宁在两个维度上都表现出较高的贫困程度，应是多维相对贫困治理的重点省份。同理可以得到各省份的农村多维相对贫困预警级别和城镇多维相对贫困预警级别，具体预警级别见附录五，以下只给出各省份在多维相对贫困发生率和多维相对贫困强度上的分布情况。

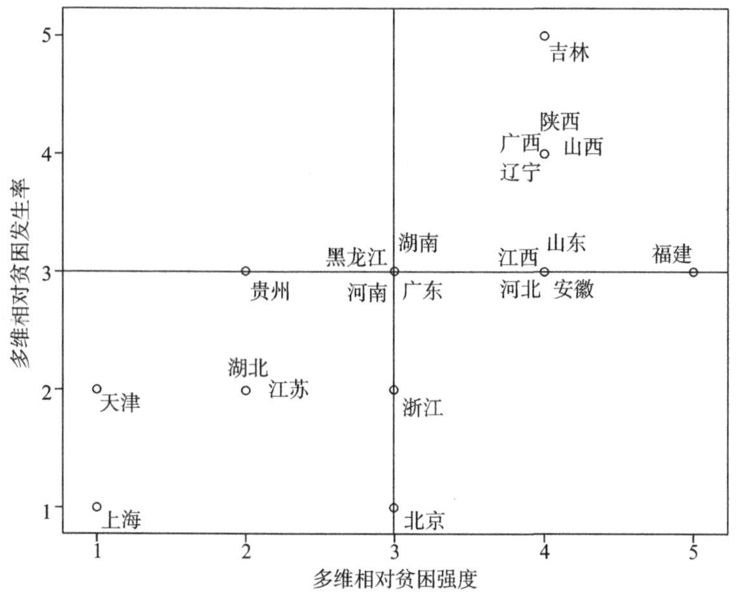

图6–4　各省份在多维相对贫困发生率和多维相对贫困强度两个维度上的分布（全国）

图6–5是基于农村家庭样本得到的各省份在多维相对贫困发生率和多维相对贫困强度两个维度上的分布情况。与全国家庭样本相比，在分布图中的第三象限多了云南，表明云南的农村家庭多维相对贫困情况表现较好；在第一象限出现了河北，表明河北的农村家庭多维相对贫困问题较为严重，农村的相对贫困发生率和多维相对贫困强度都较高。

图6–6是基于城镇家庭样本得到的各省份在多维相对贫困发生率和多维相对贫困强度两个维度上的分布情况。与全国家庭样本相比，陕西变化较大，由之前位于第一象限变为第三象限，表明陕西的城镇家庭多维相对贫困问题不严重，但是农村家庭多维相对贫困问题较为严重，而且城乡之间的差距较大，使得陕西的全国家庭相对贫困问题处于第Ⅳ预警级别，级别较高；除此之外，四川、福建和黑龙江也落入了第一象限，表明这些省份的城镇家庭在多维相对贫困发生率和多维相对贫困强度两个维度上的表现值都较高，城镇家庭的多维相对贫困问题也较为严重。

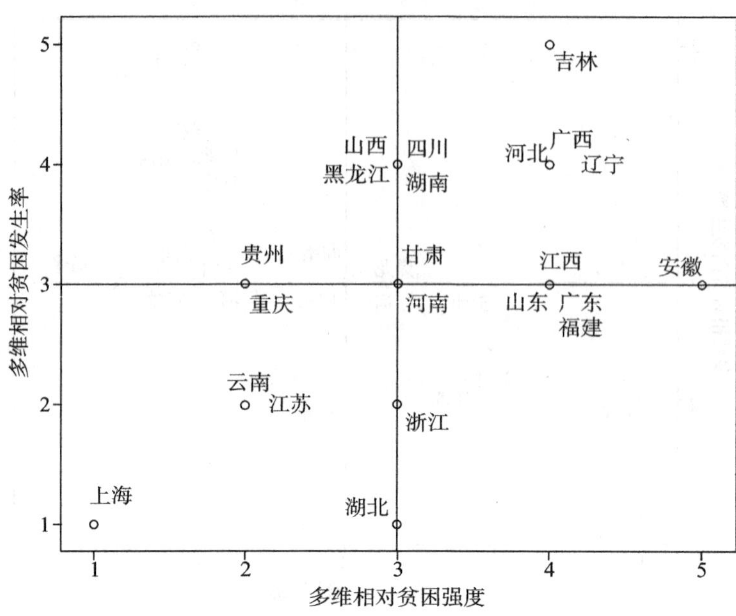

图6-5　各省份在多维相对贫困发生率和多维相对贫困强度两个维度上的分布（农村）

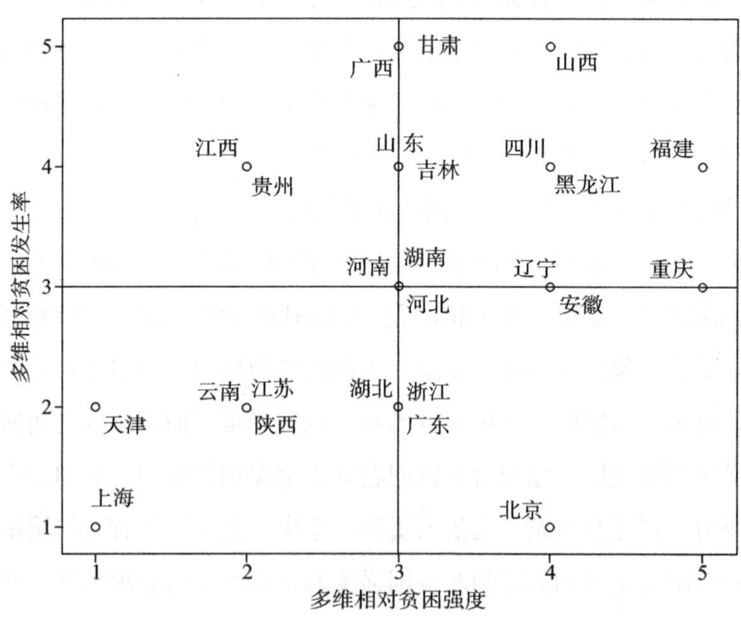

图6-6　各省份在多维相对贫困发生率和多维相对贫困强度两个维度上的分布（城镇）

（二）相对贫困微观预警体系的构建及应用

微观预警体系是指以微观个体或家庭为研究对象，构建用于测度微观个体或家庭贫困广度和深度的预警体系，如图6-7所示，给出了利用贫困测度函数对各微观家庭的贫困状况划分预警等级的流程。

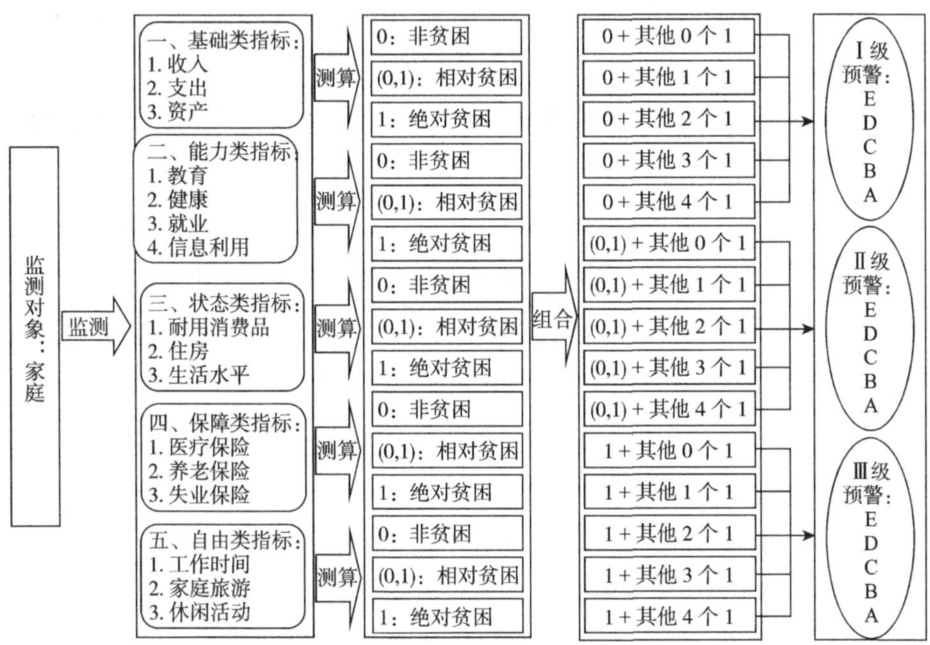

图6-7　微观家庭相对贫困监测预警级别划分流程

以居民家庭为监测对象，第一步，构建贫困监测指标体系；第二步，分别计算每个家庭在各维度上的贫困隶属度；第三步，对各维度的贫困状况进行组合，得到每个家庭在所有维度上的组合贫困状态；第四步，划分预警级别。其中，在划分预警级别上，当微观家庭在基础类指标维度的表现上为绝对贫困时，设置该家庭处于Ⅲ级预警状态，并依据在其他维度上的绝对贫困个数，划分为A、B、C、D、E五个等级；当微观家庭在基础类指标维度的表现上为相对贫困时，设置该家庭处于Ⅱ级预警状态，并依据在其他维度上的绝对贫困个数，划分为A、B、C、D、E五个等级；微观家庭在基础类指标维度的表现上为不贫困，设置该家庭处于Ⅰ级预警状态，并依据在其他维度上的绝对贫困个数，划分为A、B、C、D、E五个等级。可以看出，在预警级别的设置时，是以家庭在基础类指标维度上的贫困状态为依据进行划分的，在此基础上再以家庭在其他维度上的贫困状态为依据进行级别内的等级划分。

以CFPS数据库2018年的数据为例进行实证分析，分别计算每个家庭在各维度下的贫困状态，依据家庭的贫困状态确定家庭所处的预警级别。表6-3是根据各省份的家庭贫困级别和规模进一步计算得到的各贫困级别对应下的家庭占比。

表6-3中ⅠA表示在基础类指标维度上不贫困、在其他维度上也不存在绝对贫困的家庭比例，ⅠB表示在基础类指标维度上不贫困、但存在其他1个维度上的绝对贫困家庭比例，ⅠC表示在基础类指标维度上不贫困、但存在其他2个维度上的绝对贫困家庭比例；ⅡA表示在所有指标维度上只存在相对贫困的家庭比例，ⅡB表示在基础类指标维度上相对贫困、在其他1个维度上存在绝对贫困家庭比例，ⅡC表示在基础类指标维度上相对贫困、在其他2个维度上存在绝对贫困家庭比例，ⅡD表示在基础类指标维度上相对贫困、在其他3个维度上存在绝对贫困家庭比例；ⅢA表示在基础类指标维度上绝对贫困、但不存在其他维度上的绝对贫困家庭比例，ⅢB表示在基础类指标维度上绝对贫困、在其他1个维度上也存在绝对贫困的家庭比例，ⅢC表示在基础类指标维度上绝对贫困、在其他2个维度上也存在绝对贫困的家庭比例，ⅢD表示在基础类指标维度上绝对贫困、在其他3个维度上也存在绝对贫困的家庭比例，ⅢE表示在所有维度上都处于绝对贫困的家庭比例。

表6-3　各省份的家庭贫困预警状态

省份	Ⅰ级预警状态					Ⅱ级预警状态					Ⅲ级预警状态				
	A	B	C	D	E	A	B	C	D	E	A	B	C	D	E
北京	71.2	9.1	0.0	0.0	0.0	19.7	0.0	0.0	0.0	0.0	0.0	0.0	0.0	0.0	0.0

续表

省份	Ⅰ级预警状态					Ⅱ级预警状态					Ⅲ级预警状态				
	A	B	C	D	E	A	B	C	D	E	A	B	C	D	E
天津	69.4	11.3	1.6	0.0	0.0	16.1	1.6	0.0	0.0	0.0	0.0	0.0	0.0	0.0	0.0
河北	30.7	5.1	0.0	0.0	0.0	46.4	15.8	0.3	0.2	0.0	1.4	0.2	0.0	0.0	0.0
山西	27.5	5.4	0.0	0.0	0.0	46.2	19.3	0.5	0.0	0.0	0.7	0.5	0.0	0.0	0.0
辽宁	39.7	9.8	0.3	0.0	0.0	35.2	14.2	0.4	0.0	0.0	0.1	0.2	0.0	0.0	0.0
吉林	33.3	11.3	0.5	0.0	0.0	33.3	18.3	2.2	0.0	0.0	0.0	0.5	0.5	0.0	0.0
黑龙江	35.7	10.0	0.0	0.0	0.0	40.1	13.5	0.6	0.0	0.0	0.0	0.0	0.0	0.0	0.0
上海	72.3	7.5	0.0	0.0	0.0	17.5	2.5	0.0	0.0	0.0	0.2	0.0	0.0	0.0	0.0
江苏	51.1	10.0	0.0	0.0	0.0	32.1	6.3	0.0	0.0	0.0	0.5	0.0	0.0	0.0	0.0
浙江	58.5	8.0	0.0	0.0	0.0	25.5	7.1	0.5	0.0	0.0	0.5	0.0	0.0	0.0	0.0
安徽	42.9	5.6	0.0	0.0	0.0	33.8	17.7	0.0	0.0	0.0	0.0	0.0	0.0	0.0	0.0
福建	28.2	6.9	0.0	0.0	0.0	45.0	16.8	0.8	0.0	0.0	1.5	0.8	0.0	0.0	0.0
江西	28.8	7.4	0.0	0.0	0.0	52.1	11.2	0.0	0.0	0.0	0.5	0.0	0.0	0.0	0.0
山东	38.5	6.9	0.0	0.0	0.0	37.9	15.6	0.0	0.0	0.0	0.4	0.6	0.0	0.0	0.0
河南	31.0	7.3	0.0	0.0	0.0	46.4	14.3	0.1	0.0	0.0	0.6	0.3	0.0	0.0	0.0
湖北	53.0	10.1	0.0	0.0	0.0	29.5	7.4	0.0	0.0	0.0	0.0	0.0	0.0	0.0	0.0
湖南	46.0	7.4	0.0	0.0	0.0	35.0	10.7	0.3	0.0	0.0	0.6	0.0	0.0	0.0	0.0
广东	41.5	7.1	0.1	0.0	0.0	38.9	11.3	0.2	0.0	0.0	0.6	0.2	0.0	0.0	0.0
广西	19.0	6.0	0.0	0.0	0.0	51.0	19.5	0.0	0.0	0.0	2.5	2.0	0.0	0.0	0.0
重庆	38.1	6.2	0.0	0.0	0.0	32.0	19.6	0.0	0.0	0.0	2.1	2.1	0.0	0.0	0.0
四川	27.3	4.8	0.0	0.0	0.0	51.5	13.5	0.0	0.0	0.0	1.9	1.0	0.0	0.0	0.0
贵州	20.7	3.4	0.0	0.0	0.0	59.1	14.9	0.0	0.0	0.0	0.9	0.9	0.0	0.0	0.0
云南	22.7	10.0	0.0	0.0	0.0	50.2	16.8	0.3	0.0	0.0	0.0	0.0	0.0	0.0	0.0
陕西	33.3	8.5	0.0	0.0	0.0	42.3	14.5	0.0	0.0	0.0	0.9	0.4	0.0	0.0	0.0
甘肃	23.5	5.2	0.0	0.0	0.0	54.1	15.5	0.6	0.0	0.0	0.7	0.4	0.1	0.0	0.0
合计	36.0	7.1	0.1	0.0	0.0	42.0	13.5	0.3	0.0	0.0	0.6	0.3	0.0	0.0	0.0

从测算结果来看，不存在ⅢE和ⅢD预警级别的家庭。存在ⅢC级预警状态家庭的省份有吉林和甘肃，表明吉林和甘肃存在多个维度绝对贫困返贫风

险的家庭较多；存在ⅡD级预警状态家庭的省份只有河北，表明河北也存在较多具有多个维度绝对贫困返贫风险的家庭。贵州、甘肃、江西、四川、广西和云南几个省份存在ⅡA预警级别的家庭比例较高，表明这些省份存在多维相对贫困的家庭比例较高；在ⅠA预警级别里的家庭比例低于全国平均值的省份有广西、贵州、云南、甘肃、四川、山西、福建、江西、河北、河南、吉林、黑龙江等。各省份可根据各预警级别的比例和对应家庭制定微观的贫困治理措施，精准施政，有助于促进社会和人的全面发展。

二、中国相对贫困治理的效果检验——以高校扩招为例

贫困的治理是党和各级政府的首要工作之一，全国各族人民在中国共产党的领导下通过艰苦奋斗实现了全面小康。从以往中国治理绝对贫困的政策措施看，主要有收入再分配政策、社会保障政策、财政政策，以及一些体制机制改革措施等。实践证明，这些政策和措施在中国绝对贫困的治理历程中都发挥了巨大作用，而且将会在新发展阶段相对贫困的治理过程中继续发挥作用。在众多体制机制改革措施中，高校扩招政策是实施已久并继续扩大实施的重要政策之一，下面以高校扩招政策为例检验该政策的相对贫困治理效果。

（一）理论分析和特征事实

从上述预警体系的建立可以看出，提高低收入群体的收入水平，缓解相对贫困程度，缩小贫富差距是新发展阶段增进人民福祉、促进人的全面发展的基础手段，没有经济基础的支撑，一切改革和政策的实施都将很难推动。从逻辑关系上看，高校扩招政策能够提高居民的教育水平，而教育水平最直

接的作用是提高自身的人力资本水平[207-209]，从而提高居民的收入水平，所以本节主要通过以教育程度为媒介检验当前国家大力开展的高等教育扩招政策对居民相对贫困程度的缓解和缩小贫富差距的正向促进作用。

以往学者们基于各种理论和方法，从人力资本、可行能力、宏观经济和权利剥夺视角，分别研究了教育程度与收入水平、可行能力、经济发展和多维贫困的关系，研究结果极为丰富[210-214]。随着中国绝对贫困的消除，未来很长一段时间的工作重心将会在相对贫困的缓解和收入差距的缩小上。据此，本书选取中国家庭追踪调查数据库（CFPS）的微观数据，从居民个体和家庭的微观视角，在收入贫困指数理论的基础上，深入探讨居民受教育程度与家庭收入相对水平比的关系：一是教育程度是否越高，居民的相对非贫困的概率就越大；二是教育程度对家庭相对收入比的提高是否具有正效应；三是教育程度对家庭相对收入比的影响是否存在家庭净资产的中介效应，进而引起在不同收入群体间的异质性。然后，在此基础上，进一步检验国家高校扩招政策对教育程度的正向调节作用，从而验证高校扩招政策的相对贫困治理效果。

1.理论分析和基本假设

相对贫困不同于绝对贫困，主要研究个体居民在满足最低生活水平下各种指标的相对差异程度。所以从能力视角，相对贫困与人们的各种能力差异有关；从权利视角，相对贫困与人们的权利剥夺程度有关；从消费角度，相对贫困与人们的消费结构和消费品价格差异有关；从收入角度，相对贫困与收入分配有关。但从上文的实证分析显示，收入相对贫困是其他方面相对贫困的基础，在居民相对贫困评价中处于核心地位，而相对贫困标准线的设置又是相对贫困测度与评价的基础。一般来说，随着经济的发展，收入相对贫困标准线会相应的提高，在此基础上测算的相对贫困发生率可以从“发展”的视角反映相对贫困问题；另外，以设置的收入相对贫困标准线为基准，测算居民的相对收入比，可以从“共享”的视角反映相对贫困问题。教育作为最重要的人力资本影响因素，在新发展阶段能否从“发展”和“共享”两个维度缓解相对贫困问题，值得进一步理论分析和经验验证。

中国社会经济发展进入新阶段，在经济发展方面，体制机制逐步完善，全社会劳动生产率得到大幅提高，社会财富快速积累；在社会发展方面，包容性发展得到有效促进，风清气正的政治生态逐步形成，民生环境有了较大改善，资源和机会逐步向社会弱势群体倾斜。在此背景下，人力资本回报率将会得到最大实现，教育程度在收入初次分配中的贡献会越来越大，对个体绝对收入水平的提高将发挥巨大作用。但是，当前各种资源和机会在不同收入群体之间仍存在较大差距，这种差距一方面直接导致不同收入群体之间在受教育水平和质量上的差异性；另一方面也导致了具有相同受教育程度的个体因处于不同收入阶层而在收入来源上的差异性。结果表现为教育程度对个体收入的正效应大小会在不同收入阶层之间产生差距，教育程度对高收入群体的收入提升速度会高于低收入群体，教育结果的非公平性会被放大，进而会对贫富差距的缩小产生负效应。基于此，本书提出以下假设1和假设2。

假设1：在其他家庭条件相同的情况下，教育程度可以通过提高相对贫困家庭的收入降低一国或地区的相对贫困发生率。

假设2：在收入相对贫困线既定的情况下，教育程度能够显著提升居民的相对收入比，有助于缩小全社会居民之间的收入差距，缓解相对贫困程度，但是教育程度会对不同收入阶层收入差距的缩小产生负影响。

随着经济的快速发展和转型升级，中国教育政策也一直在变革。2020年，国家实施了大规模的研究生扩招政策，引起了学术界和社会各界人士的高度关注和热议。从相对贫困视角，一方面，高校扩招势必推动全社会整体劳动素质的提高，这将有助于中国经济转型，为经济高质量发展提供更优质和丰富的人力资本，推动经济长足发展，人们的收入水平整体得到提高；另一方

 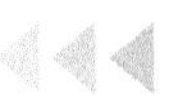

面，高学历高层次人才数量的快速增长，将促使社会环境更加公平，经济资源更加开放，信息流通更加自由通畅，高级人力资本的效用将会获得空前的最大化，使得不同教育程度的相对收入比进一步得到扩大。基于此，本书提出以下假设。

假设3：限制其他条件，随着高校扩招政策的进一步实施，教育程度对居民相对收入比提高的正向影响变得更加显著。

2.特征事实

表6-4列示了部分国家的多维贫困指数（Multidimensional Poverty Index，MPI）、剥夺强度、不平等、贫困发生率等指标与平均受教育年限的对应关系。其中多维贫困指数从健康、教育和生活水平三个维度评价一个国家或地区的贫困程度；剥夺强度表示的是多维贫困群体的平均剥夺评分；不平等表示的是多维贫困群体剥夺评分的方差；贫困发生率是指收入在国家贫困线以下的人口比例。具体指标含义和计算方法可参考UNDP发布的2020年《全球多维贫困指数》报告。

表6-4　部分国家多维贫困指数与平均受教育年限的对应关系

国家名	调查时间/年份	MPI值	剥夺强度/%	不平等	贫困发生率/%	平均受教育年限/年
阿富汗	2015/2016	0.272	48.6	0.020	54.5	3.2
阿尔巴尼亚	2017/2018	0.003	39.1	—	14.3	9.3
安哥拉	2015/2016	0.282	55.3	0.024	36.6	4.7
亚美尼亚	2015/2016	0.001	36.2	—	23.5	10.8
孟加拉国	2019	0.104	42.2	0.010	24.3	5.1
伯利兹	2015/2016	0.017	39.8	0.007	—	9.3
贝宁	2017/2018	0.368	55.0	0.025	40.1	8.8
博茨瓦纳	2015/2016	0.073	42.2	0.008	19.3	8.8
柬埔寨	2014	0.170	45.8	0.015	17.7	5.8
中国	2014	0.016	41.4	0.005	1.7	7.5

续表

国家名	调查时间/年份	MPI值	剥夺强度/%	不平等	贫困发生率/%	平均受教育年限/年
哥伦比亚	2015/2016	0.020	40.6	0.009	27.0	7.1
刚果	2014/2015	0.112	46.0	0.013	40.9	6.1
古巴	2017	0.002	36.8	0.003	—	10.2
埃及	2014	0.019	37.6	0.004	32.5	6.4
塞尔瓦多	2014	0.032	41.3	0.009	29.2	6.5
加纳	2014	0.138	45.8	0.016	23.4	7.0
印度	2015/2016	0.123	43.9	0.014	21.9	4.4
牙买加	2014	0.018	38.7	—	19.9	9.6
肯尼亚	2014	0.178	47.0	0.014	36.1	6.3
墨西哥	2016	0.026	39.0	0.008	41.9	8.5
缅甸	2015/2016	0.176	45.9	0.015	24.8	4.0
尼泊尔	2016	0.148	43.6	0.012	25.2	3.2
卢旺达	2014/2015	0.259	47.5	0.013	38.2	3.3
苏丹	2014	0.279	53.4	0.023	46.5	3.1
泰国	2015/2016	0.003	39.1	0.007	9.9	7.3
巴拉圭	2016	0.019	41.9	0.013	24.2	7.7
塞尔维亚	2014	0.001	42.5	—	24.3	9.5
马拉维	2015/2016	0.243	46.2	0.013	51.5	4.2
危地马拉	2014/2015	0.134	46.2	0.013	59.3	5.6
厄瓜多尔	2014	0.018	39.9	0.007	25.0	7.6

从表6–4中多维贫困指数（MPI）与受教育年限的对应关系可以看出，两者之间具有较强的负相关性，即国家居民的平均受教育年限越长，多维贫困指数越小，两者之间的简单相关系数为–0.66。剥夺强度和不平等与受教育年限的相关关系虽然不像多维贫困指数那么高，但整体上表现出比较强的负相关性，剥夺强度为–0.59，不平等为–0.50。贫困发生率的可比性会因国家设定的贫困线不同而受到影响，但是即使如此，贫困发生率与受教育年限整体上也呈现较强的负相关性，简单相关系数达到–0.43。因此，从受教育年限与贫

困的关系在国际范围内所表现出来的特征事实来看，教育程度的提高将有助于缓解国家的贫困问题。

（二）检验模型与数据来源

1.检验模型

根据人力资本理论和明瑟方程，初始分配的居民收入是居民受教育程度、工作年限和一些其他控制变量的函数。

$$y_{it}^{*}=u_i+\beta \mathrm{edu}_{it}+z'_i\theta+\varepsilon_{it} \tag{6-1}$$

其中，y_{it}^{*}是收入；u_i是截距项；β是受教育程度对收入的边际贡献；edu_{it}是居民受教育程度；z'_i是其他控制变量；θ是包括工作年限在内的一些对收入产生影响的控制变量；ε_{it}是随机干扰项。

定义规则：

$$y_{it}=\begin{cases}1 & 若 y_{it}^{*}>y_{*t}\\ 0 & 若 y_{it}^{*}<y_{*t}\end{cases} \tag{6-2}$$

其中，y_{*t}是相对贫困指示函数，等于0时为相对贫困，等于1时为非相对贫困。并假设ε_i服从逻辑分布，则y_{it}关于影响因素变量的Logit模型：

$$\mathrm{P}(y_{it}=1 \mid \mathrm{edu}_{it},\beta,z_i,\theta,u_i) \tag{6-3}$$

其中，z_i是控制变量对应的系数向量。

式（6-3）主要测量教育程度对居民贫困概率的影响，在式（6-3）的基础上，为了进一步验证教育程度对居民相对收入比的影响，本书构建如下模型：

$$\pi_{it}=\eta_i+\alpha \mathrm{edu}_{it}+z'_iD+\nu_{it} \tag{6-4}$$

其中$\pi_{it}=y_{it}/y_{*t}$，表示居民相对于相对贫困线的相对收入；y_t是截距项；α是受教育程度对相对收入的边际贡献；D是控制变量；ν_{it}是随机干扰项。

根据上文理论分析，本书预期β和α都显著为正。为了验证假设3高校扩招政策的调节作用，在模型（6-3）和模型（6-4）的基础上，本书进一步引入高校扩招及其与教育程度的交叉项，构建模型（6–5）和模型（6–6）：

$$P(y_{it} = 1 \middle| \text{edu}_{it}, \text{edu}_{it} \times \text{edu\_kz}_{it}, \text{edu\_kz}_{it}, \beta_1, \beta_2, \beta_3, z_i, \theta, u_i) \tag{6–5}$$

$$\pi_{it} = \eta_i + \alpha_1 \text{edu}_{it} + \alpha_2 \text{edu}_{it} \times \text{edu\_kz}_{it} + \alpha_3 \text{edu\_kz}_{it} + z_i' \vartheta + \nu_{it} \tag{6–6}$$

2.数据来源

为了检验上述计量模型，在使用了上文所整理使用的CFPS（2010、2012、2014、2016、2018）数据库之外，还利用到数据库对应年份的国家统计年鉴，查阅了各省份的高校在校生人数统计数据。

表6–5给出了用于检验上述计量模型的具体变量及其在CPFS数据库中对应的表现值。根据当前学术界对相对贫困线的确定办法，本书选择城乡一条线法，并设定相对贫困线为家庭纯收入中位数的60%，以保证有足够多的家庭处于相对贫困线以下，这也符合国家消除绝对贫困以后，未来的扶贫政策倾向。家庭收入的代理变量选择的是家庭经济数据库中相对2010年可比的全部家庭纯收入项，该项的取值是家庭工资性收入、经营性收入、财产性收入、转移性收入、其他收入五项收入的总和与家庭总收入回答值的高值。用ppr表示家庭纯收入与相对贫困线的相对位置，在贫困线以上取值为“1”，在贫困线及以下取值为“0”，ppr是“0–1”二值被解释变量；用ppp表示家庭纯收入与相对贫困线的比，反映的是居民家庭的收入相对贫困程度，理论上，ppp是取值范围在$(0, +\infty)$的连续性变量。教育程度的代理变量与以往学者的选取不同，不再选取家庭人员的平均受教育程度作为居民受教育程度的代理变量，而是选择家庭中已不上学、在经济上是一家人、受教育程度最高者的教育程度作为居民受教育程度的代理变量，记：$\text{edu} = \text{MAX}\{\text{edu}_i\}\ (i = 1, 2, \cdots, n)$，其中$n$表示家庭中已不上学、在经济上是一家人的人口数；$\text{edu}_i$表示家庭中已不上学、在经济上是一家人的家庭成员$i$的受教育程度。主要原因是考虑在校学生和退休后的老人因收入效应不明显，如果把这一群体的受教育程度也加入居民受教育程度的代理变量中，必将影响教育程度的家庭收入效应。

表6–5　变量名称及表现值

变量名称	符号	表现值
是否是相对贫困户	ppr	虚拟变量，家庭纯收入在相对贫困线以下的取0，以上的取1
相对收入比	ppp	家庭纯收入与相对贫困线的比
教育程度1	edu1	家庭中受教育程度最高者的教育层次
教育程度2	edu2	家庭中受教育程度最高者的教育年限
家庭收入	fincome	家庭经济库中的家庭纯收入项
家庭净资产	total_asset	家庭经济库中的家庭的净资产项
家庭所在区域	region	0=西部省份，1=中部省份，2=东部省份
家庭所在地区	area	0=农村，1=城镇
家庭人数	family_n	在经济上是一家人的家庭人口数
家庭主要收入来源	incsource	0=其他，1=工资收入
16岁以下人口占比	age16	家庭16岁以下人口数/家庭人数
60岁以上人口占比	age60	家庭60岁以上人口数/家庭人数
家庭工作人数	family_wn	在经济上是一家人的在业人数
工作年限	work1	家庭最高受教育者的工作年限=调查年–受教育年限–6
工作年限的平方	work2	工作年限的二次方
健康程度	health	1=非常健康；2=很健康；3=比较健康；4=一般；5=不健康
配偶的健康程度	health_s	1=非常健康；2=很健康；3=比较健康；4=一般；5=不健康
是否患有慢性病	chronic	0=半年内没有慢性疾病，1=半年内有慢性疾病
配偶是否患有慢性病	chronic_s	0=半年内没有慢性疾病，1=半年内有慢性疾病
婚姻	marriage	0=其他，1=在婚
性别	sex	0=女性，1=男性
工作状态	employ	0=失业，1=在业

以往研究理论和文献认为，除了教育程度之外，其他可能影响家庭收入的控制变量主要有家庭净资产、家庭人数、家庭所在省份、家庭所在地区、家庭主要收入来源、16岁以下人口占比、60岁以上人口占比、家庭工作人数；工作年限、健康水平、是否患有慢性疾病、人口结构和夫妻个体特征指标。因模型（6–3）~模型（6–6）的因变量和检验自变量的不同，在引入模型中的控制变量有细微差异。

（三）检验过程与结果分析

1.数据总体特征

图6-8（a）是相对教育程度下各省份的相对贫困发生率分布情况，数据来源于2018年的CFPS数据库[1]，其中横坐标是各省份的平均受教育年限与北京地区平均受教育年限的比值；纵坐标是各省份的相对贫困发生率。整体来看，随着平均受教育年限的增加，地区相对贫困率在下降，散点分布从左上角向右下角倾斜；分地区来看，虽然北京居民的平均受教育年限最高，但是上海、江苏、浙江、天津和湖北几个地区的相对贫困发生率相比北京略低。图6-8（b）是相对教育程度下各省份相对贫困居民的平均相对收入比的分布情况，从整体分布情况看，平均相对收入比的变化趋势与相对贫困发生率的变化趋势正好相反，散点分布从左下角向右上角倾斜，相对贫困居民的平均相对收入比指标随着平均教育年限的增加而变大[2]；分地区看，天津居民的受教育年限低于北京，但在相对贫困居民中，天津的平均相对收入比最大，贫困深度最小。所以，相对贫困发生率和平均相对收入比与教育程度的整体关系表明教育程度对地区的贫困发生率和贫困深度具有降低作用，但是少数地区表现出的异质性说明除了教育程度，还有其他因素对地区的贫困发生率和贫困深度产生影响。微观层面表现在，教育程度相同的家庭也会因为其他因素的不同使得自身相对收入比之间存在较大差异，所以本书把这些因素作为控制变量引入到检验模型中。

---

❶ 在地区选择上，由于内蒙古、海南、西藏、青海、宁夏和新疆符合本书研究的家庭样本量较少，未加入图6-8（a）和图6-8（b）的整体分析中，所以在图中仅显示了全国其他25个省区市。

❷ 由于上文用于反映贫困深度的指标A仅对贫困居民的相对收入差距进行平均，所以图6-8（b）中各省份平均相对收入比的计算对象仅包含相对贫困居民。

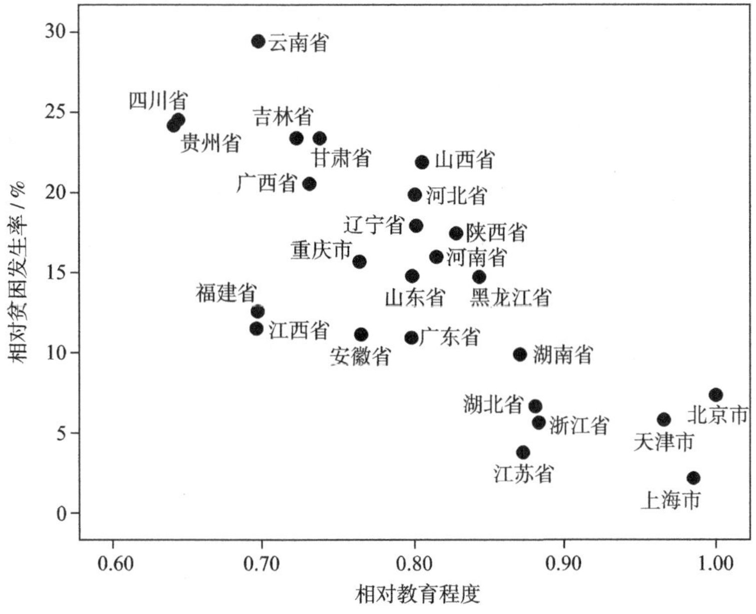

图6-8a　相对教育程度与相对贫困发生率

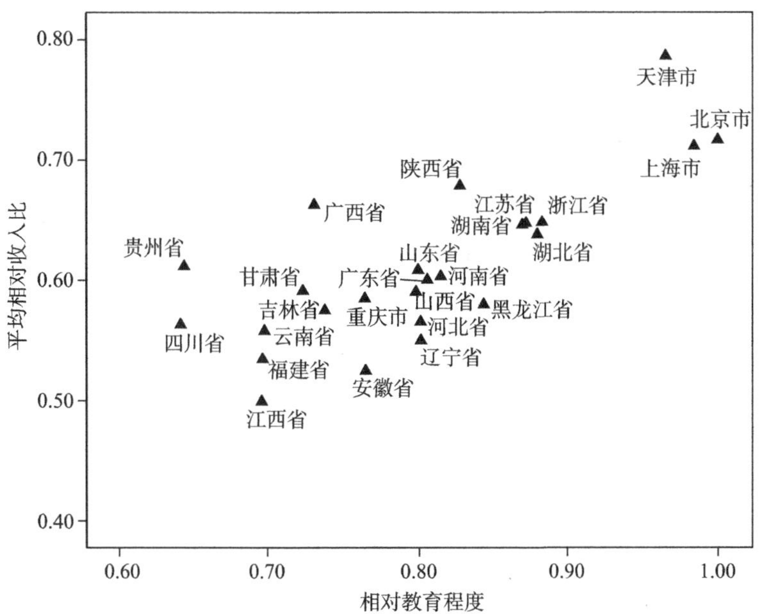

图6-8b　相对教育程度与平均相对收入比

2. 教育程度对相对贫困的影响

为检验教育程度对居民非贫困概率的影响，本书利用模型（6–3）从教育程度测度的教育年限和教育层次两个方面验证了居民受教育程度对自身非贫困概率的正向促进作用。在面板二值Logit模型估计结果的选择上，通过豪斯曼检验，分别比较了固定效应模型与混合模型、固定效应模型与随机效应模型的优劣，检验结果显示固定效应估计最优，表6–6列示了教育程度和部分控制变量的估计结果和显著性。

表6–6　教育程度对居民非贫困发生率的影响

变量	模型（6–3）	变量	模型（6–3）
教育程度	0.063 0*** (3.31)	初中	0.060 0 (0.55)
		高中及同等学历	0.340 3*** (1.82)
		大专	0.809 1*** (2.16)
		本科及以上	1.934 0*** (3.12)
家庭人数	0.354 5*** (9.71)	家庭人数	0.354 3*** (9.84)
工作经验	0.073 4*** (3.28)	工作经验	0.076 3*** (3.40)
工作经验的二次方	−0.001 4*** (−3.29)	工作经验的二次方	−0.001 4*** (−3.45)
户主的健康水平	−0.046 0** (−1.74)	户主的健康水平	−0.048 1** (−1.85)
配偶的健康水平	−0.089 0*** (−3.69)	配偶的健康水平	−0.085 3*** (−3.58)
家庭工作人数	0.127 1*** (2.72)	家庭工作人数	0.135 0*** (2.98)
其他控制变量	控制	其他控制变量	控制

注：括号中的数字是t值，***、**分别表示在5%和10%的显著性水平下显著，下同。

从居民的受教育年限看，教育程度与居民非贫困概率在5%水平上为显著正，表明居民受教育年限的提高有助于自身非贫困概率的增加。从居民的受教育层次看，除初中学历以外，其他更高层次学历的居民相比小学及以下学历的居民在5%水平上显著增加了自身非贫困的概率，并且随着学历层次的提高，正向促进的作用就越大。所以无论教育年限还是教育层次都表明教育程度对居民非贫困概率的增加产生了正向作用，从而可以实现降低贫困发生率的目的，假设1得证。

在假设1得到验证的基础上，继续验证教育程度对居民相对收入比的促进作用。表6-7给出了面板模型不同估计方法下的估计结果，其中最小二乘估计（OLS）采用的是以“家庭”为聚类变量的聚类稳健标准误估计，估计结果同随机效应估计（RE）较为相似；而双向固定效应估计（FE_TW）除了增加了年度虚拟变量的估计结果以外，其他变量系数的估计结果同固定效应聚类稳健标准误估计（FE_robust）的估计结果差异较小。

表6-7　教育程度对居民相对收入比的影响

变量	模型（6-4） OLS	模型（6-4） FE_robust	模型（6-4） FE_TW	模型（6-4） RE
教育程度	0.232 7*** (25.86)	0.047 3*** (3.13)	0.045 3*** (3.12)	0.210 3*** (22.74)
家庭人数	0.210 4*** (11.17)	0.260 5*** (7.94)	0.281 6*** (8.69)	0.217 7*** (12.16)
工作经验	−0.089 5*** (−6.07)	−0.031 8 (−1.38)	−0.036 7 (−1.60)	−0.065 5*** (−4.75)
工作经验的二次方	0.001 5*** (5.74)	0.000 3 (0.8)	0.000 4 (0.95)	0.001 1*** (4.30)
户主的健康水平	−0.082 8** (−3.54)	−0.017 7 (−0.72)	0.006 5 (0.24)	−0.071 8*** (−3.47)
配偶的健康水平	−0.106 9*** (−5.34)	−0.032 4 (−1.41)	−0.010 4 (−0.46)	−0.085 1*** (−4.47)

续表

变量	模型（6-4）OLS	模型（6-4）FE_robust	模型（6-4）FE_TW	模型（6-4）RE
家庭工作人数	0.141 4*** (4.58)	0.285 8*** (6.96)	0.272 0*** (6.99)	0.171 8*** (5.57)
年份				
2012			−0.135 4	
2014			−0.173 5***	
2016			−0.307 0***	
2018			0.032 1	
其他控制变量	控制		控制	控制
常数项	0.565 2***	1.449 0***	1.519 9***	0.346 3***
样本量	24 699	24 699	24 699	24 699
调整后 R^2	0.127 4	0.0540	0.054 3	0.126 8

为了比较几种估计方法的优劣，本书对最小二乘估计与随机效应估计的优劣检验采用的是*F*检验，对随机效应估计与固定效应估计的优劣检验采用的是自助法豪斯曼检验，检验结果显示，固定效应估计优于随机效应估计，随机效应估计优于最小二乘估计，由于篇幅问题，检验结果未列出，接受待查。从固定效应估计结果看，教育程度影响居民相对收入比的回归系数在5%水平下显著为正，表明提高相对贫困者的受教育程度对提升相对贫困者的相对收入比具有正向促进作用，从而可以实现缩小平均贫困差距、缓解相对贫困深度的目的，假设2得证。而且从双向固定效应模型的估计结果看，时间对相对收入比的影响从以前的负效应转变成了2018年的正效应。

3.异质性分析

在初次收入分配中，教育程度通过工资收入显著提高了相对收入比，相对收入比的变化会引起何种经济现象值得进一步分析。一般认为，随着人们绝对收入水平的提高，各种物价也会上涨，那么收入水平相对较低的居民，

因生活成本的增加，收入的增长只能满足保持福祉水平不变的支出；而收入水平相对较高的居民，因收入的增长快于生活成本的增加，家庭财富得到快速积累，特别是具有较高教育程度的居民，投资意识和投资能力较强，就会把家庭剩余财富用于投资，从而得到高额的资本回报率，加快自身相对收入比的变化。所以，具有较高教育程度的家庭可以通过家庭财富的投资拉大与相对贫困者的收入差距，提高相对收入比。对此，本书采用中介效应模型进一步检验家庭财富是否在教育程度与相对收入比的关系中起到了中介作用。具体地，在模型（6–4）的基础上构建如下模型（6–7）和模型（6–8）：

$$\text{asset}_{it} = \gamma_0 + \gamma_1\text{edu}_{it} + z_i'\vartheta + \varepsilon_{it} \tag{6–7}$$

$$\pi_{it} = \alpha_0 + \alpha_1\text{edu}_{it} + \alpha_2\text{asset}_{it} + z_i'\vartheta + \delta_{it} \tag{6–8}$$

其中，asset表示家庭财富变量，在本书中使用CFPS数据库中的家庭净资产度量，其余变量与前文定义一致。

表6–8　家庭净资产对居民相对收入比的中介效应

变量	模型（6–7）	模型（6–8）
教育程度	12 653.89*** (2.77)	0.037 3*** (2.58)
家庭净资产	—	0.057 7*** (2.98)
其他控制变量	控制	控制
常数项	3.845 2***	2.944 8***
样本量	24 699	24 699
调整后R^2	0.068 2	0.071 5

表6–8给出了模型（6–7）和模型（6–8）的双向固定效应模型的回归结果。教育程度对家庭净资产的回归系数在5%水平下显著为正；教育程度和家庭净资产对相对收入比的回归系数在5%水平下也显著为正，结合模型（6–4）的回归结果可以得到教育程度促进了相对收入比的提高，并且家庭净资产在这一过程中起到了中介效应。

为了验证不同收入群体教育程度对相对收入比作用大小的差异，本书以家庭人均收入为门限变量进行面板数据的门限回归分析。表6-9列示了门限效应检验结果。可以发现单一门限和双重门限都通过了1%的显著性检验，存在三重门限的显著性检验没有通过。单一门限的门限值是14 000，图6-9显示了双重门限的门限值分别是14 000和52 500，表6-10给出了在双重门限下的教育程度与相对收入比的回归结果。

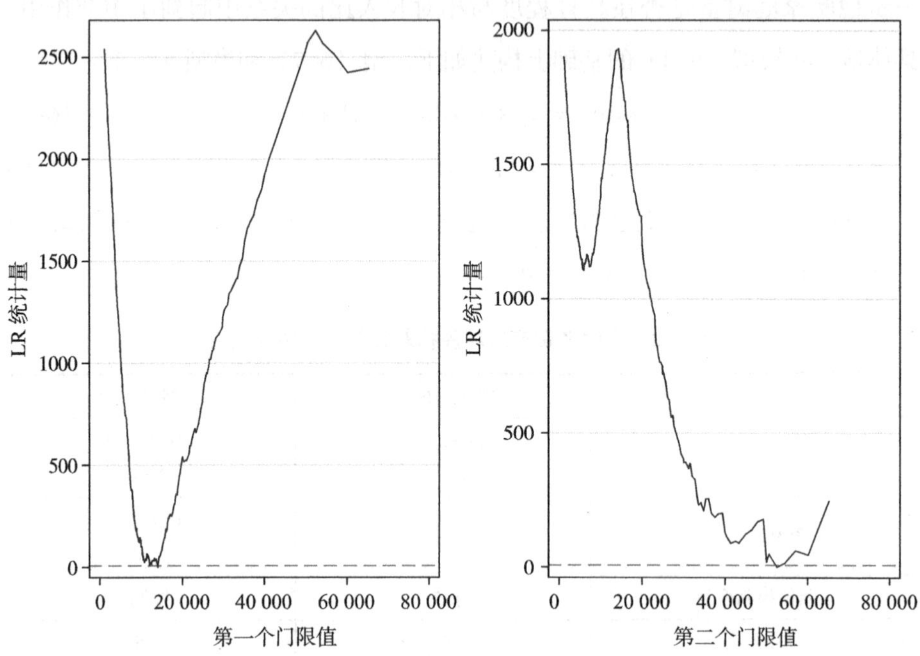

图6-9　家庭人均收入的双重门限估计

表6-9　门限效应检验

门限变量	门限个数	门限值	95%置信区间	*P*值
家庭人均收入	单一门限	14 000	[13 888，14 100]	0.000 0
	双重门限	14 000	[13 888，14 100]	0.000 0
		52 500	[50 600，54 333]	
	三重门限	5961	[5770，6000]	0.606 7

表6-10　双重门限估计结果

变量	系数	t值	P值
教育程度（家庭人均收入在14 000以下）	−0.126 1	−8.62	0.000
教育程度（家庭人均收入在14 000和52 500之间）	0.089 6	6.21	0.000
教育程度（家庭人均收入在52 500以上）	0.474 0	28.22	0.000
常数项	2.134 4	3.11	0.002
其他控制变量	控制		
样本量	9855		
调整后R^2	0.547 4		

从不同收入群体的教育程度对相对收入比的回归系数看，家庭人均收入在14 000元以下的低收入群体中，教育程度对相对收入比起到了负效应；家庭人均收入在14 000元~52 500元的中等收入群体，教育程度对相对收入比转为正效应，但相比高收入群体（家庭人均收入在52 500元以上）提升作用较小。分析其原因，进一步研究发现，在低收入群体中，教育程度普遍较低，平均受教育年限为9.4，基本上在刚完成义务教育阶段，家庭净资产也较少，教育程度的收入效应和家庭净资产的中介效应无法发挥，这与前文的初中及以下学历的回归系数不显著相一致；与之相反的高收入家庭，受教育程度较高，平均受教育年限在14.1，相当于大专学历，家庭净资产较多，是中等收入家庭的3.4倍，是低收入家庭的8.9倍，教育程度除了通过工资性收入，还会通过家庭净资产影响自身的相对收入比，因此，高收入群体的教育程度相对收入提升效应和家庭资产的中介效应要远大于低收入群体；在中等收入家庭中，教育程度主要通过工资性收入影响自身的相对收入比，虽然对自身收入比的提高具有正效应，但与高收入群体相比，促进系数较小。

4.稳健性分析

以上经验证明过程可能因遗漏关键变量而存在内生性等问题，使得模型分析结果存在偏差，需要进一步进行稳健性检验。通过样本选择性偏差、工具变量法[215]、更改教育程度的度量方法和剔除极端值检验，结果显示，回归结果都没有发生本质变化，具体检验数据见表6–11。

表6–11　受教育年限对相对贫困程度的稳健性检验结果

变量	Heckman两步估计法	工具变量法	更换核心解释变量	剔除极端值
教育程度	0.232 7*** (31.78)	0.782 9*** (3.09)	0.320 2*** (5.55)	0.046 3*** (3.15)
工作经验	−0.089 5*** (−8.36)	0.084 4** (1.77)	−0.016 1 (−0.67)	−0.036 7 (−1.57)
工作经验的二次方	0.001 5*** (7.52)	−0.000 1 (−0.24)	0.000 2 (0.40)	0.000 4 (0.99)
控制变量	控制	控制	控制	控制
样本量	24 699	24 968	25 477	24 054
调整后R^2	0.127 0	0.357 2	0.083 3	0.054 4

5.高校扩招政策的效果检验

随着国家高校扩招力度的加强，人们普遍认为学历的价值在贬值，因此，高校扩招对教育程度的相对贫困缓解效应是否起到了负向调节作用需要验证。

本书使用的高校扩招强度的代理变量是统计年鉴中的高校在校生人数指标，数据来自国家统计年鉴中的近10年各省份的高校在校生人数统计。表6–12给出了高校扩招的调节结果，教育程度与高校扩招交互项的系数显著为正，经验证据表明，高校扩招强化了教育程度对居民相对收入比提高的正向促进作用，高校扩招有利于相对贫困发生率的降低和提高高学历居民的相对收入比，假设3得证，这与人们的普遍认识相悖。

表6–12　高校扩招对相对贫困程度的影响

变量	模型（6–4）
教育程度	−0.115 4*** (−1.96)

续表

变量	模型（6–4）
教育程度与高校扩招的交互项	0.066 7*** (2.81)
高校扩招	−0.568 7*** (−2.65)
其他控制变量	控制
常数项	2.944 8***
样本量	24 699
调整后 R^2	0.071 5

在当前新的发展阶段，通过提高全体国民教育水平，有助于降低国家或地区的相对贫困发生率。但也应该注意到，相对贫困家庭居民受教育水平普遍较低，特别是具有农村家庭背景的个体，学历层次绝大多数都在初中以下，尤其严重的是他们的子代受教育程度也不高，很难实现教育程度对相对收入贫困的阻断。所以，国家相关部门需要对家庭成员受教育程度较低的相对贫困群体给予更多的关注，解决阻碍家庭成员或子代受教育程度提高的经济和非经济因素，切实做好教育扶贫政策，这对巩固精准扶贫成果，防止非贫困户再度返贫具有重大意义。高校扩招对教育程度的相对收入比提升效应具有正向调节作用，所以国家需要在高校扩招实施进程中多为低收入家庭成员的受教育机会创造更多条件，提高低收入家庭的教育程度对缓解相对贫困具有积极的作用。

三、相对贫困治理的国际经验

梳理世界上一些发达国家的反贫困史，分析其优势和不足，对当前中国制定缓解相对贫困的政策具有启示意义。以下对美国、英国和日本三个国家的反贫困史进行综述。

（一）美国的反贫困历史和启示

美国的反贫困历程可以分成五个阶段。

第一阶段（1776—1860年），对贫困的扶持和慈善援助。这一时期，美国政府的扶贫措施和行为相对初级，因此扶贫效果不显著。政府扶贫的重点是建立收养中心和感化院，并为经历长期失业和失去劳动力的群体提供优先救济；除了政府，还有社会施舍，由美国慈善组织主导向贫困者进行帮扶；在这一时期，教会和行业协会在贫困扶持中也起到了一定作用。

第二阶段（1861—1929年），是美国早期扶贫体系建立措施的调整期。在这一阶段，美国的扶贫政策在延续上一阶段的措施基础上，有所创新：首先，为了降低伤亡，美国政府在1982年建立了养老金制度，以减轻因内战而丧失劳动能力的士兵以及在战斗中牺牲士兵家属的生活压力；其次，为了解决黑人难民问题，美国成立了自由民政局，这是美国第一个联邦福利机构，主要负责黑人、难民和无土地者的事务；最后，社会和民间力量在减贫事业中也发挥了非常重要的作用。

第三阶段是从大萧条到20世纪60年代，是美国现行扶贫体系形成的时期。罗斯福新政始于1929年的大萧条，这一新政改变了美国。为了解决前所未有的经济危机和失业浪潮，联邦政府成立了联邦紧急救援署（FERA）来统筹救济资金的分配。1935年，罗斯福通过《紧急救济拨款法》进一步增加了为失业者提供就业、救济和福利机会，当时为失业者提供了近1000万个就业机会。在这一阶段，还逐步建立了社会保障制度，通过《社会保障法》和社会保险机构，建立了老年人、幸存者和残疾人保险，与此同时，建立了大规模的穷人公共援助项目、失业保险和其他救济制度。上述事实表明，这一时期美国的社会保障制度已经正式建立，直到20世纪60年代，美国的社会福利体系不断完善，包括增加社会保障覆盖面和进一步的工作保障。

第四阶段是从20世纪60年代到70年代末，美国福利扶贫体系的全盛时

期。20世纪60年代是西方国家社会福利增长空前扩张的时代，历史上称之为"福利国家扩张的黄金时代"。这一阶段以总统约翰逊的"伟大社会计划"为标志，在约翰逊时期，美国启动了一系列减贫计划，成立了联邦经济机会局，实施了许多社会福利计划，包括教育发展、住房建设、营养食品补贴、扩大就业、医疗保健等。此外，该计划还包括一些帮助欠发达地区的法案，如1964年的《经济机会法》《阿巴拉契亚山区发展法》和《公共工程和经济发展法》。约翰逊卸任后，尼克松、卡特和福特政府在一定程度上延续了约翰逊的政策，"伟大社会计划"和类似政策产生了重大影响，美国的贫困率从20世纪60年代的22.5%下降到11%，1973年，美国的贫困人口从近4000万下降到2400万。

第五阶段，从1980年至今，是美国福利扶贫政策的收缩和调整阶段。自20世纪70年代以来，石油危机、经济停滞和人口加速老龄化使美国各级政府无法支付其财政支出，开始削减社会福利项目，特别是里根上台后，联邦政府开始改革社会福利计划，大幅削减社会福利支出，提高社会保障计划的门槛。自20世纪70年代末以来，美国的贫困率迅速上升，由于福利项目数量的大幅减少，贫困率反弹到20%以上。1993年克林顿上台后，强调政府和社会福利受益者的双向义务：政府帮助穷人的义务，以及被帮助者发展自力更生和社会友好态度和行为的义务。克林顿对美国的社会保障制度进行了彻底改革，以削减开支和刺激就业。此后，布什、奥巴马和特朗普政府对美国的反贫困政策进行了一些调整，但总体上显示出收缩状态。

美国减贫历史对本书的启示如下：美国的反贫困措施主要有以下三大特征，一是对特殊群体和特困区域进行针对性帮扶，无论是采用财政政策还是福利政策，由政府兜底；二是美国在扶贫过程中非常重视通过就业手段帮扶贫困者及对失业群体给予了高度关注，实施了就业扶贫的政策，并制定了具有针对性的法案；三是从美国最近几十年的扶贫政策变革来看，美国的贫困治理越来越重视贫困内外因的结合，贫困治理需要国家和社会的外部帮扶，也需要贫困个体的自我发展。

（二）英国的反贫困历史和启示

16世纪以前，英国并没有把贫困当作一个社会问题，因此没有进入政府的公共政策视野，政府没有出台过比较正规的反贫困政策，16世纪以后，英国政府才开始进行贫困帮扶。

第一阶段，从16世纪上半叶到1603年，对穷人的改革时期。16世纪上半叶，随着人口扩张、土地兼并和圈地运动的全面展开，生产力水平和生活物质的增长速度极为缓慢，出现了大量的贫困人口、流浪人口，社会矛盾日趋严重。英国政府开始越来越多地参与扶贫行动，并开始用组织性质社会救济取代早期的教会慈善。1601年，英国政府正式颁布了《伊丽莎白济贫法》，法律规定国家所属的教区应在其管辖范围内设立救济所，以救济年老体弱、无法工作的穷人，并为有工作能力的人安排工作。

第二阶段，从1603年到18世纪中后期，是上一时期《伊丽莎白济贫法》扶贫政策的延续和调整。在《伊丽莎白济贫法》的各项措施的基础上，做出了一些调整，主要有稳定粮食价格，继续鼓励社会慈善事业，鼓励广泛的慈善活动，为穷人提供劳动救济等。

第三阶段，从18世纪末到19世纪中叶，济贫法案变革时期。工业革命兴起半个世纪以来，工业企业成立后，工人收入大幅增加。圈地运动的广泛发展导致大量农村无地农民的出现，贫困和失业问题日益突出，英国1834年颁布了《济贫法修正案》，其核心内容是为英格兰和威尔士设立穷人法律专员，负责管理穷人救济问题和管理最初的穷人之家。新的法案旨在加强扶贫机构的功能，使住院救济成为英国扶贫体系的核心，要求穷人进入扶贫机构接受救济，不再允许无条件地向有工作能力的人提供救济。

第四阶段，从19世纪到第二次世界大战前，英国社会保障体系初步建立。随着工业革命的完成和英国工商业的不断发展，人们的生活水平和观念得到了显著提高，英国人的贫困观念变得更加中立。在这一阶段，英国政府

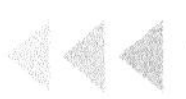

开始采取措施改善贫困家庭的生活环境，开始学习德国创立社会保障制度，寻求建立自己的社会保障体系。最初的社会保障制度侧重于对医疗、养老和失业的保障。第一次世界大战后，英国改革了社会保障制度，提高了个人缴纳社会保险的水平，提高了领取津贴特别是失业津贴的门槛，建立了较为完善的国家医疗体系。

第五阶段，从第二次世界大战到1980年，英国福利扶贫体系的建立和深化。1942年的贝弗里奇报告在英国引起了极大的轰动，最终报告被议会通过，成为指导英国福利国家建设的蓝图。此后，国会通过设立各种福利救助法规，并通过“国家救济法”，正式废除了贫困救济制度，1948年，英国宣布建立福利国家。在此期间，英国在福利和扶贫项目上的支出连续35年稳步增长，社会保障制度的建立和福利国家的诞生，标志着原有扶贫体系的凋亡。

第六阶段，从1980年至今，英国扶贫项目的改革阶段。石油危机和经济滞涨始于20世纪70年代，使得英国各级政府无法在20世纪80年代实现收支平衡。面对快速增长的财政赤字，他们开始寻求社会福利项目的“减法”，特别是撒切尔夫人上台后，开启了英国社会保障制度改革的序幕。在撒切尔夫人及其继任者梅杰的18年任期中，保守党政府在改革英国福利扶贫体系方面有四个主要方面：第一是降低一些福利和社会保障项目的补贴标准；第二是修改项目的基础，以降低成本；第三是减少英国福利减贫项目的普遍性、增加选择性，改善对有工作能力者的激励；第四是实施项目私有化和面向市场的改革。2012年以来，英国通过《福利改革法案》，开始了近年来最大规模的福利制度，改革后，英国的福利减贫政策更加一体化，管理成本降低，项目设计更加科学。

英国减贫历史对本书的启示如下：一是英国早期的扶贫政策是主要依靠社会慈善机构实施贫困群体的救助；二是到了中期以后，通过设立专门的扶贫结构实施对穷人救济，主要是医疗和生活补助救济，政府的兜底救济使得英国政府财政支出大幅增加，给英国政府造成了严重的财政赤字；三是福利保障体系的建立、完善和改革是英国后期和当前进行的主要贫困治理措施，英国政府一方面通过提高管理水平削减社会福利扶贫成本，另一方面通过激励有工作能力者的工作意愿较少福利扶贫支出。

（三）日本的反贫困历史和启示

日本的减贫进程大致经历了无责任、国家责任，福利制度建设、改革、试运行等阶段，具体阶段如下。

第一阶段（1874—1900年），开始将扶贫工作纳入国家政策。这一阶段日本虽然没有采取直接的扶贫措施，但是国家在减贫方面的作用已经开始发挥。减贫的范围仅限于教育和社会救济领域，扶贫项目也相对狭窄，仅限于老年人或青年残疾人，并有严格的资格限制。社会保障方面的不平等更加明显，军人和公务员的优惠待遇更加显著。

第二阶段（1901—1945年），国家政策中的扶贫范围限制扩大。萌芽扩张时期，日本政府社会救济的对象和内容相对于前一阶段有所扩大，但是，日本扶贫体系仍然保留着大量的封建残余，反映出强烈的强迫性，这意味着政府更关心维持社会稳定和适应国家宏观需要的问题，而不是从国家权力的角度来处理这个问题。在这一阶段，日本政府逐步在全国推行义务教育，在学校向贫困学生传授职业技能，并颁布了《救护车法》，以便向老人、儿童、孕妇、残疾人和精神患者提供救助。此外，为了保护处境不利的老年人的利益，《养老保险法》《健康保险法》《国家健康保险法》和《健康和福利保险法》也开始出现。

第三阶段（1946—1961年），日本政府形成并建立了扶贫减贫体系。第二次世界大战后，在美国的指导下，日本开始扩大福利扶贫政策的覆盖，确立了国家扶贫和社会救济工作的顶层设计，制定了《生命保护法》《儿童福利法》和《残疾人福利法》。此后，日本的扶贫减贫工作进入了所谓的“三法时代”。

 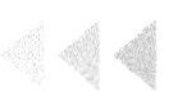

第四阶段（1962—1974年），是扶贫减贫体系蓬勃发展的时期。在此期间，日本政府继续增加在医疗、养老金、儿童津贴和社会公共设施等方面的福利支出。1973年，被称为日本的“福利第一年”，社会福利预算达到日本历史新高，福利法、老年人福利法和母婴福利法相继被制定和实施，日本的扶贫社会福利制度从“三法时代”进入“六法时代”。这一阶段，随着经济的快速发展和社会福利水平的提高，日本的绝对贫困人口开始显著下降，并基本消除。

第五阶段（1975—2010年），是扶贫减贫体系的调整和重组阶段。日本开始反思自身的福利模式和社会保障政策。努力向强调“社会福利分权”、重视“家庭和私人资源”的社会福利道路转型，积极构建具有日本特色的扶贫社会福利体系。在这一阶段，日本颁布了《就业保险法》《老年人保健法》，实施了《国家健康保险法》，修订了《健康与福利法》，并不断调整国家、雇主和工人的社会福利计划。权利和义务的分配减轻了国家的财政负担。1990—2010年期间，随着日本经济的持续衰退和各种社会问题的出现，社会保障体系面临的挑战日益严峻。由于经济衰退，政府的财政资源非常紧张，这影响了原有企业终身雇佣制度，失业人员和非正规就业人员开始大量出现，相对贫困问题开始突出，政府对社会福利体系进行改革，确立了“国家社会保障，全民支持”的新理念，重新审视社会福利制度的负担，重新考虑政府、雇主和工人三者的参与，试图建立一个持续的社会福利制度。为此，在国民负担能力范围内，逐步提高保险费率，实现“受益人负担”原则，实行收费多元化，倡导社会福利，特别是扶贫社会化，更加重视社会组织和家庭在社会福利供给中的作用。

第六阶段（2011年至今），是试行和补充社会福利体系时期。在这一时期，日本政府在总结以往经验的基础上，结合本国实际情况，试图建立起规模和功能相适应的社会保障体系。2011年7月，《社会保障和税收综合改革明确方案》启动，此后，日本还采取了各种其他补充措施，包括《自给自足生活贫困支持法》，主要关注一些典型的贫困问题。

日本的扶贫历程对本书的主要启示如下：日本政府把扶贫工作纳入国家公共政策体系以后，一直采用的是社会福利扶贫体系，在关注贫困群体的收入和消费贫困的同时，非常重视个人的教育、健康福利，尤其是儿童、老人等弱势群体的福利水平；在构建社会福利保障体系的资源分配上，不断调整政府、雇主和工人三者之间的权利和义务，社会福利保障应由三方根据自身能力共同承担。

四、本章小结

本章从宏观和微观视角，分别设计了全国省份贫困预警体系和家庭贫困预警体系，并利用CFPS2018年四大库的组合数据对宏观省份和微观家庭的贫困级别进行了划分。实证分析结果表明，利用本章构建的全国省份贫困预警体系和第四章的贫困指数分解结果，有助于制定贫困治理的宏观政策，如教育改革、社会保障制度改革、就业政策改革等；利用本章构建的家庭贫困预警体系和第三章的家庭多维贫困识别结果，有助于家庭扶贫政策的精准实施。

从美国、英国和日本反贫困历程看，一方面，对贫困群体的长期扶贫需要国家、社会（企业）和扶贫对象三方力量根据自身能力共同完成，只有三者之间相互配合，扶贫的效果才能达到最大化；另一方面，扶贫政策需要根据经济社会的发展设置中长期目标，特别是对多维相对贫困的缓解，在有些相对贫困指标的缓解上需要一些制度上的变革，所以在政策制定上需要注意政策的连续性和调整性[216, 217]，此外，三个国家近年来的反贫困政策都是基于社会福利对国家社会保障体系进行改进调整，所以，对于进入新发展阶段的中国在扶贫政策的实施方向上应考虑基于国民福祉和个人全面发展进行适时调整，这正是本书研究的出发点和落脚点。

第七章　研究结论和政策建议

一、主要结论

本书基于福祉理论、包容性理论和中国特色扶贫理论，围绕新发展阶段中国相对贫困治理问题，从相对贫困的识别出发，构建了相对贫困测度模型和相对贫困预警体系，以微观家庭数据为研究对象，验证了相对贫困识别、测度模型和预警体系的效果，系统分析了中国新发展阶段下的相对贫困问题。

（一）相对贫困的识别

在构建相对贫困指标体系和设置相对贫困标准线的基础上，分三个层次对微观家庭的相对贫困程度进行识别：单一指标相对贫困程度、多维指标相对贫困程度和多维相对贫困程度的主观判断。通过三个层次的识别可以对微观家庭的贫困状况进行全面认识和排序，从而实现精准识别相对贫困户的目的。

1.单一指标相对贫困的表现

城乡居民在“家庭人均旅游支出”“养老保险参保率”和“使用互联网学习的频率”等指标上的相对贫困发生率较高；在“适龄儿童失学率”“医疗保

险参保率”和“劳动力失业率”等指标上的相对贫困发生率较低。城乡居民在“受教育水平”指标的贫困发生率大小上差异较为明显，农村居民的受教育水平相对贫困发生率高于城镇居民24个百分点；在“饮用水质量”和“炊用能源类型”两个指标上，农村的相对贫困发生率也同样显著高于城镇；而在健康、就业两个维度，城镇居民的相对贫困发生率略高于农村。因“家庭人均纯收入”“家庭人均消费性支出”和“家庭人均净资产”等货币型指标在城乡设置的标准线不同，所以贫困发生率在城乡之间无对比性，相对贫困标准线只能用于识别城乡内部人员的相对贫困户。

2. 多维相对贫困的主观判断

实证分析表明本书基于非参数统计中“秩”的概念构建的相对贫困主观识别模型，评价贫困户之间的相对贫困程度比利用指标的绝对值评价贫困户的相对贫困程度更容易实现，因为在贫困户的精准识别过程中，一些收入水平指标、消费水平指标、资产拥有量指标等信息，审核者或评价者不好判断，但对申请贫困的家庭户之间在这些指标上的排序情况容易确定。并且，基于相对贫困评价指标体系作出的相对贫困程度历史数据，通过使用传播算法（Rprop）的神经网络模型可以准确地对贫困户的相对贫困程度作出预测。家庭多维相对贫困程度的主观判断是多维相对贫困定量识别结果在精准扶贫政策实施过程中的补充。但是，多维相对贫困程度的主观识别只能在微观村级行政单位进行，因为对居民家庭相对贫困程度的比较都是基于熟人圈子，在彼此都非常了解的基础上进行的，而且评价者的主观判断还可能会受到环境和社会关系的影响，所以需要从指标层面量化居民家庭相对贫困程度的判断，以实现多维相对贫困定量和定性识别的有效结合。

3. 多维相对贫困的综合表现

多维相对贫困的综合识别法与AF法相结合可以从贫困维度和贫困深度识

别微观家庭的多维贫困状况。AF法的计算结果显示，一般相对贫困最大的剥夺维数是15个，极端相对贫困最大的剥夺维数是12个，都存在维度指标没有被剥夺的家庭；从一般相对贫困识别结果看，存在1个以上指标被剥夺的家庭比例占到了98.91%，存在10个以上指标被剥夺的家庭比例下降到了8.16%；从极端相对贫困的识别结果看，存在1个以上指标被剥夺的家庭比例为91.57%，只有不到6%的家庭在7个以上指标被剥夺。综合识别法的计算结果显示，综合隶属度大于等于0.3的家庭只占到了样本家庭的17.06%，超过0.6的家庭只占到了样本家庭的1%左右，大多数家庭的综合隶属度集中在0.4~0.5，综合隶属度越大多维相对贫困就越深，可以根据每个家庭综合隶属度的大小对家庭的多维相对贫困深度进行排序。

（二）相对贫困的测度

相对贫困的识别是基于微观视角对每个家庭是否贫困，以及贫困维度和贫困深度的研究，相对贫困的测度是基于宏观视角对特定时间和空间下的相对贫困状况进行研究，共分为三个层次：特定群体在单一指标上的贫困指数；特定群体的多维相对贫困指数；多维相对贫困指数的因素分解。

1.单一指标的贫困指数

在进行单一指标的相对贫困测度时，本书共分了三个层次：全国整体相对贫困的H指数、FGT_1指数和相对贫困新指数；全国分城乡、分区域的相对贫困新指数；各指标近年来在相对贫困新指数的变化趋势。测算结果显示，相对贫困新指数在FGT_1指数和H指数之间，“家庭人均旅游支出”指标的指数值最大，达到0.731，其次是“受教育水平”为0.525，相对贫困新指数的优势在于不仅能够对绝对贫困的状态进行测度，而且能够对相对贫困的贫困程度进行度量，较为适宜新发展阶段下对贫困的测度。各指标的相对贫困新指数在城乡、区域上的表现具有显著的差异性，其结果能够为城乡和区域的贫困治理提供指标上的指示作用。从一维相对贫困新指数在时间上的变化看，大多数指标的贫困指数随着年份呈下降趋势，但是也有几个指标的贫困指数在上升。“受教育水平”指标从2014年以后贫困指数呈上升趋势；“健康”维度的两个指标“健康水平”和“慢性病比例”的相对贫困指数出现了波动上升；“就业”维度的相对贫困程度也在逐步恶化。

2. 多维相对贫困指数

多维相对贫困指数是基于多个维度从宏观层面对区域相对贫困情况进行测度，为了说明本书构建的多维相对贫困测度指数的合理性，在进行多维相对贫困指数的计算时，从加权方法和剥夺函数的构造两个方面进行了比较。在使用不同的加权方法测度农村家庭的多维相对贫困时，计算结果显示，本书构造的合成系数加权法的表现值在贫困率加权法和综合主成分加权法下降速度最快，对贫困变化的敏感性更大。与AF法计算结果对比显示，本书构建的多维加权贫困综合指数法计算得到的多维加权贫困发生率$\tilde{H}\left(K_1\right)$、多维加权贫困综合指数$\tilde{M}_0\left(K_1\right)$在$K$的不同临界值下均大于AF法计算的贫困发生率$H$和AF多维贫困指数$M$；而且多维加权贫困综合指数的变动区间大，变化速度快，变动区间为[0.0002,0.7592]，AF多维贫困指数的变动区间为[0.0002,0.1023]；此外，多维加权贫困综合指数曲线的斜率绝对值远大于AF多维贫困指数，表明多维加权贫困综合指数相比AF多维贫困指数对个体的贫困划分更加细化，敏感性更强，更加有利于对个体多维贫困的精准识别和测度。

3. 贫困指数的因素分解

为了进一步认识全国多维相对贫困程度在区域上的差异性和各维度对多维相对贫困综合指数的贡献，需要对多维相对贫困指数按照区域和指标分解。按照省份分解的计算结果显示，东北三个省份吉林、黑龙江和辽宁的多维贫

困指数较高；西部几个省份陕西、重庆、四川的多维贫困指数次之；东部沿海的几个省份上海、江苏、浙江的多维贫困指数最小。农村居民家庭的贫困指数呈现出东低、西高、东北最高的贫困局面，这与多维贫困程度与经济发展水平存在一定关系的基本规律相吻合。但也有个别省份的表现与一般规律不一致，如广东省的农村在多维相对贫困指数上表现较差，而湖北省和云南省的农村在多维相对贫困指数的表现上相比自身的经济水平表现较好，表明不像绝对贫困，在考虑绝对贫困的同时考虑相对贫困，农村居民家庭多维贫困程度不仅与经济发展有关，也在一定程度上与当地的社会文化环境和贫困治理的速度有关。按照指标分解的计算结果显示，收入维度中的家庭人均纯收入、家庭人均净资产、教育维度中的受教育水平、生活水平维度中的家庭人均耐用品消费总值等指标的贡献率数值较大，是当前使农村居民家庭致贫的主要原因；家庭人均工作小时数和家庭人均旅游支出的综合贡献率在所有指标中也排在了中上位置，充分表明了新发展阶段自由属性指标在多维贫困评价中的不可替代作用。

（三）相对贫困的预警与治理

在相对贫困识别和测度的基础上，从宏观区域和微观家庭两个视角构建多维相对贫困预警体系，利用预警体系可以实现对区域和家庭的多维相对贫困预警状态进行判别。本书的相对贫困预警与治理研究模块由宏观区域相对贫困预警体系的构建与实践、微观家庭相对贫困预警体系的构建与实践、相对贫困治理政策检验——以高校扩招政策为例三部分内容构成。

1.宏观贫困预警体系的构建与实践

该部分内容首先从多维相对贫困发生率、多维相对贫困强度和多维相对贫困综合指数三个维度构建了5级多维相对贫困预警级别，然后利用全国数据测算各省份的预警级别，结果显示，吉林的预警级别最高；河北、山西、辽宁、福建、广西、四川、陕西的预警级别为第Ⅳ级；处于第Ⅲ预警级别的是黑龙江、安徽、江西、山东、河南、湖南、广东、重庆、贵州、甘肃10个地区；上海、北京、天津、浙江、江苏和湖北6个地区的预警级别是Ⅰ级。其中，上海在多维相对贫困发生率和多维相对贫困强度两个维度上的表现值都最小；天津次之，仅在相对贫困发生率上高于上海；北京多维相对贫困发生率最低，但是多维相对贫困强度较高。

2.微观贫困预警体系的构建与实践

微观预警体系以微观个体或家庭为研究对象，用于测度微观个体或家庭贫困广度和深度。本书以家庭为监测对象，根据家庭的多维相对贫困指数测算结果，判别家庭的多维贫困预警级别，由于篇幅所限，每个样本家庭的多维相对贫困预警级别未在文中列出，仅统计了各省份处于各预警级别的家庭比例，从侧面反映了各省份多维相对贫困家庭的贫困状况。北京仅存在处于ⅠA、ⅠB和ⅡA级预警状态的家庭，占比分别为71.2%、9.1%和19.7%，表明北京几乎不存在所有指标维度上存在绝对贫困返贫风险的家庭，但存在一定比例的相对贫困家庭；上海存在处于ⅠA、ⅠB、ⅡA、ⅡB和ⅢA级预警状态的家庭，占比分别为72.3%、7.5%、17.5%、2.5%和0.2%，表明上海除了具有少部分群体存在基础类指标上存在绝对贫困返贫风险的家庭，在其他所有指标维度上几乎不存在绝对贫困返贫风险的家庭；吉林是家庭处于预警状态级别较多的省份之一，在ⅠA、ⅠB、ⅠC、ⅡA、ⅡB、ⅡC、ⅢA和ⅢC预警状态级别的家庭比例分别为33.3%、11.3%、0.5%、33.3%、18.3%、2.2%、0.5%和0.5%，表明吉林是绝对贫困返贫风险较高和相对贫困程度较深共存的省份之一。

3.相对贫困治理效果的政策检验

为了有效缓解相对贫困，缩小贫富差距问题，中国出台了一系列的制度

改革和财政政策，如收入再分配政策、社会保障政策、户籍制度改革、教育制度改革等。本书基于教育程度视角，以高校扩招政策为例检验了教育制度改革对相对贫困问题治理的效果，实证分析结果显示，教育程度对家庭非贫困的概率具有正效应，即随着居民受教育程度的提升，一国或地区的相对贫困发生率降低；另外，教育程度对家庭相对收入比的影响也具有显著的正向促进作用；通过检验，高校扩招政策在教育程度缓解居民相对贫困中起到了正向调节作用，但是异质性分析结果表明，若不能缩小非贫困家庭居民的受教育程度与相对贫困家庭居民受教育程度的差距，那么随着高校扩招政策的实施，社会的贫富差距将可能会被进一步拉大。

二、政策建议

进入新发展阶段以后，中国贫困问题出现了新的变化，扶贫工作由消除绝对贫困为中心向缓解相对贫困，防止大规模返贫为重点转变。基于此，本书从多维相对贫困指标体系构建、贫困标准线的设置、多维相对贫困的识别、测度和预警体系的设计等多个方面对新发展阶段下中国多维相对贫困进行了系统研究，下面根据上述理论和实证分析的结果，有针对性的提出以下政策建议。

（一）合理设置多维贫困的判定标准

构建新发展阶段下多维相对贫困的评价指标体系，合理设置各指标的贫困标准线。进入新发展阶段，中国实现了在全国范围内的小康，衣食住行已不再是困扰居民生存的主要因素，人们在追求衣食住行的高质量需求的同时，对幸福感、获得感和安全感的渴望也变得更加迫切，所以在多维相对贫困指标体系中要增加一些表示自由、休闲内涵的指标，像工作时间、旅游支出等指标。随着包容性理论的提出和发展，国家和社会要为贫困群体提供能力发展的体制机制和良好的社会氛围，所以教育、医疗和就业保障等指标理应也要加入多维相对贫困指标体系中。完善新发展阶段下的多维相对贫困指标体系以后，在设置各指标的贫困标准线时，其一，应针对城乡二元结构设置不同的贫困标准线，如果实行城乡一条线，以城市为标准则会导致大量的农村贫困人口进行贫困治理的目标库中，很容易忽略贫困治理的主要矛盾；以农村为标准则会导致城市中一些相对贫困群体得不到精准扶持。其二，中国绝对贫困的脱贫攻坚工作刚刚完成，很长一段时间需要防止绝对贫困返贫，所以在设置相对贫困标准线时，应设置一高一低两条贫困标准线，而且大小应根据指标的具体分布确定，而不能仅仅取决于指标的中位数。

（二）有效识别居民家庭的多维贫困状况

一维相对贫困识别与多维相对贫困识别相结合，客观指标定量识别与主观判断识别相结合，精准识别贫困群体。人的全面发展是新时代发展的主旋律，这就要求在对微观家庭进行相对贫困识别时采用多指标，多维指标综合识别过程中取长补短忽视了微观家庭在不同指标表现上的差异性，很容易掩盖微观家庭在某些指标上的短板，所以在对微观家庭的多维相对贫困综合识别时结合一维相对贫困的识别结果，有助于对微观家庭相对贫困状况的全面认识。另外，在使用客观指标定量识别微观家庭的相对贫困程度时，处于同一相对贫困程度的家庭可能有很多，为了进一步对这些家庭的相对贫困状况进行区分，有必要发挥基层干部和代表群众的主观认识作用，通过基层干部和代表群众的主观判断量化对同一相对贫困程度家庭精准识别，这也符合定量分析与定性分析相结合的科学实践规律。

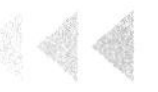

（三）从宏微两个层面测度贫困规模与程度

从微观到宏观，从表现到原因，对全国各省份的相对贫困状况全面测度，找出不同省份、不同家庭相对贫困的共性和差异性。区域发展的不平衡性和城乡二元结构决定了在测度全国多维相对贫困指数时，首先需要从宏观层面测度各区域、各省份的多维相对贫困指数，从相对贫困的广度和深度认识不同区域、不同省份的差异性，这对国家相对贫困治理政策的区域安排具有重要的指示意义；然后对指数进行指标分解，找出导致区域相对贫困的主要原因，从宏观层面上对各省份进行相应的体制机制改革。

（四）基于贫困预警结果制定相应治理措施

判断各省份、各家庭的多维相对贫困预警级别和贫困原因，从国家到地方制定有针对性的相对贫困治理措施。从各省份的贫困预警级别等级看，发展不足仍然是一些省份处于相对贫困高预警等级的主要原因，所以首先需要解决区域发展不平衡问题，进一步推进西部大开发形成新格局和东北全面振兴，用发展缓解这些区域的相对贫困，用政策防止这些区域发生大规模的绝对贫困返贫。在相对贫困的研究中，农村仍然是相对弱势群体的集中地，但是随着城镇化的推进，城市中的部分新迁入群体和农民工逐渐成为城市中的相对贫困者，致使城市的相对贫困问题加重，所以为了解决城镇化带来的新的贫困问题，各级政府需要在教育、医疗、就业、住房等民生方面因地制宜地制定新措施。

新发展阶段相对贫困的治理应以宏观层面的制约因素消除为主，以微观层面的精准帮扶为辅。在经济的高质量发展中，充分发挥收入再分配政策，为弱势群体的医疗、住房、子女教育、技能培训、休闲自由等资源方面提供均等化机会。

三、不足与展望

本书以家庭为单位从宏观、微观两个层面研究中国多维相对贫困状况，在研究过程中，虽然从指标体系的构建、识别标准的设置、测度方法的设计和贫困预警体系的划分等多个方面进行了创新，并利用中国典型数据库进行了实证分析和检验，但通过认真思考，为做好本书后续研究工作的开展，本书的研究还存在以下几点不足和需要改进的地方。

第一点不足，本书在考虑指标的家庭可比性时，只考虑了家庭规模对观测数据的影响，没有考虑家庭结构对观测数据的可比性影响。在得到分性别、分年龄的指标水平值时，可以通过对应性别和对应年龄的指标平均水平值对家庭的指标表现值进行修正，从而消除家庭结构对相对贫困家庭识别的影响。

第二点不足，在多维相对贫困指标体系的构成和实证分析上，本书基于福祉理论、可行能力理论和人的全面发展理论构建了多个维度的指标体系，在每个维度下都选择了对应的测度指标，但是在指标的丰富性上，还存在一些多维贫困测度信息未纳入指标体系中，像居住环境的测度指标、教育质量的测度指标和保健质量的测度指标等。新发展阶段，随着乡村振兴政策的实施和经济高质量发展的推进，这些相关指标的纳入将更加全面的评价居民的相对贫困状况。

第三点不足，本书从宏观和微观两个层面构建了多维相对贫困预警体系，并测度了各地区的预警级别和各家庭的贫困程度，但只是从微观层面验证了高校扩招政策对降低居民相对贫困程度的正向影响，缺少基于国家层面的宏观政策和基于地方层面的微观政策检验预警体系的可行性和有效性。后续研究可以基于这两个角度对各地区的相对贫困状况进行预警，对相对贫困的具体治理措施进行效果检验。

第四点不足，本书对家庭多维相对贫困的原因分析时，只考虑了家庭当前贫困的直接原因，没有分析家庭儿童相对贫困对未来家庭相对贫困的影响。

事实上，儿童的发展状况会直接关系到家庭当前的生活质量和未来的发展，儿童相对贫困的缓解将会对居民家庭相对贫困程度产生重要影响，尤其是农村儿童相对贫困的治理将成为乡村振兴、缩小贫困差距的关键点。因此对家庭儿童相对贫困状况的分析具有重要的理论和实际价值，未来将成为本课题重点关注的方向。

参考文献

[1] 亚当・斯密.国富论[M].富强，译.北京：北京联合出版公司，2014.

[2] World Bank. Poverty and Shared Prosperity 2020: A Reversal of Fortunes[R/OL].（2020-11-30）[2022-01-20]. https://www.worldbank.org.

[3] 刘建华，丁重扬.马克思主义经济学的贫困理论及其当代价值[J].政治经济学评论，2012，3（2）：129-139.

[4] 孙久文，夏添.中国扶贫战略与2020年后相对贫困线划定——基于理论、政策和数据的分析[J].中国农村经济，2019（10）：98-113.

[5] 王小林，冯贺霞.2020年后中国多维相对贫困标准：国际经验与政策取向[J].中国农村经济，2020（3）：2-21.

[6] 世界经济论坛.全球社会流动性报告2020 [R/OL].（2020-5-30）[2022-01-20]. https://wenku.baidu.com/view/8aed0c377d1cfad6195f312b3169a4517723e596.html.

[7] 杨帆.可行能力视域下新生代农民工相对贫困测度与生成机理研究[D].成都：四川农业大学，2018.

[8] Edward P. Examining Inequality：Who Really Benefits from Global Growth?[J]. World Development，2006，34（10）：1667-1695.

[9] Adams R. Economic Growth，Inequality and Poverty：Estimating the Growth Elasticity of Poverty[J]. World Development，2004，32（12）：1989-2014.

[10] 王建.教育缓解相对贫困的战略与政策思考[J].教育研究，2020，41（11）：11-21.

[11] Kuznets，S. Economic Growth and Income Inequality[J]. The American Economic Review，1955，45（1）：1-28.

[12] Cheng F，Zhang X B，Fan S G. Emergence of Urban Poverty and Inequality in China：Evidence from Household Survey[J]. China Economic Review，2002，13（4）：430-443.

[13] Sen A. Poverty：An Order Approach to Measurement[J]. Econometrica，1976，44（2）：

219–231.

[14] 安格斯·迪顿.逃离不平等[M].崔传刚，译.北京：中国出版社，2014.

[15] 王小林.贫困测量：理论与方法（第二版）[M].北京：社会科学文献出版社，2017.

[16] 李莹，于学霆，李帆.中国相对贫困标准界定与规模测算[J].中国农村经济，2021（1）：31–48.

[17] 汪三贵，孙俊娜.全面建成小康社会后中国的相对贫困标准、测量与瞄准——基于2018年中国住户调查数据的分析[J].中国农村经济，2021（3）：2–23.

[18] 汪三贵，刘明月.从绝对贫困到相对贫困：理论关系、战略转变与政策重点[J].华南师范大学学报（社会科学版），2020（6）：18–29，189.

[19] 曾福生.后扶贫时代相对贫困治理的长效机制构建[J].求索，2021（1）：116–121.

[20] 张彦，孙帅.论构建"相对贫困"伦理关怀的可能性及其路径[J].云南社会科学，2016（3）：7–13.

[21] 程凯.710万建档立卡贫困残疾人摆脱绝对贫困[EB/OL].（2021–09–26）[2022–02–12]. http://society.people.com.cn/n1/2021/0926/c1008–32237140.html.

[22] 朱萍.近1000万因病致贫、返贫户摆脱贫困[EB/OL].（2021–02–26）[2022–02–12]. https://baijiahao.baidu.com/s?id=1692713186876769680&wfr=spider&for=pc.

[23] 冉秋霞.后扶贫时代防返贫的机制构建与路径选择[J].甘肃社会可续，2021（5）：222–228.

[24] 李壮壮，曹萍萍.最优值距离综合评价法的改进及其应用[J].统计与决策，2021（21）：35–41.

[25] 郑瑞强，曹国庆.脱贫人口返贫：影响因素、作用机制与风险控制[J].农林经济管理学报，2016，15（6）：619–624.

[26] 商兆奎，邵侃.减灾与减贫的作用机理、实践失位及其因应[J].华南农业大学学报（社会科学版），2018，17（5）：24–31.

[27] 杨龙，汪三贵.贫困地区农户脆弱性及其影响因素分析[J].中国人口·资源与环境，2015，25（10）：150–156.

[28] 范和生.返贫预警机制构建探究[J].中国特色社会主义研究，2018（1）：57–63.

[29] 蒋和胜，李小瑜，田永.阻断返贫的长效机制研究[J].吉林大学社会科学学报，2020，60（6）：24–34，231–232.

[30] 余稳策.中华人民共和国70年开放型经济发展历程、逻辑与趋向研判[J].改革，2019

（11）：5-14.

[31] 刘淑芳，杨虎涛.中华人民共和国70年的系统回顾与展望——中国政治经济学界的研究[J]. 政治经济学评论，2020，11（3）：81-113.

[32] 文丰安，段光鹏.中国共产党发展理论的百年探索与实践经验[J]. 经济与管理研究，2021，42（4）：3-17.

[33] Rowntree S. Poverty：A Study of Town Life [M].London：Macmillan，1901.

[34] Townsend P. Measuring Poverty [J]. British Journal of Sociology，1954，5（2）：130-137.

[35] Fuchs V. Redefining Poverty and Redistributing Income [J]. The Public Interest，1967，14（8）：88-95.

[36] Zimbalist S E. Absolute and Relative Poverty [J]. Social Service Review，1978，52（1）：138-152.

[37] Wagle U. Rethinking poverty：definition and measurement [J]. International Social Science Journal，2002，54（171）：155-165.

[38] Townsend P. Poverty in United Kingdom：a survey of household resources and standard living [M]. Harmondsworth：Penguin Books，1979.

[39] Foster J. What is Poverty and Who are the Poor? Redefinition for the United States in the1990s：versus relative poverty [J]. The American Economic Review，1998，88（2）：335-341.

[40] Ram R，Schultz T W. Life Span，Health，Saving，and Productivity [J]. Economic evelopment & Cultural Change，1979，27（3）：399-421.

[41] Sen A. Commodities and Capabilities（2nd Ed）[M]. London：Oxford University Press，1999.

[42] Deaton A，Muellbauer J. An Almost Ideal Demand System [J]. The American Economic Review，1980，70（3）：312-326.

[43] Alkire S，Foster J. Counting and Multidimensional Poverty Measurement [J]. Journal of Public Economics，2011，95（7）：476-487.

[44] Sen A. Poor，relatively speaking [J]. Oxford Economic Papers，1983，35：153-169.

[45] Oppenhein C. Poverty：The Facts [M]. London：Child Poverty Action Group，1993.

[46] World Bank. Monitoring Global Poverty: Report of the Commission on Global Poverty [R/OL].（2017-09-18）[2022-01-12]. https://openknowledge.worldbank.org/handle/10986/25141.

[47] Bourquin P，Cribb J，Waters T，Xu X W. Living standars，poverty and inequality in the UK：2019 [M]. London：The Institute for Fisal Studies，2019.

[48] Sen A. commodities and Capabilities [M]. London：Oxford University Press，1999a.

[49] Sen A. Development as Freedom [M]. NewYork：Alfred A. Knopf，Inc，1999b.

[50] Anand S. Aspects of Poverty in Malaysia [J]. Review of Income and Wealth，1977，23（1）：1–16.

[51] Thon D. On Measuring Poverty [J]. Review of Income and Wealth，1979，25（4）：429–440.

[52] Shorrocks A F. Revisiting the Sen Poverty Index [J]. Econometric Society，1995，63（5）：1225–1230.

[53] Osberg L. Poverty in Canada and the United States：Measurement，Trends，and Implications [J]. Canadian Journal of Economics 2000，33（4）：847–877.

[54] Xu K，Osberg L S. An Anatomy of the Sen and Sen–Shorrocks–Thon Indices：Multiplicative Decomposability and its Subgroup Decompositions（June 1999）[C]. Dalhousie Working Paper Series 1999，Available at RN：https：//ssrn.com/abstract=168408.

[55] Alkire S，Apablaza M，Chakravarty S，Yalonetzky G. Measuring Chronic Multidimensional Poverty [J]. Journal of Policy Modeling，2017，39（6）：983–1006.

[56] Alkire S. Changes Over Time in Multidimensional Poverty：Methodology and Results for 34 Counties [J]. World Development，2017，94（6）：232–249.

[57] Sawhill I V. Poverty in The US：Why Is It so persistent? [J]. Journal of Economic Literature，1988，26（3）：1073–1119.

[58] Krishna A，Shariff A. The Irrelevance of National Strategies? Rural Poverty Dynamics in States and Regions of India，1993—2005 [J]. World Development，2011，39（4）：533–549.

[59] Allard S W. Places in Need：The Changing Geography of Poverty [M]. New York：Russell Sage Foundation，2017.

[60] Deaton A. Measuring and Understanding Behavior，Welfare，and Poverty [J]. The American Economic Review，2016，106（6）：1221–43.

[61] Brady D，Burton L M. The Social Science of Poverty[M]. London：Oxford University Press，2016.

[62] Michener J. Fragmented Democracy：Medicaid，Federalism，and Unequal Politics[M].

London：Cambridge University Press，2018.

[63] 康晓光.中国贫困与反贫困理论[M].南宁：广西人民出版社，1995：28-35.

[64] 童星，林闽钢.我国农村贫困标准线研究[J].中国社会科学，1994（3）：86-98.

[65] 周彬彬.向贫困挑战——国外缓解贫困的理论与实践[M].北京：人民出版社，1991.

[66] 蒋贵凰，宋迎昌.中国城市贫困状况分析及反贫困对策[J].现代城市研究，2011（10）：10-15.

[67] 薛宝生.公共管理视域中的发展与贫困免除[M].北京：中国经济出版社，2006.

[68] 汪三贵，杨颖.全球贫困：现状及解决方案[J].科学决策，2003（11）：14-18.

[69] 关信平.现阶段中国城市的贫困问题及反贫困政策[J].江苏社会科学，2003（2）：28-31.

[70] 周岳.基于新农村建设视角的贫困山区乡风文明建设研究[M].雅安：四川农业大学出版社，2012.

[71] 杨进.贫困与国家转型：基于中亚五国的实证研究[M].北京：社会科学文献出版社，2012.

[72] 国务院.习近平在中央扶贫开发工作会议上发表重要讲话[R/OL].（2015-11-28）[2022-02-01]. http://www.gov.cn/xinwen/2015-11/28/content_5017899.htm.

[73] 王小林，Alkire S.中国多维贫困测量，估计和政策含义[J].中国农村经济，2009（12）：4-10.

[74] 贺立龙，左泽，罗樱浦.以多维度贫困测度法落实精准扶贫识别与施策——对贵州省50个贫困县的考察[J].经济纵横，2016（7）：47-52.

[75] 张昭，扬澄宇，袁强."收入导向型"多维贫困的识别与流动性研究——基于CFPS调查数据农村子样本的考察[J].经济理论与经济管理，2017（2）：98-112.

[76] 孙玉环，王琳，王雪妮，等.后精准扶贫时代多维贫困的识别与治理——以大连市为例[J].统计与信息论坛，2021，36（2）：78-88.

[77] 张殿发，王世杰.贵州反贫困系统工程[M].贵阳：贵州人民出版社，2003.

[78] 李石新.中国经济发展对农村贫困的影响研究[M].北京：中国经济出版社，2010.

[79] 厉以宁.工业化和制度调整西欧经济史研究[M].北京：商务印书馆，2015.

[80] 周力，沈坤荣.相对贫困与主观幸福感[J].农业经济问题，2021（11）：102-114.

[81] 李权超，陆旭.老年健康促进[M].北京：军事医学科学出版社，1999.

[82] 周力.相对贫困标准划定的国际经验与启示[J].人民论坛·学术前沿，2020（14）：70-79.

[83] 陈芳妹，龙志和.相对贫困对农村劳动力迁移决策的影响研究——来自江西的经验分析[J].南方经济，2006（10）：62-68.

[84] 辛秋水.辛秋水文集上[M].北京：中国科学社会出版社，2013.

[85] 朱姝，冯艳芬，王芳.粤北山区相对贫困村的脱贫潜力评价及类型划分—以连州市为例[J].自然资源学报，2018（8）：1304-1316.

[86] 吴海涛.贫困动态性理论与实证[M].武汉：武汉大学出版社，2013.

[87] 马瑜，吕景春.中国城乡弱相对贫困测算及时空演变：2012—2018 [J].人口与经济，2022（1）：58-73.

[88] 杨立雄.相对贫困概念辨析与治理取向[J].广东社会科学，2021（4）：180-193.

[89] 郑继承.相对贫困的经济学辨析与中国之治[J].财经问题研究，2021（8）：12-21.

[90] 樊增增，邹薇.脱贫攻坚走向共同富裕：中国相对贫困的动态识别与贫困变化的量化分解[J].中国工业经济，2021（10）：59-77.

[91] 向德平，向凯.多元与发展：相对贫困的内涵及治理[J].华中科技大学学报（社会科学版），2020，34（2）：31-38.

[92] 吴海涛，程威特.新时代相对贫困的概念内涵解析[J].东北农业大学学报（社会科学版），2021，19（1）：21-28.

[93] 邓维杰.贫困村分类与针对性扶贫开发[J].农村经济，2013（5）：42-44.

[94] 唐丽霞，罗江月，李小云.精准扶贫机制实施的政策和实践困境[J].贵州社会科学，2015（5）：151-156.

[95] 高翔，王三秀.农村老年多维贫困的精准测量与影响因素分析[J].宏观质量研究，2017，5（2）：61-71.

[96] 朱晶，王军英.物价变化、贫困度量与我国农村贫困线调整方法研究[J].农业技术经济，2010（3）：22-31.

[97] 温丽，乔飞宇.扶贫对象精准识别的实践困境与破解路径[J].理论导刊，2017（4）：84-87.

[98] 杨龙，李萌，汪三贵.我国贫困瞄准政策的表达与实践[J].农村经济，2015（1）：8-12.

[99] 叶兴庆，殷浩栋.从消除绝对贫困到缓解相对贫困：中国减贫历程与2020年后的减贫

战略[J]. 改革，2019（12）：5-15.

[100] 沈扬扬，李实. 如何确定相对贫困标准?——兼论“城乡统筹”相对贫困的可行方案[J]. 华南师范大学学报（社会科学版），2020（2）：91-101，191.

[101] 张青. 相对贫困标准及相对贫困人口比率[J]. 统计与决策，2012（6）：87-88.

[102] 程永宏，高庆昆，张翼. 改革以来中国贫困指数的测度与分析[J]. 当代经济研究，2013（6）：26-32.

[103] 刘宗飞，姚顺波，渠美. 吴起农户向度贫困的动态演化：1998—2011 [J]. 中国人口·资源与环境，2013（3）：56-62.

[104] 池振合，杨宜勇. 城镇低收入群体规模及其变动趋势研究——基于北京市城镇住户调查数据[J]. 人口与经济，2013（2）：100-107.

[105] 林万龙，陈蔡春子. 从满足基本生活需求视角看新时期我国农村扶贫标准[J]. 西北师大学报（社会科学版），2020，57（2）：122-129.

[106] 宋扬，赵君. 中国的贫困现状与特征：基于等值规模调整后的再分析[J]. 管理世界，2015（10）：65-77.

[107] 程翔宇. 打工即脱贫吗？——基于等值规模调整收入的农村就业扶贫效果评价[J]. 社会保障研究，2021（3）：100-106.

[108] 张楠. 家庭等值规模的理论、测度方法及其在中国的应用研究[D]. 太原：山西财经大学，2020.

[109] 陈宗胜，沈扬扬，周云波. 中国农村贫困状况的绝对与相对变动——兼论相对贫困线的设定[J]. 管理世界，2013（1）：67-77.

[110] 曲延春. 农村相对贫困治理：测度原则与路径选择[J]. 理论学刊，2021（4）：142-149.

[111] 汪三贵，孙俊娜. 全面建成小康社会后中国的相对贫困标准、测量与瞄准——基于2018年中国住户调查数据的分析[J]. 中国农村经济，2021（3）：2-23.

[112] 孙久文，张倩. 2020年后我国相对贫困标准：经验实践与理论构建[J]. 新疆师范大学学报（哲学社会科学版），2021（4）：1-13.

[113] 李小云，许汉泽. 2020年后扶贫工作的若干思考[J]. 国家行政学院学报，2018（1）：62-66

[114] 白永秀，刘盼. 全面建成小康社会后我国城乡 反贫困的特点、难点与重点[J]. 改革，2019（5）：29-37.

[115] 胡联，姚绍群，宋啸天. 中国弱相对贫困的评估及对2020年后减贫战略的启示[J]. 中

国农村经济，2021（1）：72-90.

[116] 张琦，沈扬扬.不同相对贫困标准的国际比较及对中国的启示[J]. 南京农业大学学报（社会科学版），2020，20（4）：91-99.

[117] 彭新万，张承.可行能力提升视域下我国城镇相对贫困的识别标准与治理路径[J]. 求实，2022（1）：68-80，111.

[118] 唐平.中国农村贫困标准和贫困状况的初步研究[J]. 中国农村经济，1994（6）：39-43.

[119] 孙咏梅，常坤.当代贫困理论思辨及我国摆脱相对贫困的路径探索[J]. 当代经济研究，2022（1）：54-61.

[120] 贺立龙，左泽，罗樱浦.以多维度贫困测度法落实精准扶贫识别与施策——对贵州省50个贫困县的考察[J]. 经济纵横，2016（7）：47-52.

[121] 谢家智，车四方.农村家庭多维贫困测度与分析[J]. 统计研究，2017，34（9）：44-55.

[122] 周强，张全红.农村非正规金融对多维资产贫困的减贫效应研究——基于CFPS微观家庭调查数据的分析[J]. 中南财经政法大学学报，2019（4）：46-56.

[123] 苏静，肖攀，胡宗义.教育、社会资本与农户家庭多维贫困转化——来自CFPS微观面板数据的证据[J]. 教育与经济，2019，35（2）：17-27.

[124] 高明，李小云，李鹏.全面脱贫后农村多维贫困测量研究[J]. 农村经济，2021（7）：34-41

[125] 方迎风，周少驰.多维相对贫困测度研究[J]. 统计与信息论坛，2021，36（6）：21-30.

[126] 雷霆，张浩帆.中国农村多维贫困测算与结构分解——基于CFPS2018的实证研究[J]. 社会保障研究，2021（4）：78-86.

[127] 程威特，吴海涛，江帆.城乡居民家庭多维相对贫困的测度与分解[J]. 统计与决策，2021，37（8）：68-72.

[128] 孙玉环，王琳，王雪妮，等.后精准扶贫时代多维贫困的识别与治理——以大连市为例[J]. 统计与信息论坛，2021，36（2）：78-88.

[129] 平卫英，占成意，罗良清.中国城市居民家庭相对贫困测度研究[J]. 统计与信息论坛，2021，36（8）：84-94.

[130] 祝志川，薛冬娴，孙丛婷.基于AHP改进AF法的多维相对贫困测度与分解[J]. 统计与决策，2021（16）：10-14.

[131] 罗良清，平卫英.中国贫困动态变化分解：1991—2015年[J]. 管理世界，2020，36（2）：27-40.

[132] 陈小伍，王绪朗. 农村贫困问题的制度性分析[J]. 乡镇经济，2007（6）：23-27.

[133] 赵乐东. 制度变迁中的中国人口流动[J]. 统计与决策，2006（4）：58-60.

[134] 秦初生. 建立我国农村义务教育投资新体制的思考[J]. 桂林师范高等专科学校学报（综合版），2005（4）：145-149.

[135] 赵慧珠，陈景云. 建立农村最低生活保障制度的意义[J]. 理论前沿，2008（18）：45-46.

[136] 罗遐，于立繁. 我国农村老年贫困原因分析与对策思考[J]. 生产力研究，2009（1）：110-112.

[137] 刘龙，李丰春. 论农村贫困文化的表现、成因及其消解[J]. 农业现代化研究，2007（5）：583-585.

[138] 辛秋水. 重视农村的文化扶贫[J]. 瞭望新闻周刊，2006（8）：62.

[139] 吴理财. 论贫困文化（上）[J]. 社会，2001（8）：17-20.

[140] 孙雪霞，刘桂玉. 关于农村教育与农村贫困的思考[J]. 科技经济市场，2007（1）：148.

[141] 李晓嘉. 教育能促进脱贫吗——基于CFPS农户数据的实证研究[J]. 北京大学教育评论，2015，13（4）：110-122，187.

[142] 姚树洁，张璇玥. 中国农村持续性多维贫困特征及成因——基于能力“剥夺—阻断”框架的实证分析[J]. 中国人口科学，2020（4）：31-45，126.

[143] 王延中. 试论国家在农村医疗卫生保障中的作用[J]. 战略与管理，2001（3）：15-24.

[144] 王国祥. 健康投资及其与农村贫困的关系研究[D]. 杭州：浙江大学，2007.

[145] 程瑶. 我国农村贫困人口的现状分析[J]. 软科学，2005（4）：59-62.

[146] 陈立中，张建华. 中国转型时期城镇贫困变动趋势及其影响因素分析[J]. 南方经济，2006（8）：55-67.

[147] 文建龙，肖泽群. 城市低收入群体住房权力贫困的经济学解释及对策[J]. 财贸研究，2007（5）：19-23.

[148] 施杨. 经济体制转型中工人从贫困到相对贫困的生活变迁[J]. 求实，2012（7）：36-39.

[149] 张高攀. 城市“贫困聚居”现象分析及其对策探讨[J]. 城市规划，2006，30（1）：40-54.

[150] 翟宇鸣，冯长春. 我国保障性住房空间布局的优化政策研究[J]. 特区经济，2012（9）：211-213.

[151] 郭熙保，周强．长期多维贫困、不平等与致贫因素[J]. 经济研究，2016（6）：143-156.

[152] 刘扬，赵春雨．我国城镇低收入群体动态变迁及微观致贫因素分析[J]. 城市发展研究，2010，17（8）：99-105.

[153] 都阳，蔡昉．中国农村贫困性质的变化与扶贫战略调整[J]. 中国农村观察，2005（5）：2-9.

[154] 陆汉文，杨永伟．从脱贫攻坚到相对贫困治理：变化与创新[J]. 新疆师范大学学报（哲学社会科学版），2020，41（5）：86-94.

[155] 渡边雅男，谭晓军．世界的贫困，贫困的世界[J]. 马克思主义研究，2014（7）：103-108.

[156] 乌德亚・瓦格尔，刘亚秋．贫困再思考：定义和衡量[J]. 国际社会科学杂志（中文版），2003，20（1）：146-155.

[157] 徐仲安，靳共元，张晓林，等．农村居民幸福感影响因素的实证分析———基于四川省震后灾区与非灾区的对比[J]. 中国农村观察，2013（4）：72-85.

[158] 李文祥，孟莉莉．社会工作介入贫困治理的策略分析[J]. 社会科学战线，2020（9）：194-200.

[159] 范和生，武政宇．相对贫困治理长效机制构建研究[J]. 中国特色社会主义研究，2020，11（1）：63-69.

[160] 姜安印，陈卫强．论相对贫困的成因、属性及治理之策[J]. 南京农业大学学报（社会科学版），2021，21（3）：137-139.

[161] 白增博，汪三贵，周园翔．相对贫困视域下农村老年贫困治理[J]. 南京农业大学学报（社会科学版），2020，20（4）：68-77.

[162] 周芸帆．十八大以来中国农村贫困治理研究[D]. 成都：电子科技大学，2019.

[163] 李建生．毛泽东的自力更生、艰苦奋斗思想与建设有中国特色的社会主义理论[J]. 新疆师范大学学报（哲学社会科学版），1994（2）：9-15.

[164] 李叙芳．邓小平关于“发展才是硬道理”的思想[J]. 社会主义研究，2003（2）：60-63.

[165] 杜鹰．认真总结脱贫攻坚实践经验 切实巩固拓展脱贫攻坚成果[J]. 宏观经济管理，2021（6）：4-9.

[166] 杨俊．百年来中国共产党贫困治理的历程、经验与启示[J]. 西北农林科技大学学报（社会科学版），2021，21（3）：21-27.

[167] 程承坪，曾瑾．中国共产党治理贫困的百年历程、成就与未来展望——写在中国共产

党建党百年之际[J]. 当代经济管理，2021，43（6）：10-17.

[168] 平卫英，罗良清，张波. 我国就业扶贫的现实基础、理论逻辑与实践经验[J]. 管理世界，2021（7）：32-43.

[169] 王太明. 中国共产党减贫的实践历程、基本经验及未来转向[J]. 经济学家，2021（7）：17-26.

[170] 李永友，沈坤荣. 财政支出结构、相对贫困与经济增长[J]. 管理世界，2007（11）：14-26，171.

[171] 刘魏. 数字普惠金融对居民相对贫困的影响效应[J]. 华南农业大学学报（社会科学版），2021，20（6）：65-77.

[172] 王亚华，舒全峰. 中国精准扶贫的政策过程与实践经验[J]. 清华大学学报（哲学社会科学版），2021，36（1）：141-155.

[173] 王建英，陈志钢，毕洁颖. 扶贫与发展的有效结合——浙江省扶贫实践探索及其对2020年后中国扶贫战略的启示[J]. 浙江大学学报（人文社会科学版），2020，50（4）：82-96.

[174] 李韬，冯贺霞，冯宇坤. 数字技术在健康贫困治理中的创新应用研究——以甘肃省临夏州数字健康扶贫实践为例[J]. 电子政务，2021（9）：47-57.

[175] 许汉泽. "后扶贫时代"易地搬迁的实践困境及政策优化——以秦巴山区Y镇扶贫搬迁安置社区为例[J]. 华东理工大学学报（社会科学版），2021，36（2）：29-41.

[176] 魏后凯. 2020年后中国减贫的新战略[J]. 中州学刊，2018（9）：36-42.

[177] 丁建彪. 整体性治理视角下中国农村扶贫脱贫实践过程研究[J]. 政治学研究，2020（3）：113-124.

[178] 史博丽，齐顾波，燕艳华，等. 乡土文化视角下的贫困治理遭遇与对策——以河南省Z村的贫困治理案例为例[J/OL]. 中国农业资源与区划：1-10 [2022-02-11]. http：//kns.cnki.net/kcms/detail/11.3513.S.20210713.1704.040.html.

[179] 张蕴. 后小康时代我国相对贫困治理的内在动因及现实路向[J]. 公共管理研究，2021（3）：163-170.

[180] 李洪，蒋龙志，何思好. 农村相对贫困识别体系与监测预警机制研究——来自四川省X县的数据[J]. 农村经济，2020（11）：69-78.

[181] 联合国. 千年发展目标[R/OL].（2000-12-08）[2022-02-03]. https://www.un.org/sustainabledevelopment/zh.

[182] 葛道顺.包容性社会发展：从理论道政策[J].社会发展研究，2014（3）：212-228，243.

[183] 中国开发性金融促进会.国际社会积极评价中国脱贫攻坚成就[R/OL].（2021-03-04）[2022-02-03].www.capdf.org.cn/article/3833.html.

[184] 雷明，姚昕言.贫困与贫困治理——来自中国的实践（1978—2018）[M].北京：经济科学出版社，2019.

[185] 逄先知.毛泽东年谱（1949—1976）：第6卷[M].北京：北京中央文献出版社，2013：556.

[186] 中共中央文献研究室.建国以来重要文献选编:第4册[M].北京：中央文献出版社，1993：661.

[187] 余金成.马克思“个人全面发展”理论的两种思路及其当代释读[J].当代世界与社会主义，2021（4）：74-82

[188] 王旭丽.人的全面发展与人的幸福[M].北京：社会科学文献出版社，2020.

[189] 胡建华.贫困治理与精准扶贫[M].长沙：中南大学出版社，2020.

[190] 焦培欣.我国小康社会生活救助标准研究——日本水准均衡方式的借鉴[J].中国行政管理，2019（5）：143-150.

[191] Foster J. Absolute versus Relative Poverty [J]. The American Economic Review，1998，88（2）：335-342.

[192] 王小林.扶贫对象精准识别与精准帮扶研究-黔西南州案例研究[J].当代农村财经，2016（3）：5-9.

[193] 汪三贵，刘末.“六个精准”是精准扶贫的本质要求-习近平精准扶贫系列论述探析[J].毛泽东邓小平理论研究，2016（1）：40-43.

[194] 陈辉，张全红.基于贫困测度的贫困精准识别及精准扶贫对策：以粤北山区为例[J].广东财经大学学报，2016，12（3）：64-70.

[195] 汪磊，伍国勇.精准扶贫视域下我国农村地区贫困人口识别机制研究[J].农村经济，2016（7）：112-117.

[196] 王昆，宋海洲.三种客观权重赋权法的比较分析[J].技术经济与管理研究，2003（6）：48-49.

[197] 双同科，田佳林，刘学，等.一种基于改进AHP的指标权重确定方法[J].中国西部科技，2011（32）：37-38.

[198] 夏萍，汪凯，李宁秀，等.层次分析法中求权重的一种改进[J]. 中国卫生统计，2011（2）：151-154，157.

[199] 李红，朱建平.综合评价方法研究进展评述[J]. 统计与决策，2012（9）：7-11.

[200] 朱红灿，陈能华.粗糙集条件信息熵权重确定方法的改进 [J]. 统计与决策，2011（8）：154-156.

[201] 石宝峰，程砚秋，王静.变异系数加权的组合赋权模型及科技评价实证[J]. 科研管理，2016，（5）：122-131.

[202] 吕晓玲，宋捷.大数据挖掘与统计机器学习[M]. 北京：中国人民大学出版社，2016：114-135.

[203] 方匡南.数据科学[M]. 北京：电子工业出版社，2018：193-200.

[204] 李壮壮，龙莹.新发展阶段农村多维贫困的识别与测度[J]. 华南农业大学学报（社会科学版），2022，21（2）：15-27.

[205] 杨晶，多维视角下农村贫困的测度与分析[J]. 华东经济管理，2014，28（9）：33-38.

[206] Betti G，Verma V. Fuzzy Measures of the Incidence of Relative Poverty and Deprivation：a Multi-dimensional Perspective[J]. Springer，2008（17）：225-250.

[207] 张磊.中国扶贫开发历程[M]. 北京：中国财政经济出版社，2007.

[208] 黄承伟.精准发力打赢脱贫攻坚战[J]. 中国国情国力，2016（4）：6-9.

[209] Connell R. Poverty and Education [J]. Harvard Educational Review，1994，64（2）：125-150.

[210] Gustafsson B，Li S. Expenditures on Education and Health Care and Poverty in Rural China [J]. China Economic Review，2004，15（3）：292-301.

[211] Corak M. Income Inequality，Equality of Opportunity，and Intergenerational Mobility [J]. Journal of Economic Perspectives，2013，27（3）：79-102.

[212] 陈纯槿，郅庭瑾.教育能缓解城市流动人口相对贫困吗？[J]. 教育研究，2021，42（4）：139-152.

[213] Kurosaki T，Khan H. Human Capital and Elimination of Rural Poverty：A Case Study of the North-West Frontier Province，Pakistan [M]. Tokyo：Histotsubashi University，2001.

[214] Bradley S，Green C. The Economics of Education：A Comprehensive Overview [M]. London：Academic Press，2020.

[215] 石大千，等.高等教育机会数量与质量不平等——家庭背景作用的城乡差异[J]. 宏观质

量研究，2018，6（4）：91-101.

[216] 雷汉云，谭卓敏. 金融素养对相对贫困的影响机制检验[J]. 统计与决策，2022，38（1）：81-84.

[217] 艾小青，田雅敏. 数字经济的减贫效应研究[J]. 湖南大学学报（社会科学版），2022，36（1）：50-56.

[illegible]，2018，6(1)：91-101.

[illegible]机构[illegible]，2022，1[illegible]
(1)：81-84.

[illegible]，2022，
46(1)：50-56.

附　　录

附录一　单一指标相对贫困识别结果（部分）

家庭编号	个人编号	家庭人均纯收入	识别结果	家庭人均消费性支出	识别结果	家庭人均净资产	识别结果	家庭人均耐用消费品总值	识别结果	家庭人均净房产价值	识别结果	家庭人均旅游支出	识别结果
100051	100051501	80 000.00	0.000	90 666.67	0.000	1 016 667.00	0.000	83 333.33	0.000	866 666.70	0.000	33.33	0.000
100160	120009102	90 000.00	0.000	68 600.00	0.000	985 000.00	0.000	65 000.00	0.000	820 000.00	0.000	2000.00	0.000
100435	130155103	17 500.00	0.000	10 249.00	0.000	162 750.00	0.000	5000.00	0.000	162 500.00	0.000	0	1.000
100453	430111101	19 666.67	0.000	0	1.000	527 500.00	0.000	27 500.00	0.000	466 666.70	0.000	0	1.000
100551	100551551	26 666.67	0.000	12 000.00	0.000	283 333.30	0.000	16 666.67	0.000	266 666.70	0.000	666.67	0.000
100724	130492103	7500.00	0.000	4975.00	0.506	14 000.00	0.867	1500.00	0.000	12 500.00	0.795	0	1.000
100765	130533103	15 000.00	0.000	184 100.00	0.000	705 000.00	0.000	200 000.00	0.000	450 000.00	0.000	0	1.000
100782	130517102	21 666.67	0.000	172 460.00	0.000	590 000.00	0.000	50 000.00	0.000	500 000.00	0.000	300.00	0.000
100810	100810551	9100.00	0.000	7759.00	0.000	93 750.00	0.000	10 000.00	0.000	75 000.00	0.000	25.00	0.000
100879	130630103	7000.00	0.000	103 580.00	0.000	206 666.70	0.000	3333.33	0.000	233 333.30	0.000	2000.00	0.000
101023	130815102	14 500.00	0.000	11 180.00	0.000	142 500.00	0.000	0	1.000	142 500.00	0.000	25.00	0.000
101129	101129501	8300.00	0.000	4948.00	0.513	27 981.25	0.401	12 000.00	0.000	15 000.00	0.682	0	1.000
101130	130897103	60 000.00	0.000	41 205.00	0.000	834 000.00	0.000	9000.00	0.000	800 000.00	0.000	0	1.000
101274	101274551	6666.67	0.083	7780.00	0.000	68 000.00	0.000	666.67	0.476	66 666.67	0.000	0	1.000
101711	140676103	12 503.75	0.000	5954.00	0.262	53 852.50	0.000	3750.00	0.000	50 000.00	0.000	0	1.000
101797	140668105	14 240.00	0.000	176 020.00	0.000	126 687.50	0.000	1000.00	0.000	120 000.00	0.000	0	1.000
102448	210223103	0	1.000	113371.00	0.000	−5000.00	1.000	30 000.00	0.000	−100 000.00	1.000	3000	0.000

续表

家庭编号	个人编号	家庭人均纯收入	识别结果	家庭人均消费性支出	识别结果	家庭人均净资产	识别结果	家庭人均耐用消费品总值	识别结果	家庭人均净房产价值	识别结果	家庭人均旅游支出	识别结果
102473	210263102	30 000.00	0.000	15 560.00	0.000	350 400.00	0.000	6000.00	0.000	350 000.00	0.000	0	1.000
102571	102571551	6783.33	0.054	0	1.000	23 561.67	0.548	36.67	1.000	23 333.33	0.303	0	1.000
102666	210547103	23 333.33	0.000	11 793.33	0.000	111 666.70	0.000	26 666.67	0.000	80 000.00	0.000	100.00	0.000
102730	210638104	24 000.00	0.000	24 403.33	0.000	225 000.00	0.000	26 666.67	0.000	178 333.30	0.000	333.33	0.000
102783	210727103	70 000.00	0.000	31 460.00	0.000	260 000.00	0.000	10 000.00	0.000	220 000.00	0.000	300.00	0.000
102814	210761104	60 000.00	0.000	65 320.00	0.000	480 000.00	0.000	20 000.00	0.000	300 000.00	0.000	10 000.00	0.000
103465	103465551	27 500.00	0.000	16 515.50	0.000	158 750.00	0.000	25 000.00	0.000	105 000.00	0.000	125.00	0.000
103788	103788501	73 333.33	0.000	22 896.67	0.000	313 333.30	0.000	66 666.67	0.000	106 666.70	0.000	1333.33	0.000
103923	103923551	25 000.00	0.000	79 285.00	0.000	240 000.00	0.000	10 000.00	0.000	240 000.00	0.000	500.00	0.000
103924	103924503	24 000.00	0.000	19 148.00	0.000	129 600.00	0.000	16 000.00	0.000	83 600.00	0.000	1000.00	0.000
104182	230016102	100 000.00	0.000	148 000.00	0.000	3 002 000.00	0.000	2000.00	0.000	3 000 000.00	0.000	10 000.00	0.000
104256	230103103	108 000.00	0.000	165 720.00	0.000	711 500.00	0.000	100 000.00	0.000	437 500.00	0.000	4000.00	0.000

附录二　AF法计算的部分家庭被剥夺总分

家庭编号	个人编号	家庭人均纯收入	识别结果	家庭人均消费性支出	识别结果	家庭人均净资产	识别结果	家庭人均耐用消费品总值	识别结果	家庭人均净房产价值	识别结果	家庭人均旅游支出	识别结果	g值
100051	100051501	80 000.00	0	90 666.67	0	1 016 667.00	0	83 333.33	0	866 666.70	0	33.33	0	0.056
100160	120009102	90 000.00	0	68 600.00	0	985 000.00	0	65 000.00	0	820 000.00	0	2000.00	0	0.111
100435	130155103	17 500.00	0	10 249.00	0	162 750.00	0	5000.00	0	162 500.00	0	0	1	0.167
100453	430111101	19 666.67	0	0	1	527 500.00	0	27 500.00	0	466 666.70	0	0	1	0.333
100551	100551551	26 666.67	0	12 000.00	0	283 333.30	0	16 666.67	0	266 666.70	0	666.67	0	0.167
100724	130492103	7500.00	0	4975.00	1	14 000.00	1	1500.00	0	12 500.00	1	0	1	0.278
100765	130533103	15 000.00	0	184 100.00	0	705 000.00	0	200 000.00	0	450 000.00	0	0	1	0.222
100782	130517102	21 666.67	0	172 460.00	0	590 000.00	0	50 000.00	0	500 000.00	0	300.00	0	0.056
100810	100810551	9100.00	0	7759.00	0	93 750.00	0	10 000.00	0	75 000.00	0	25.00	0	0.167
100879	130630103	7000.00	0	103 580.00	0	206 666.70	0	3333.33	0	233 333.30	0	2000.00	0	0.167
101023	130815102	14 500.00	0	11 180.00	0	142 500.00	0	0	1	142 500.00	0	25.00	0	0.333
101129	101129501	8300.00	0	4948.00	1	27 981.25	1	12 000.00	0	15 000.00	1	0	1	0.333
101130	130897103	60 000.00	0	41 205.00	0	834 000.00	0	9000.00	0	800 000.00	0	0	1	0.222
101274	101274551	6666.67	1	7780.00	0	68 000.00	0	666.67	1	66 666.67	0	0	1	0.389
101711	140676103	12 503.75	0	5954.00	1	53 852.50	0	3750.00	0	50 000.00	0	0	1	0.167
101797	140668105	14 240.00	0	176 020.00	0	126 687.50	0	1000.00	0	120 000.00	0	0	1	0.167
102448	210223103	0	1	113 371.00	0	−5000.00	1	30 000.00	0	−100 000.00	1	3000.00	0	0.278
102473	210263102	30 000.00	0	15 560.00	0	350 400.00	0	6000.00	0	350 000.00	0	0	1	0.222

续表

家庭编号	个人编号	家庭人均纯收入	识别结果	家庭人均消费性支出	识别结果	家庭人均净资产	识别结果	家庭人均耐用消费品总值	识别结果	家庭人均净房产价值	识别结果	家庭人均旅游支出	识别结果	g值
102571	102571551	6783.33	1	0	1	23 561.67	1	36.67	1	23 333.33	1	0	1	0.556
102666	210547103	23 333.33	0	11 793.33	0	111 666.70	0	26 666.67	0	80 000.00	0	100.00	0	0.222
102730	210638104	24 000.00	0	24 403.33	0	225 000.00	0	26 666.67	0	178 333.30	0	333.33	0	0.000
102783	210727103	70 000.00	0	31 460.00	0	260 000.00	0	10 000.00	0	220 000.00	0	300.00	0	0.111
102814	210761104	60 000.00	0	65 320.00	0	480 000.00	0	20 000.00	0	300 000.00	0	10 000.00	0	0.056
103465	103465551	27 500.00	0	16 515.50	0	158 750.00	0	25 000.00	0	105 000.00	0	125.00	0	0.000
103788	103788501	73 333.33	0	22 896.67	0	313 333.30	0	66 666.67	0	106 666.70	0	1333.33	0	0.167
103923	103923551	25 000.00	0	79 285.00	0	240 000.00	0	10 000.00	0	240 000.00	0	500.00	0	0.111
103924	103924503	24 000.00	0	19 148.00	0	129 600.00	0	16 000.00	0	83 600.00	0	1000.00	0	0.056
104182	230016102	100 000.00	0	148 000.00	0	3 002 000.00	0	2000.00	0	3 000 000.00	0	10 000.00	0	0.056
104256	230103103	108 000.00	0	165 720.00	0	711 500.00	0	100 000.00	0	437 500.00	0	4000.00	0	0.056

附录三　多维相对贫困的综合识别（部分家庭）

家庭编号	个人编号	家庭人均纯收入	隶属度	家庭人均消费性支出	隶属度	家庭人均净资产	隶属度	家庭人均耐用消费品总值	隶属度	家庭人均净房产价值	隶属度	家庭人均旅游支出	隶属度	综合隶属度
100051	100051501	80 000.00	0.000	90 666.67	0.000	1 016 667.00	0.000	83 333.33	0.000	866 666.70	0.000	33.33	0.000	0.021
100160	120009102	90 000.00	0.000	68 600.00	0.000	985 000.00	0.000	65 000.00	0.000	820 000.00	0.000	2000.00	0.000	0.054
100435	130155103	17 500.00	0.000	10 249.00	0.000	162 750.00	0.000	5000.00	0.000	162 500.00	0.000	0	1.000	0.103
100453	430111101	19 666.67	0.000	0	1.000	527 500.00	0.000	27 500.00	0.000	466 666.70	0.000	0	1.000	0.315
100551	100551551	26 666.67	0.000	12 000.00	0.000	283 333.30	0.000	16 666.67	0.000	266 666.70	0.000	666.67	0.000	0.115
100724	130492103	7500.00	0.000	4975.00	0.506	14 000.00	0.867	1500.00	0.000	12 500.00	0.795	0	1.000	0.173
100765	130533103	15 000.00	0.000	184 100.00	0.000	705 000.00	0.000	200 000.00	0.000	450 000.00	0.000	0	1.000	0.167
100782	130517102	21 666.67	0.000	172 460.00	0.000	590 000.00	0.000	50 000.00	0.000	500 000.00	0.000	300.00	0.000	0.034
100810	100810551	9100.00	0.000	7759.00	0.000	93 750.00	0.000	10 000.00	0.000	75 000.00	0.000	25.00	0.000	0.131
100879	130630103	7000.00	0.000	103 580.00	0.000	206 666.70	0.000	3333.33	0.000	233 333.30	0.000	2000.00	0.000	0.159
101023	130815102	14 500.00	0.000	11 180.00	0.000	142 500.00	0.000	0	1.000	142 500.00	0.000	25.00	0.000	0.248
101129	101129501	8300.00	0.000	4948.00	0.513	27 981.25	0.401	12 000.00	0.000	15 000.00	0.682	0	1.000	0.158
101130	130897103	60 000.00	0.000	41 205.00	0.000	834 000.00	0.000	9000.00	0.000	800 000.00	0.000	0	1.000	0.133
101274	101274551	6666.67	0.083	7780.00	0.000	68 000.00	0.000	666.67	0.476	66 666.67	0.000	0	1.000	0.230
101711	140676103	12 503.75	0.000	5954.00	0.262	53 852.50	0.000	3750.00	0.000	50 000.00	0.000	0	1.000	0.068
101797	140668105	14 240.00	0.000	176 020.00	0.000	126 687.50	0.000	1000.00	0.000	120 000.00	0.000	0	1.000	0.082
102448	210223103	0	1.000	113 371.00	0.000	−5000.00	1.000	30 000.00	0.000	−100 000.00	1.000	3000.00	0.000	0.235

续表

家庭编号	个人编号	家庭人均纯收入	隶属度	家庭人均消费性支出	隶属度	家庭人均净资产	隶属度	家庭人均耐用消费品总值	隶属度	家庭人均净房产价值	隶属度	家庭人均旅游支出	隶属度	综合隶属度
102473	210263102	30 000.00	0.000	15 560.00	0.000	350 400.00	0.000	6000.00	0.000	350 000.00	0.000	0	1.000	0.151
102571	102571551	6783.33	0.054	0	1.000	23 561.67	0.548	36.67	1.000	23 333.33	0.303	0	1.000	0.376
102666	210547103	23 333.33	0.000	11 793.33	0.000	111 666.70	0.000	26 666.67	0.000	80 000.00	0.000	100	0.000	0.105
102730	210638104	24 000.00	0.000	24 403.33	0.000	225 000.00	0.000	26 666.67	0.000	178 333.30	0.000	333.33	0.000	0.000
102783	210727103	70 000.00	0.000	31 460.00	0.000	260 000.00	0.000	10 000.00	0.000	220 000.00	0.000	300.00	0.000	0.084
102814	210761104	60 000.00	0.000	65 320.00	0.000	480 000.00	0.000	20 000.00	0.000	300 000.00	0.000	10 000.00	0.000	0.050
103465	103465551	27 500.00	0.000	16 515.50	0.000	158 750.00	0.000	25 000.00	0.000	105 000.00	0.000	125.00	0.000	0.000
103788	103788501	73 333.33	0.000	22 896.67	0.000	313 333.30	0.000	66 666.67	0.000	106 666.70	0.000	1333.33	0.000	0.174
103923	103923551	25 000.00	0.000	79 285.00	0.000	240 000.00	0.000	10 000.00	0.000	240 000.00	0.000	500.00	0.000	0.050
103924	103924503	24 000.00	0.000	19 148.00	0.000	129 600.00	0.000	16 000.00	0.000	83 600.00	0.000	1000.00	0.000	0.021
104182	230016102	100 000.00	0.000	148 000.00	0.000	300 2000.00	0.000	2000.00	0.000	300 0000.00	0.000	10 000.00	0.000	0.050
104256	230103103	108 000.00	0.000	165 720.00	0.000	711 500.00	0.000	100 000.00	0.000	437 500.00	0.000	4000.00	0.000	0.050

附录四　各省份在所有指标上的加权相对贫困新指数

地区	家庭人均纯收入	家庭人均消费性支出	家庭人均净资产	家庭人均耐用品消费总值	家庭人均净房产	家庭人均旅游支出	受教育水平	适龄儿童失学率	健康水平
北京市	0.191	0.496	0.361	0.395	0.412	0.718	0.741	0.000	0.286
天津市	0.144	0.157	0.232	0.231	0.190	0.730	0.667	0.024	0.450
河北省	0.422	0.461	0.382	0.447	0.471	0.934	0.715	0.003	0.261
山西省	0.419	0.398	0.385	0.355	0.418	0.942	0.781	0.000	0.326
辽宁省	0.430	0.287	0.311	0.413	0.386	0.922	0.808	0.007	0.370
吉林省	0.385	0.337	0.340	0.498	0.457	0.936	0.795	0.000	0.423
黑龙江省	0.344	0.275	0.366	0.417	0.450	0.918	0.741	0.006	0.279
上海市	0.095	0.418	0.401	0.129	0.241	0.756	0.736	0.000	0.210
江苏省	0.331	0.403	0.272	0.234	0.308	0.845	0.781	0.000	0.247
浙江省	0.265	0.477	0.332	0.271	0.213	0.850	0.701	0.000	0.271
安徽省	0.378	0.345	0.257	0.263	0.260	0.914	0.774	0.000	0.351
福建省	0.413	0.524	0.500	0.341	0.415	0.943	0.858	0.034	0.320
江西省	0.364	0.440	0.361	0.288	0.335	0.936	0.797	0.020	0.343
山东省	0.419	0.393	0.306	0.360	0.390	0.940	0.800	0.004	0.303
河南省	0.387	0.436	0.312	0.341	0.366	0.931	0.728	0.017	0.291
湖北省	0.274	0.313	0.235	0.270	0.205	0.895	0.678	0.012	0.253
湖南省	0.347	0.357	0.328	0.308	0.322	0.913	0.708	0.000	0.288
广东省	0.358	0.441	0.343	0.371	0.303	0.922	0.760	0.004	0.259
广西壮族自治区	0.455	0.456	0.411	0.397	0.457	0.966	0.789	0.011	0.347
重庆市	0.455	0.339	0.421	0.409	0.439	0.950	0.818	0.022	0.243
四川省	0.498	0.410	0.425	0.358	0.488	0.946	0.851	0.029	0.309
贵州省	0.489	0.496	0.488	0.405	0.510	0.946	0.875	0.039	0.309
云南省	0.492	0.347	0.346	0.242	0.460	0.959	0.817	0.028	0.274
陕西省	0.364	0.512	0.387	0.422	0.450	0.931	0.744	0.000	0.308
甘肃省	0.432	0.417	0.462	0.410	0.511	0.953	0.770	0.018	0.340

续表

地区	慢性病比例	劳动力水平	劳动力失业率	医疗保险参保率	养老保险参保率	家庭人均工作小时数	使用互联网学习的频率	饮用水质量	炊用能源类型
北京市	0.321	0.105	0.362	0.164	0.645	0.249	0.439	0.000	0.095
天津市	0.277	0.165	0.214	0.093	0.638	0.278	0.400	0.245	0.066
河北省	0.232	0.068	0.311	0.168	0.513	0.298	0.332	0.456	0.389
山西省	0.245	0.111	0.382	0.179	0.570	0.254	0.307	0.522	0.527
辽宁省	0.283	0.055	0.352	0.287	0.698	0.292	0.366	0.515	0.535
吉林省	0.379	0.055	0.424	0.291	0.779	0.337	0.336	0.510	0.664
黑龙江省	0.234	0.095	0.497	0.227	0.647	0.234	0.386	0.269	0.402
上海市	0.346	0.070	0.290	0.159	0.607	0.170	0.355	0.012	0.100
江苏省	0.229	0.088	0.262	0.246	0.611	0.233	0.257	0.022	0.186
浙江省	0.277	0.081	0.327	0.108	0.523	0.303	0.333	0.255	0.145
安徽省	0.341	0.148	0.267	0.149	0.412	0.275	0.410	0.490	0.685
福建省	0.272	0.115	0.289	0.188	0.569	0.227	0.233	0.460	0.315
江西省	0.302	0.102	0.266	0.152	0.479	0.321	0.282	0.748	0.524
山东省	0.251	0.098	0.338	0.154	0.622	0.261	0.350	0.371	0.489
河南省	0.234	0.134	0.294	0.154	0.524	0.264	0.308	0.363	0.351
湖北省	0.304	0.099	0.363	0.178	0.535	0.202	0.222	0.239	0.431
湖南省	0.240	0.062	0.365	0.202	0.564	0.209	0.309	0.661	0.275
广东省	0.227	0.148	0.285	0.209	0.609	0.220	0.292	0.499	0.301
广西壮族自治区	0.182	0.150	0.305	0.272	0.649	0.231	0.306	0.628	0.358
重庆市	0.204	0.199	0.391	0.111	0.671	0.226	0.271	0.200	0.483
四川省	0.240	0.208	0.304	0.129	0.546	0.201	0.324	0.589	0.576
贵州省	0.221	0.147	0.315	0.151	0.547	0.174	0.225	0.295	0.559
云南省	0.123	0.126	0.250	0.155	0.356	0.257	0.284	0.303	0.437
陕西省	0.247	0.090	0.318	0.179	0.507	0.247	0.328	0.473	0.662
甘肃省	0.277	0.104	0.220	0.141	0.311	0.289	0.299	0.470	0.780

附录五　各省份在不同多维相对贫困指数上的等级（分乡村和城镇）

乡村							城镇						
地区	H1	等级	A1	等级	M1	等级	地区	H2	等级	A2	等级	M2	等级
北京市	–	–	–	–	–	–	北京市	0.0874	1	0.3921	4	0.0343	1
天津市	–	–	–	–	–	–	天津市	0.1015	2	0.1585	1	0.0161	1
河北省	0.4078	4	0.4289	4	0.1749	4	河北省	0.2259	3	0.3406	3	0.0769	3
山西省	0.4766	4	0.3627	3	0.1728	4	山西省	0.3989	5	0.3766	4	0.1502	5
辽宁省	0.4685	4	0.4349	4	0.2038	5	辽宁省	0.2206	3	0.3726	4	0.0822	4
吉林省	0.5626	5	0.4144	4	0.2332	5	吉林省	0.3194	4	0.3305	3	0.1056	4
黑龙江省	0.4679	4	0.3124	3	0.1462	3	黑龙江省	0.2974	4	0.3795	4	0.1129	5
上海市	0	1	0	1	0	1	上海市	0.0511	1	0.1551	1	0.0079	1
江苏省	0.2344	2	0.2560	2	0.0600	2	江苏省	0.1706	2	0.2282	2	0.0389	1
浙江省	0.1027	2	0.3299	3	0.0339	1	浙江省	0.1546	2	0.3236	3	0.0500	2
安徽省	0.3278	3	0.5351	5	0.1754	4	安徽省	0.2377	3	0.3803	4	0.0904	4
福建省	0.3929	3	0.4101	4	0.1611	4	福建省	0.3107	4	0.4069	5	0.1264	5
江西省	0.3038	3	0.4151	4	0.1261	3	江西省	0.2553	4	0.2248	2	0.0574	2
山东省	0.3927	3	0.4106	4	0.1612	4	山东省	0.2602	4	0.3052	3	0.0794	3
河南省	0.3202	3	0.3672	3	0.1176	3	河南省	0.2027	3	0.3109	3	0.0630	3
湖北省	0.0978	1	0.3496	3	0.0342	1	湖北省	0.1363	2	0.3373	3	0.0460	2
湖南省	0.4160	4	0.3842	3	0.1598	4	湖南省	0.2359	3	0.3026	3	0.0714	3
广东省	0.3727	3	0.3764	4	0.1403	3	广东省	0.1843	2	0.3289	3	0.0606	3
广西壮族自治区	0.4110	4	0.4350	4	0.1788	4	广西壮族自治区	0.3499	5	0.3264	3	0.1142	5
重庆市	0.3631	3	0.2882	2	0.1047	3	重庆市	0.2089	3	0.5279	5	0.1103	5
四川省	0.4285	4	0.3864	3	0.1656	4	四川省	0.2885	4	0.3811	4	0.1099	5
贵州省	0.3117	3	0.2985	2	0.0930	2	贵州省	0.3154	4	0.2689	2	0.0848	4
云南省	0.2576	2	0.2828	2	0.0728	2	云南省	0.1741	2	0.2567	2	0.0447	2
陕西省	0.4843	4	0.3767	3	0.1824	4	陕西省	0.1161	2	0.2497	2	0.0290	1
甘肃省	0.3872	3	0.3498	3	0.1354	3	甘肃省	0.3320	5	0.3273	3	0.1087	4